GEOGRAPHISCHE GESUNDHEITSFORSCHUNG

GEOGRAPHIC HEALTH RESEARCH

herausgegeben von

Thomas Kistemann und Jürgen Schweikart

Schriftenreihe des Vereins zur Förderung der

Geographischen Gesundheitsforschung e.V.

Volume 8

Silvia Schäffer-Gemein

Naturerfahrungen und Gesundheit

Motorische Fähigkeiten, subjektive Gesundheitseinschätzungen und Einblicke in den Alltag von Waldkindergartenkindern

Umschlagabbildung:
Sinzig 2014, Drei Kinder vertieft darin eine „Suppe zu kochen".
© Silvia Schäffer-Gemein

Bibliografische Information der Deutschen Nationalbibliothek
Die Deutsche Nationalbibliothek verzeichnet diese Publikation in der Deutschen Nationalbibliografie; detaillierte bibliografische Daten sind im Internet über http://dnb.d-nb.de abrufbar.

Diese Arbeit wurde unter dem Titel „Naturerfahrungen und Gesundheit - Motorische Fähigkeiten, subjektive Gesundheitseinschätzungen und Einblicke in den Alltag von Waldkindergartenkindern" als Dissertation am Geographischen Institut der Rheinischen Friedrich-Wilhelms-Universität Bonn online publiziert:
https://hdl.handle.net/20.500.11811/6937

Gedruckt auf säurefreiem, alterungsbeständigem Papier.
Printed in Germany.

Print-ISBN	978-3-8440-8138-1
PDF-ISBN	978-3-8440-9854-9
ISSN	2191-7213
eISSN	2944-7542

Schriftenreihe des Vereins zur Förderung der Geographischen Gesundheitsforschung e. V.
www.ggf-ev.de

Schriftleitung
Dr. Silvia Schäffer-Gemein

Shaker Verlag GmbH, Düren
Internet: www.shaker.de • E-Mail: info@shaker.de

Vorwort der Herausgeber

Die Medizinische Geographie/Gesundheitsgeographie hat ihren Platz an der interdisziplinären Schnittstelle von Medizin, Public Health und Geographie. Zudem vermittelt und verbindet sie auch intradisziplinär durch ihre Querschnittsthemen zwischen Human-, Physischer und Regionaler Geographie. Die Schriftenreihe Geographische Gesundheitsforschung (GGF) bietet einem Themenfeld, das auch im deutschsprachigen Raum in Forschung, Lehre und Praxis zunehmende Beachtung erfährt, einen eigenständigen Publikationsort. Qualitätsvolle Arbeiten aus den Bereichen der Medizinischen Geographie/Gesundheitsgeographie finden in der Reihe zusammen. Neben krankheitsökologischen Studien werden in der GGF Arbeiten zu raumbezogenen Aspekten von Gesundheitsversorgung, von Gesundheit und Entwicklung, sowie zu räumlichen Manifestationen der sozialen und kulturellen Dimension von Gesundheit und Krankheit, von Salutogenese und Pathogenese, in deutscher oder englischer Sprache publiziert. Die Themen der Schriftenreihe sind durch ein markantes Merkmal verbunden: durch die geographische Dimension im weitesten Sinn, sei es als euklidischer Raum oder als bedeutungsgeladener Place.

Thomas Kistemann, Bonn

Jürgen Schweikart, Berlin

Inhaltsverzeichnis

Abbildungsverzeichnis

Tabellenverzeichnis

Abkürzungsverzeichnis

A	Österreich
ADS	Aufmerksamkeitsdefizit-Syndrom
ADHS	Aufmerksamkeitsdefizit-Hyperaktivitätsstörung
ART	Attention Restoration Theory (Aufmerksamkeits-Wiederherstellungs-Theorie)
BfN	Bundesamt für Naturschutz
BMI	Body-Mass-Index (Körpermasse-Index)
BUND	Bund für Umwelt und Naturschutz e. V.
BUNDjugend	Jugend im Bund für Umwelt und Naturschutz e. V
CA	Kanada
CH	Schweiz
DK	Dänemark
EE	Eigene Erhebung
ER	Ehemals Regelkindergartenkind
EW	Ehemals Waldkindergartenkind
FIN	Finnland
FSME	Frühsommer-Meningoenzephalitis
HRQL	Health-Related Quality of Life (Gesundheitsbezogene Lebensqualität)
HU	Hermeneutic Unit (Hermeneutische Einheit)
IUFRO	International Union of Forest Research Organizations (Internationale Vereinigung der Waldwissenschaftlichen Organinsationen)
IOTF	International Obesity Task Force (Internationaler Arbeitskreis Übergewicht)
IfSG	Infektionsschutzgesetz
k.A.	keine Angaben

KG	Körpergewicht
KiBiz	Kinderbildungsgesetz
KiGGS	Studie zur Gesundheit von Kindern und Jugendlichen in Deutschland
LK	Leistungsklasse
MA	Millenium Ecosystem Assessment (Studie der Vereinten Nationen, die einen systematischen Überblick über den globalen Zustand von Ökosystemdienstleistungen gibt)
MDD	Major Depressive Disorder (Schwere Depression)
MMR	Mixed Method Research (Untersuchung mit Methodenmix)
MW	Arithmetisches Mittel (Mittelwert)
NABU	Naturschutzbund Deutschland e.V.
NAJU	Naturschutzjugend (NAJU) im Naturschutzbund Deutschland e.V.
NK	Natürliche Killerzellen
NL	Niederlande
NRW	Nordrhein-Westfalen
P	Proband
PP	Pretest-Proband
QDA	Qualitative Datenanalyse
RKI	Robert Koch-Institut
SD	Standardabweichung
SDW	Schutzgemeinschaft Deutscher Wald
SES	Socio-economic status (Sozio-ökonomischer Status)
UK	United Kingdom (Vereinigtes Königreich von England)
USA	United States of America (Vereinigte Staaten von Amerika)
VHS	Volkshochschule

WHO	World Health Organization (Weltgesundheitsorganisation)

1 Einleitung

Im ersten Kapitel dieser Arbeit werden Hintergrund und Problemstellung betrachtet, insbesondere interessieren die Aspekte Gesundheit im Kindesalter, Therapeutische Landschaften sowie die Verbindung von Kind und Natur. Im Kapitel 1.1.1 „Gesundheit im Kindesalter“ werden die Fragen

- Was ist Gesundheit?
- Welche Konzepte von Gesundheit existieren aus der Sicht von Kindern?
- Welche gesundheitlichen Probleme zeigen sich vorrangig bei Kindern in Deutschland?

behandelt. Im Kapitel 1.1.2 „Naturerfahrung im Kindesalter“ werden dann die Fragen

- Was ist Natur?
- Welche Konzepte von Natur existieren aus der Sicht von Kindern?
- Welche Arten von Naturerfahrung für Kinder gibt es in Deutschland?
- Welche Effekte haben Naturerfahrungen auf Kinder?

erläutert. Die Darlegung der Fragestellung und Ziele erfolgt am Ende des Kapitels.

1.1 Hintergrund und Problemstellung

Der Kontakt mit Natur und Landschaft unterstützt verschiedene Dimensionen des Wohlbefindens wie das körperliche, mentale und soziale Wohlbefinden (Newton, 2007). Schon in der Antike hat Hippokrates die positiven Effekte von Luft, Wasser und Ort(slage), d.h. Natur und Landschaft auf die Gesundheit beschrieben (nach Kistemann & Claßen 2003), die wissenschaftlich bestätigt sind (Abraham, Sommerhalder & Abel, 2010; Hartig, Mann & Evans, 1991; Lechtzin et al., 2010; Maller, Townsend, Pryor, Brown & St Leger, 2006; Nilsson et al., 2010; Pretty, Peacock, Sellens & Griffin, 2005; Sempik, Hine & Wilcox, 2010; R.S. Ulrich, 1984; Velarde, Fry & Tveit, 2007; Ward Thompson, 2011). Nach der Biophilie-Hypothese von Wilson (1984) hat der Mensch eine angeborene tiefe

Verbundenheit zur natürlichen Umgebung. Er braucht den Kontakt mit der Natur in ausreichendem Maße, um gesund zu bleiben. Der Mensch ist nach Wilson Teil der Natur und kann sich nicht von ihr emanzipieren, da er ansonsten unvollkommen ist (Wilson, 1984). Louv (2010) hat in seinem populärwissenschaftlichen Buch „The last child in the wood" ein Natur-Defizit-Syndrom unter Kindern postuliert, denen in nicht ausreichendem Maße Naturkontakt ermöglicht wird. Im deutschsprachigen Raum sind Kinder in dem interdisziplinären Forschungsfeld der Synergien von Naturerfahrung und Gesundheit unterrepräsentiert, obwohl im letzten Jahrzehnt vermehrt populärwissenschaftliche Literatur zum Thema veröffentlicht wurde (z.B. Renz–Polster & Hüther, 2013; Weber, 2011). Verschiedene internationale Studien konnten positive gesundheitliche Effekte vom Aufenthalt in der Natur für Kinder zeigen (Kiener, 2003; Kruger et al., 2010; McCurdy, Winterbottom, Mehta & Roberts, 2010; Newton, 2007; O'Brien & Murray, 2007; O'Brien, 2011; O'Brien et al., 2010; Travlou, 2006; Wauquiez, 2008). Hierzu detaillierte Angaben in Kapitel 2. Abraham et al. (2007) stellen in ihrer Literaturstudie fest, dass bezüglich der „reziproken Beziehung von Landschaft und Gesundheit mehr empirische Evidenz gefordert ist". Sie empfehlen u.a. die „Evaluation der gesundheitsfördernden Wirkung von Waldkindergä(a)rten" (Abraham et al., 2007, S. 64).

Waldkindergärten bieten verschiedene Zugangswege zur Natur: Die Kinder „halten sich in der Regel während der gesamten täglichen Kindergartenzeit in der Natur auf …" (Miklitz, 2007, S. 14). Die Beschreibung des Konzeptes und des Alltages in Waldkindergärten erfolgt in 1.2.2 ausführlich.

Die vorliegende Studie folgt dem Aufruf von Abraham et al. und untersucht langfristige Auswirkungen von Naturerfahrung im Rahmen von Waldkindergärten auf die Gesundheit von Kindern. Dazu werden im Folgenden Gesundheit im Kindesalter, Naturerfahrungen im Kindesalter und Therapeutische Landschaften näher betrachtet.

1.1.1 Gesundheit im Kindesalter

Was ist Gesundheit?

In der Präambel der WHO von 1948 wird ein umfassender Gesundheitsbegriff vorgelegt, der Gesundheit nicht nur als das Fehlen von Krankheit und Gebrechen, sondern als vollständiges körperliches, geistiges und soziales Wohlbefinden beschreibt (siehe Abb. 1):

> *"Health is a state of complete physical, mental and social well-being and not merely the absence of disease or infirmity." Preamble to the Constitution of the World Health Organization as adopted by the International Health Conference, New York, 19 June–22 July 1946; signed on 22 July 1946 by the representatives of 61 States (Official Records of the World Health Organization, no. 2, p. 100) and entered into force on 7 April 1948. The definition has not been amended since 1948.*

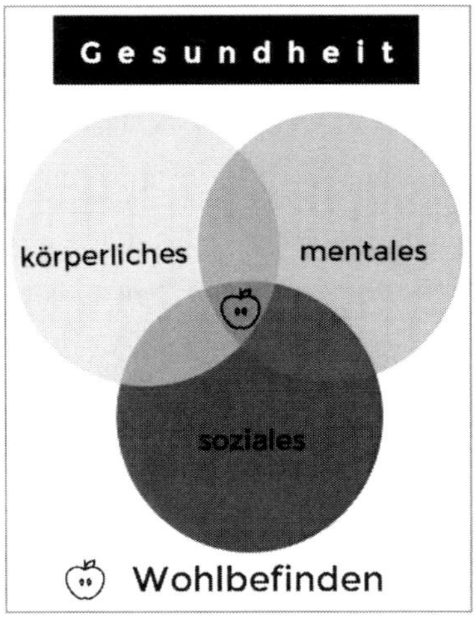

Abb. 1: Schematische Darstellung der Gesundheitsdefinition. Eigene Darstellung nach WHO (1948).

Dieser interdisziplinäre Ansatz distanziert sich von einer Medizin, die sich vorwiegend mit kranken Individuen beschäftigt und zeigt u.a. Anknüpfungspunkte zur Sozialmedizin, Soziologie, Psychologie, Epidemiologie und Präventionsforschung.

Die Definition der WHO ist der Konsens, auf den sich die meisten Experten verständigen können, wenn auch Kritik und Diskussionen um diesen Ansatz nicht abreißen (Franke, 2012). Daneben existieren weitere Gesundheitsdefinitionen, die von ihrem jeweiligen Fachgebiet geprägt sind. Besonders hervorzuheben ist hier der Ansatz von Aaron Antonovsky, der die Gesundheitsförderung und Prävention prägt. Der Soziologe Antonovsky erweiterte die bis dahin pathogenetisch geprägte Sichtweise durch sein Modell von Salutogenese, Koherenzgefühl und Resilienz (Antonovsky, 1997). Er öffnete mit seinem salutogenetischen Modell den Blick auf die Frage, wie Gesundheit entsteht und beschreibt dies mit einer Widerstandskraft (Resilienz), die durch das Gefühl, die Anforderungen zu meistern (Kohärenzgefühl) getragen wird (Antonovsky, 1997).

Im 20. Jahrhundert wurden u.a. durch die Arbeiten von John Watson (Behaviorismus), Sigmund Freud (Psychoanalyse), Jean Piaget (Kognitive Entwicklungstheorie), Erik Erickson (Psychosoziale Theorie), John Bowlby (Bindungstheorie) und Urie Bronfenbrenner (Ökologische Theorie) die Grundlagen für das Verständnis der kognitiven, sozialen und emotionalen Entwicklung und ihre Auswirkungen bis ins Erwachsenenalter gelegt. Das Interesse an der Gesundheit von Kindern ist vor diesem Hintergrund in den letzten Dekaden ständig gestiegen (nach Zelizer 1994).

Durch die Publikation „Children´s Health, the Nation´s Wealth“ eines amerikanischen Zusammenschlusses verschiedener staatlicher und wissenschaftlicher Organisationen wird die WHO-Gesundheitsdefinition nicht nur um Aspekte von Entwicklung, Bedürfnissen und Fähigkeiten für den Blickwinkel der Kinder erweitert, sondern greift auch explizit die verschiedenen Aspekte von Umwelt auf:

„Children's health is the extent to which individual children or groups of children are able or enabled to (a) develop and realize their potential, (b) satisfy their needs, and (c) develop the capacities that allow them to interact successfully with their biological, physical, and social environments." (National Research Council and Institute of Medicine 2004, S.33)

Welche Konzepte von Gesundheit existieren aus der Sicht von Kindern?

Im Zusammenhang von Gesundheits- und Krankheitskonzepten von Kindern findet traditionell der kognitiv-strukturalistische Forschungsansatz die meiste Beachtung. Hierbei wird davon ausgegangen, dass die kognitive Entwicklung die Basis für die parallel dazu stattfindende Entwicklung von Konzepten über Gesundheit und Krankheit bildet. Grundlage hierzu bietet das Stufenmodell zur kognitiven Entwicklung nach Piaget (Lohaus & Ball, 2006).

Nach Piaget existieren vier qualitativ unterschiedliche, aufeinander aufbauende Entwicklungsstufen:

- Die *sensumotorische Phase* bezieht sich auf die Entwicklung bis zum zweiten Lebensjahr, in der Konzeptbildungen zu Gesundheit und Krankheit noch kaum erkennbar sind. (Lohaus & Ball, 2006)
- In der *präoperationalen Phase* (2-6 Jahre) ist das Denken jeweils auf die unmittelbar vorliegenden Gegebenheiten bezogen. Es herrscht nur ein unvollständiges Wissen zur Kausalität von Zusammenhängen. Verschiedene Aspekte eines Sachverhaltes werden nicht in Verbindung gebracht, sondern jeweils eigenständig betrachtet. Dies schließt auch das Verständnis für eine zeitliche Abfolge bzw. Bezüge zu Geschehnissen in Vergangenheit oder Zukunft aus. Das Kind beschäftigt sich im Wesentlichen egozentrisch mit seiner eigenen aktuellen Perspektive und ist weitestgehend nicht in der Lage, andere Blickwinkel einzunehmen oder den Prozesscharakter von Ereignissen zu erfassen.
- Die *konkret-operationale Phase* (7-11 Jahre) ist durch eine erheblichere Flexibilität im Denken gekennzeichnet. Das Denken bleibt zwar an konkrete

Erfahrungen gebunden, einzelne Erfahrungselemente können nun jedoch auch im Zusammenhang erschlossen werden. In das Denken werden mehrere Aspekte eines Sachverhaltes einbezogen und auch zeitliche Abfolgen können erfasst werden. Das Verstehen von Ursachen, deren Wirkungen und die Umkehrbarkeit von Vorgängen setzen ein. Durch die Abstraktion eines Sachverhaltes können in diesem Stadium sowohl die eigene als auch fremde Perspektiven erfasst werden. Es entstehen zunehmend elementare Prinzipien der Logik, die zur Lösung konkreter Probleme eingesetzt werden können (Oerter & Montada, 1995; Trautner, 1992).

- In der *formal-operationalen Phase* ab einem Alter von zwölf Jahren ist das Denken nicht mehr ausschließlich auf konkrete Erfahrungen bezogen. Durch abstraktere Denkoperationen kann eine komplexere Logik und hypothetisches Denken eingesetzt werden. Das Verständnis multifaktoriell bedingter körperlicher Zustände oder auch zu Wechselwirkungen zwischen körperlichen und mentalen Prozessen ist zunehmend. (Lohaus & Ball, 2006)

Auf den Bereich von Gesundheit und Krankheit bezogen bedeutet dies für die *präoperationale Phase*, dass weitestgehend nur eigene unmittelbare Erfahrungen oder Symptome beachtet werden. Es werden häufig irrationale oder zirkuläre Erklärungsmuster herangezogen wie z.B. Erkrankung als Bestrafung für Fehlverhalten. Mögliche Veränderungen und Übergänge zwischen Krankheits- und Gesundheitszuständen können nur unzureichend erfasst werden.

In der *konkret-operationalen Phase* lässt sich hinsichtlich Gesundheit und Krankheit feststellen, dass realistischere Erklärungskonzepte zunehmend angewendet werden. Weiterhin können die Empfindungen und Erfahrungen anderer Personen in eigene Konzepte integriert werden. Aktuelles gesundheitsbezogenes Verhalten kann im Sinne der Prävention für die zukünftige Gesundheit in Beziehung gesetzt werden (Lohaus & Ball, 2006).

Verschiedene Wissenschaftler sehen den kognitiv-strukturalistischen Ansatz als zu eindimensional an. Neben der kognitiven Entwicklung schreiben z.B. Bird und Podmore (1990) oder Almqvist et al. (2006) u.a. dem Zugang von Kindern zu Wissen über Gesundheit und Krankheit mehr Bedeutung zu. Im Gegensatz zum oben beschriebenen Forschungsansatz geht der inhaltlich-wissensorientierte Forschungsansatz nicht von einem an das Alter gekoppelten Stufenmodell aus, sondern von einem linear ansteigenden Wissenszuwachs. Hierzu dienen dann Informationsverarbeitungstheorien mit *Informationsaufnahme, -verarbeitung* sowie *-speicherung* als Grundlage:

- Bei der *Informationsaufnahme* geht es vorwiegend um die Informationsfokussierung, d.h. relevante von irrelevanten Informationen zu unterscheiden. Die Informationsaufnahme lässt sich durch zu geringe oder zu hohe physiologische Erregungslevel, aber auch emotionale, soziale oder situative Eindrücke beeinflussen.
- Die *Informationsverarbeitung* dient dazu, die Informationen aufzubereiten und weiterzuverarbeiten. Eingehende Informationen werden mit bereits vorhandenen Informationen abgeglichen und bewertet, um sie gegebenenfalls zu erweitern oder anzupassen, was teilweise bewusst, aber auch unbewusst geschieht.
- Um das Wissen effektiv nutzen zu können, ist die *Informationsspeicherung* im Langzeitgedächtnis und ein zielgerichtetes Abrufen erforderlich. Dies wird durch die Bildung von Kategorien, Assoziationen und Netzwerken unterstützt (Lohaus & Ball, 2006).

Die beiden beschriebenen Konzepte bieten Ansätze, um das Verständnis von Gesundheit aus der Sicht von Kindern nachzuvollziehen. Von kenianischen und britischen Schülern zu Gesundheit und Krankheit genannte Kategorien beinhalten Umschreibungen wie „glücklich sein", „aktiv sein", „sich gut fühlen", „Freiheit von Schmerzen" und gesundheitsunterstützende Maßnahmen wie Hygiene (Onyango-Ouma, Aagaard-Hansen, & Jensen, 2004). Weiterhin genannt ist „alles, von dem Kinder dachten, es hielte sie gesund", wie Diäten / gesundes Essen, Obst und Gemüse, Sport, Hygiene, nicht Rauchen und Schlaf. Bei „ungesunden Dingen" nennen die Kinder Rauchen, ungesundes Essen, Umweltverschmutzung, Alkohol, Medikamente und Gewalt (Pridmore & Bendelow, 1995).

Dieser Abschnitt legt Grundlagen für das Kapitel 4.2.5, in dem die Ergebnisse der qualitativen Befragung der Grundschüler u.a. zu Gesundheit und Krankheit vorgestellt werden.

Wie lässt sich die Gesundheit von Kindern beschreiben?

Für Deutschland liegt mit der Studie zur Gesundheit von Kindern und Jugendlichen in Deutschland (KiGGS, https://www.rki.de/DE/Content/Gesundheitsmonitoring/Studien/Kiggs/kiggs_node.html (Stand 10/2023)) erstmals eine umfassende Datensammlung der gesundheitlichen Situation von Kindern und Jugendlichen zwischen 0 und 17 Jahren vor. In dieser Langzeitstudie des Robert Koch-Instituts sind eine Basiserhebung (2003-2006, rund 17.400 Kinder) und die erste Fortsetzungsstudie (2009-2012, rund 12.300 Kinder) bereits abgeschlossen.

„Demnach verfügen die allermeisten Kinder und Jugendlichen hierzulande über eine gute oder sogar sehr gute allgemeine Gesundheit. Eine große Mehrheit treibt in der Freizeit Sport und spielt bis zum Grundschulalter fast täglich im Freien; zugleich verbringen viele Jugendliche mit der Nutzung von Bildschirmmedien mehrere Stunden pro Tag. ...

Zudem ist der Obst- und Gemüseverzehr bei der Mehrzahl der Jungen und Mädchen eher gering." (Robert Koch-Institut, 2014)

Faktoren wie mangelnde Bewegung und ungünstige Ernährungsgewohnheiten gelten als gesicherte Ursachen für Übergewicht und Adipositas (Kurth & Schaffrath Rosario, 2010). Übergewicht und Adipositas bei Kindern ist ein weltweites Gesundheitsrisiko auf körperlicher und psychosozialer Ebene (Lobstein, Baur, & Uauy, 2004). Langfristig sind u.a. erhöhte Risiken für Diabetes, Hypertonie und Erkrankungen des Muskel- und Skelettsystems zu verzeichnen (Kurth & Schaffrath Rosario, 2007). Ein Body-Mass-Index (BMI) über dem 90. bzw. 97. Perzentil der Referenzpopulation wurde auch bei Kindern in Deutschland als Ursache für Gesundheitsprobleme identifiziert. 15% der Kinder und Jugendlichen von 3-17 Jahren sind übergewichtig, wovon nahezu die Hälfte adipös ist (Kurth & Schaffrath Rosario, 2007). Näheres zum BMI wird in Kapitel 3.2.3 erläutert.

Das häufigste gesundheitliche Problem im Kindes- und Jugendalter sind allergische Erkrankungen, insbesondere die drei atopischen Erkrankungen Heuschnupfen, atopisches Ekzem und Asthma bronchiale. Nach elterlichen Aussagen leiden 22,6% aller Kinder an ärztlich diagnostizierten allergischen Erkrankungen (Schmitz, Atzpodien & Schlaud, 2012).

Mit 21,9% zeigen psychische Auffälligkeiten ein ähnlich hohes Niveau der Auftretenshäufigkeit im Kindes- und Jugendalter. Als spezifische psychische Auffälligkeiten treten vor allem Ängste, Störungen des Sozialverhaltens und Depressionen auf (Ravens-Sieberer, Wille, Bettge & Erhart, 2007).

Die oben genannten gesundheitlichen Probleme zeigen eine soziale Komponente. So sind Kinder mit einem niedrigen sozioökonomischen Status (SES) etwa häufiger adipös, Kinder mit einem hohen SES hingegen häufiger von allergischen Erkrankungen betroffen. Abgekoppelt vom SES zeigt sich, dass auch ein höherer Bildungsgrad zumeist mit einem umfassenderen Gesundheitswissen verknüpft ist, was sich z.B. durch gesündere Ernährungsgewohnheiten oder vermehrte sportliche Aktivität zeigt (Robert Koch-Institut, 2014). Neben der sozioökonomischen wird auch eine geschlechtsspezifische Betrachtung von Gesundheit zunehmend postuliert (Lange et al., 2007).

Grundlagen des Gesundheitsverhaltens wie Bewegung und Ernährung (Thefeld et al., 2002) werden bereits in der frühen Kindheit gelegt und verankert (Hensen, 2008). Gerade weil im Kindesalter meist noch keine Gesundheitsprobleme auftreten, ist diese Zeitspanne u.a. für die Stärkung individueller Handlungsressourcen und gesundheitsförderliche Lebensbedingungen von entscheidender Bedeutung (Lampert, Schenk & Stolzenberg, 2002).

1.1.2 Naturerfahrung im Kindesalter

Was ist Natur?

Die grundlegende Frage, was unter Natur verstanden wird, ist nicht so trivial, wie es auf den ersten Blick erscheint. Laut Gebhard (2009, S. 41) kann man *„nicht objektivierend und isoliert definieren, was Natur an sich ist“*. Diese Frage kann nur sehr subjektiv beantwortet und individuell vor dem jeweiligen wissenschaftstheoretischen, kulturellen und historischen Kontext betrachtet werden.

Die *Cultural Theory* (Douglas & Wildavsky, 1983) betont die kulturelle Prägung unserer Naturvorstellung, welche im Rahmen des Cultural Turn auch als Forschungsgegenstand entdeckt wurde (Blotevogel, 2003).

Nach der Theorie des *sozialen Habitus* des Soziologen Pierre Bourdieu prägen soziale und kulturell vorgezeichnete Haltungen und Gewohnheiten die Sichtweise eines Menschen. Diese Denk-, Wahrnehmungs- und Handlungsschemata werden bereits in der Kindheit erworben und verinnerlicht. Je nach sozialem Status stehen unterschiedliche Handlungsspielräume und Freiheitsgrade zur Verfügung. So hat Bourdieu empirisch nachgewiesen, dass die ästhetische Wahrnehmung von Naturphänomenen von der Klassenzugehörigkeit abhängig ist. So wird z.B. Baumrinde mit aufsteigender Klassenzugehörigkeit in zunehmendem Maße als schön empfunden. Bourdieu unterstreicht hier auch die Rolle der Institution Schule, um die ästhetische Wahrnehmung von einem individuellen in einen kollektiven Habitus zu überführen (Bourdieu, 1987).

Trommer (1993) legt die Assoziationen zum Begriff „Natur“ von 98 Erwachsenen dar. Es werden vorwiegend positiv besetzte Naturphänomene bzw. ästhetische oder erholungsbezogene Kategorien, aber auch Umweltzerstörungen genannt. Den Menschen bzw. die menschliche Natur nennen nur rund 8% (Details siehe Tab. 1).

Tab. 1: Assoziationen zum Begriff Natur (nach Trommer 1993, S.24).

Nennungen aus dem Bereich	**Im Speziellen**	**Anzahl der Nennungen n=98**
Naturphänomene	Bäume	40
	Wiesen	24
	Wald	23
	Tiere	15
	Vögel	11
	Blumen	11
Ästhetische Kategorien	Schönheit, Weite, Harmonie	13
Erholungsbezogene Kategorien	Wandern, Spazieren, Ruhe, Erholung	11
Aspekte der Umweltzerstörung	nicht näher spezifiziert	12
Menschliche Natur	nicht näher spezifiziert	8

Diese Ambivalenz bei Gedanken zur Natur diskutierte Wilson schon 1984 mit den beiden Gegenpolen Biophilie-Biophobie. Diese Gegenpole bedeuten entweder die angeborene tiefe Verbundenheit zur natürlichen Umgebung, bzw. ein starkes Unbehagen beim Gedanken an die Natur (Wilson, 1984). „Natur" kann somit als *„etwas von Menschen jeweils in bestimmter Weise Erfahrenes"* (Grossklaus & Oldemeyer, 1983, S.16) verstanden werden. Der Naturbegriff kann also in Bezug auf Erwachsene nicht objektiv und eindeutig definiert werden.

Welche Konzepte von Natur existieren aus der Sicht von Kindern?

Nach Piagets Ansatz in „Der Aufbau der Wirklichkeit beim Kinde" (Piaget, 1974) ist die naturbezogene Konzeptbildung im Kindesalter unter konstruktivistischer Perspektive zu betrachten. Die Realität wird dabei nicht als objektive oder objektivierbare Wirklichkeit gesehen, sondern als Konstruktion aufgefasst, die durch subjektive Erlebnisse und Erfahrungen geprägt ist. Der Sozialpsychologe Urie Bronfenbrenner unterstreicht diese phänomenologische Perspektive und nennt Konstruktionen *Mikrosysteme*. D.h. *Mikrosysteme* werden geprägt durch Aspekte der Wirklichkeit, die unmittelbar erlebt werden und die für die beteiligten Menschen Bedeutung haben (Bronfenbrenner, 1979). Gebhard hat dieses zweidimensionale Persönlichkeitsmodell, bei dem sich die Persönlichkeitsbildung durch die Beziehung und Erfahrungen mit sich selbst und anderen vollzieht, um eine dritte Dimension erweitert. Diese dritte Dimension umfasst *„die nichtmenschliche Umwelt – also Gegenstände, Pflanzen, Tiere, Natur, Landschaft…“* (Gebhard, 2009, S.14). Dieses dreidimensionale Persönlichkeitsmodell sieht das Verhältnis von Kind, Personen und Natur als Interaktionsgefüge mit soziokulturellen und psychischen Prägungen (Gebhard, 2009, S. 15ff). Gebauer hat dieses Persönlichkeitsmodell adaptiert (siehe Abb. 2), um Ansichten und Konzepte zur Natur aus der Sicht von Kindern konkret zu eruieren.

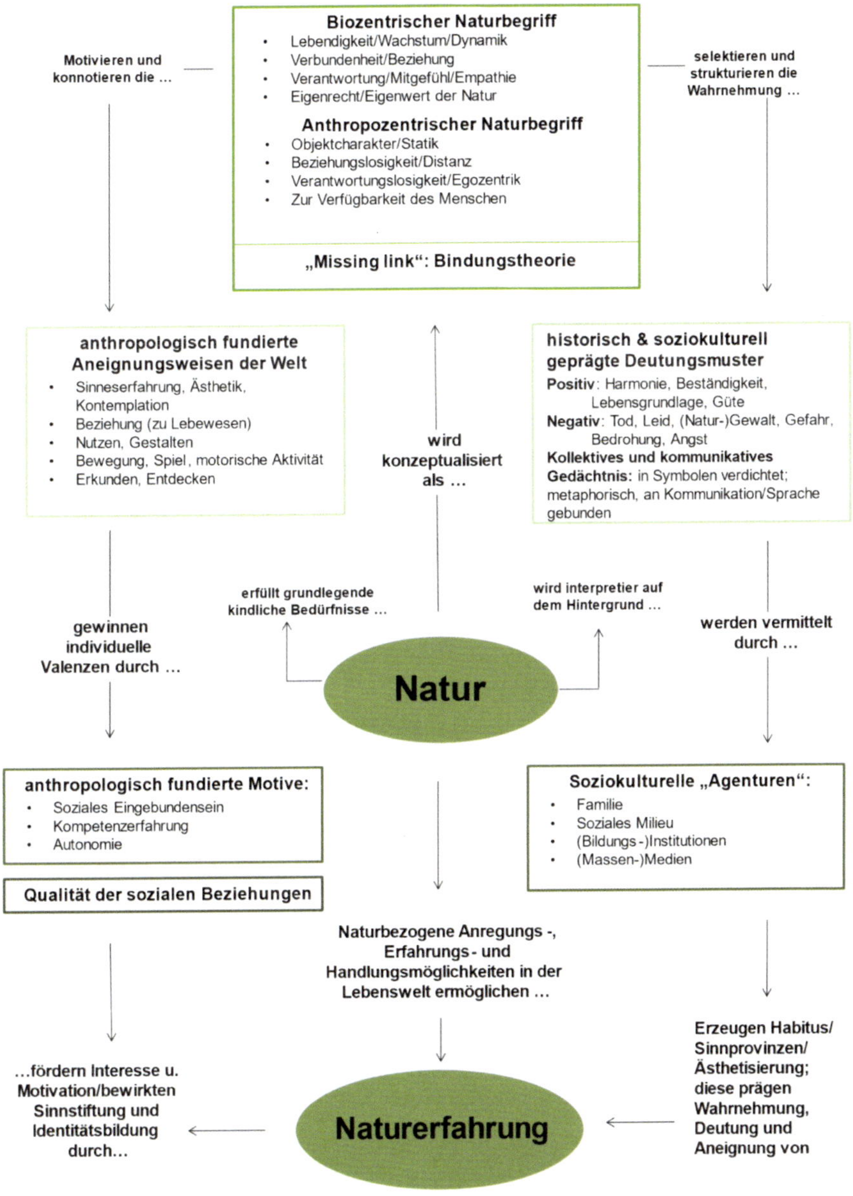

Abb. 2: Naturbezogene Konzeptbildung im Kindesalter (nach Gebauer, 2007, S. 243).

Dazu hat Gebauer in einer Untersuchung an 364 Grundschülern der 3. und 4. Klasse drei Naturkonzepte unterschieden:

- Biozentrisch-naturaffines Konzept,
- Anthropozentrisch-naturaffines Konzept,
- Anthropozentrisch-naturfernes Konzept.

Das erstgenannte Naturkonzept, welchem sich 38% der Kinder zuordnen ließen, ist von einem starken Interesse an Naturphänomenen gekennzeichnet. Es herrschen großes Wissen und positive Affekte bezüglich der Natur mit einer Vorliebe für unberührte Natur vor. Der Mensch wird bei diesem Konzept als Teil der Natur aufgefasst.

Konträr hierzu weisen 38,6% der Kinder beim anthropozentrisch-naturaffinen Konzept weitgehend negative Gefühle und nur ein geringes Interesse an Naturphänomenen und Organismen auf. Die Rolle des Menschen wird mit Kontrolle, Beherrschung und Nutzung der Natur verknüpft.

Dem letztgenannten anthropozentrisch-naturfernen Konzept ließen sich 23,4% aller Kinder zuordnen. Natur ist hier kein bedeutsamer Bestandteil in der Lebenswelt dieser Kinder, was sich durch weitgehendes Desinteresse an Naturphänomenen und überwiegend negativen oder aversiven Einstellungen zeigt (Gebauer, 2007). Wie also schon in der Überschrift dieses Abschnitts angedeutet, gibt es im Kindesalter nicht nur ein Konzept zum Bild der Natur, sondern es lassen sich mindestens drei Naturkonzepte herausarbeiten. Diese Naturkonzepte sind als individueller Konstruktionsprozess aus sozialen und kulturellen Bezugssystemen zu verstehen (Gebauer, 2007). Das heißt, dass zur Natur, ähnlich wie zu einer menschlichen Bezugsperson, eine ganz persönliche, emotionale Bindung aufgebaut wird. Dabei spielen externe (ansprechendes Angebot, soziale und kulturelle Ressourcen) und interne Faktoren (Motivation, Entwicklungsstand) eine entscheidende Rolle.

Werden Kinder ganz konkret dazu befragt, was sie unter Natur verstehen, werden ähnliche Kategorien, wie bei den Erwachsenen in der oben zitierten Studie von Trommer (1993), genannt. Dazu hat der Natursoziologe Rainer Brämer im Jahr 2004 eine Befragung mit über 2000 Schülern aus Nordrhein-Westfalen

(NRW) (4.-7. Klasse) gemacht. Mit 60% sind „Pflanzen" die häufigste Nennung von Kindern. Weiterhin verstehen Kinder unter Natur „Tiere/Menschen" (22%), „Luft/Sauberkeit/Ruhe" (10%) und „Ästhetik" (9%) (Brämer, 2005).

Welche Arten von Naturerfahrung erleben Kinder in Deutschland?

Kinder sind für Naturerfahrungen besonders empfänglich (siehe Abb. 3). Das Kindergartenalter ist besonders geeignet für den Aufbau eines lebenslangen intensiven Verhältnisses zur Natur (Stoltenberg, 2009).

Abb. 3: Kinder im „geheimen Wald". Foto: Schäffer 2014.

Abb. 4: Kinder auf Baumstümpfen. Foto: Schäffer 2014.

Bögeholz & Rüther (2005) stellen heraus, dass Naturerfahrungen sehr individuell wahrgenommen und durch Emotionen und Bewertungen geprägt werden. Ein und dieselbe Naturerfahrung kann so bei verschiedenen Personen unterschiedliche Emotionen und damit Bewertungen hervorrufen (Bögeholz & Rüther, 2005).

Gebauer (2007) hat diese Individualität der Wahrnehmung auf die im vorangegangenen Abschnitt genannten verschiedenen Konzepte von Natur bezogen und dargelegt, dass Naturerfahrungen im Kindesalter durch soziale und kulturelle Bezugsysteme vorbereitet werden müssen, um in ein umweltpädagogisch fundiertes Konzept zu münden. Herausforderungen für die Entwicklung umweltpädagogisch wünschenswerter Konzepte gibt es dabei jedoch nicht nur durch die Qualität, sondern auch durch die Quantität von Naturerfahrungen. Intensive bzw. regelmäßige Naturerfahrungen zählen heute nicht mehr zum Lebensalltag der meisten Kinder (Malone, 2007). Sie verbringen mehr Zeit passiv im Auto, um von einer Aktivität, die im Innenraum stattfindet, zu einer anderen transportiert zu werden, als selber draußen aktiv zu sein (McCurdy et al., 2010). Nach einer aktuellen Umfrage des Emnid-Instituts im Auftrag des *Forums Bildung Natur* (Das Forum Bildung Natur ist der Bildungszweig der Deutschen Wildtier Stiftung und engagiert sich für die Naturbildung von Kindern und Jugendlichen.) aus dem Jahr 2015 fehlt vielen Kindern der Kontakt zur Natur. So sind 49% aller vier- bis zwölfjährigen Kinder noch nie allein auf einen Baum geklettert (siehe Abb. 4 bzw. Abb. 19 und Abb. 20).

Fast ein Viertel hat nie ein frei lebendes Tier gesehen. Auch vollzieht sich Kindheit zunehmend in Innenräumen. Die modernen Medien konkurrieren mit dem Spielen in der Natur. Zwar geben ca. 35% der 6-15 jährigen Kinder an, gerne in der Natur zu spielen und tun dies auch fast jeden Tag, allerdings wird dies deutlich übertroffen von der Zeit vor Computer (47%) und Fernsehen (52%) (http://www.forum-bildung-natur.de/presse/pressemitteilungen/emnid-umfrage-belegt-kindern-fehlt-der-kontakt-zur-natur (Zugriff am 12.02.2015)). Auch nimmt das Bedürfnis nach Natur offenbar mit zunehmendem Alter der Kinder ab (Brämer, 2006).

Verschiedene Autoren warnen deutlich vor den negativen Begleiterscheinungen dieser veränderten Kindheit. Der Psychoanalytiker Alexander Mitscherlich (1965) hat schon Mitte der sechziger Jahre in seinem Buch „Die Unwirtlichkeit unserer Städte“ gefordert:

„Der junge Mensch braucht seinesgleichen – nämlich Tiere, überhaupt Elementares: Wasser, Dreck, Gebüsch, Spielraum. Man kann ihn auch ohne dies alles aufwachsen lassen, mit Stofftieren, Teppichen, auf asphaltierten Straßen und Höfen. Er überlebt es, doch man soll sich dann nicht wundern, wenn er später bestimmte soziale Grundleistungen nicht mehr erlernt.“

Louv (2011) spricht in seinem Buch „Das letzte Kind im Wald“ von einer „Natur- Defizit- Störung“, die sich in Symptomen wie dem Aufmerksamkeits-Defizit und -Hyperaktivitäts-Syndrom (ADHS) äußern. Er erklärt dies durch die Reizüberflutung der modernen Umwelt, welche von 20-30% der Kinder nicht verarbeitet werden können, da unsere neurologischen Voraussetzungen auf eine naturorientierte Lebensweise ausgerichtet sind (Louv, 2011).

Erwachsene mit positiven Erinnerungen an ihre eigene Kindheit denken an das Herumstreunern mit anderen Kindern, das Bauen von Staudämmen oder das Graben nach Schätzen. Von daher geht die Initiative zu Naturerfahrungen für Kinder häufig von Eltern aus, die diese Erlebnisse auch ihren Kindern ermöglichen wollen. Joseph Cornell legte mit seinem Buch *„Mit Kindern die Natur erleben“* (Cornell 1979) die Grundlage für ein Bestreben, unmittelbare Naturerfahrung pädagogisch zu inszenieren und damit Möglichkeiten für kognitive, emotionale und soziale Einsichten sowie Erlebnisse zu schaffen. Aktuellere Initiativen in den USA sind *No child left inside* (http://www.cbf.org/ncli/landing (Zugriff am 14.09.2015)) und das *Children & Nature Network* (http://www.childrenandnature.org/(Zugriff am 14.09.2015) mit theoretischen Informationen und konkreten Empfehlungen und Angeboten für Naturerfahrungen von Kindern (Louv, 2011, S. 315ff). Laut Brämer (2010) gibt es in Deutschland mit Ausnahme der Wald- und Naturkindergärten keine vergleichbare Bewegung.

Die Abb. 5 versucht die verschiedenen Möglichkeiten von Naturerfahrungen im Kindesalter in Deutschland zusammenzufassen. Die Autorin hat dazu privat initiierte und institutionalisierte Angebote aufgenommen. Die letztgenannten Angebote können als solche verstanden werden, die über eine Einrichtung angeboten werden und die privaten als solche, die in Eigeninitiative mit der Familie oder gleichaltrigen Freunden durchgeführt werden können. Im Quellenverzeichnis sind entsprechende Angebote hierzu mittels der entsprechenden Homepage aufgeführt. In diesem Zusammenhang soll insbesondere das Konzept der Waldkindergärten im folgenden Kapitel näher beschrieben werden.

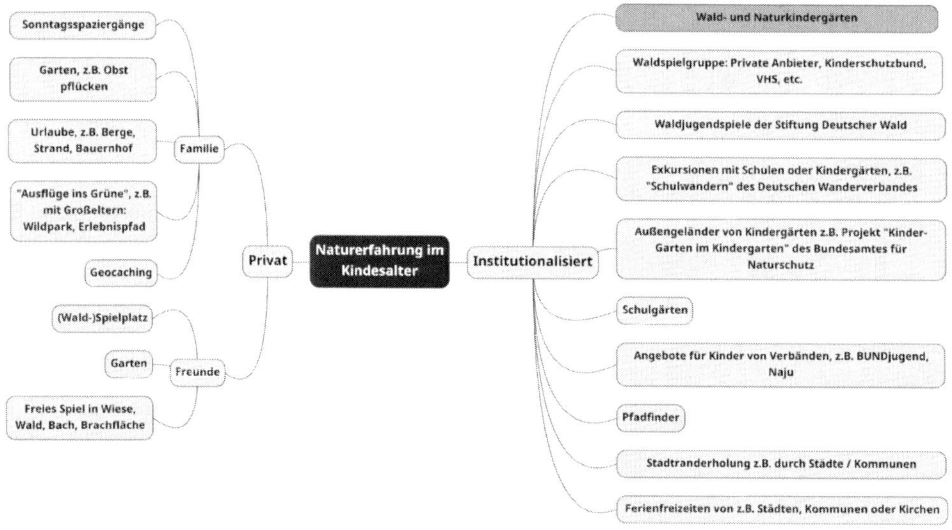

Abb. 5: Möglichkeiten der Naturerfahrung im Kindesalter.

„Ich verstehe nicht, wie man an einem Baum vorübergehen kann, ohne glücklich zu sein."

Fjodor M. Dostojewski

1.2 Der Wald – Ort eines besonderen pädagogischen Ansatzes

In diesem Kapitel werden der Wald mit seinen Bezügen zur Gesundheit und der pädagogische Ansatz eines Kindergartens im Wald - des Waldkindergartens - erläutert.

1.2.1 Der Wald und seine Bezüge zur Gesundheit

Das Millennium Ecosystem Assessment (MA) versucht, neben einer einfachen Bestandsaufnahme zur Entwicklung des Zustandes der Ökosysteme auf der Erde, den gesellschaftlichen Nutzen aufzuzeigen, der mit dem Erhalt der Biodiversität und intakter Ökosysteme einhergeht und rückt dabei das menschliche Wohlbefinden mit dem Bericht „Ecosystems & Human Wellbeing: Synthesis" in den Mittelpunkt. Es handelt sich um eine groß angelegte und von den Vereinten Nationen ins Leben gerufene Studie aus den Jahren 2001–2005, mit der eine wissenschaftliche Basis für den systematischen Überblick über die globalen Veränderungen und deren Auswirkungen auf die menschliche Gesundheit gelegt wird (Millennium Ecosystem Assessment, 2005).

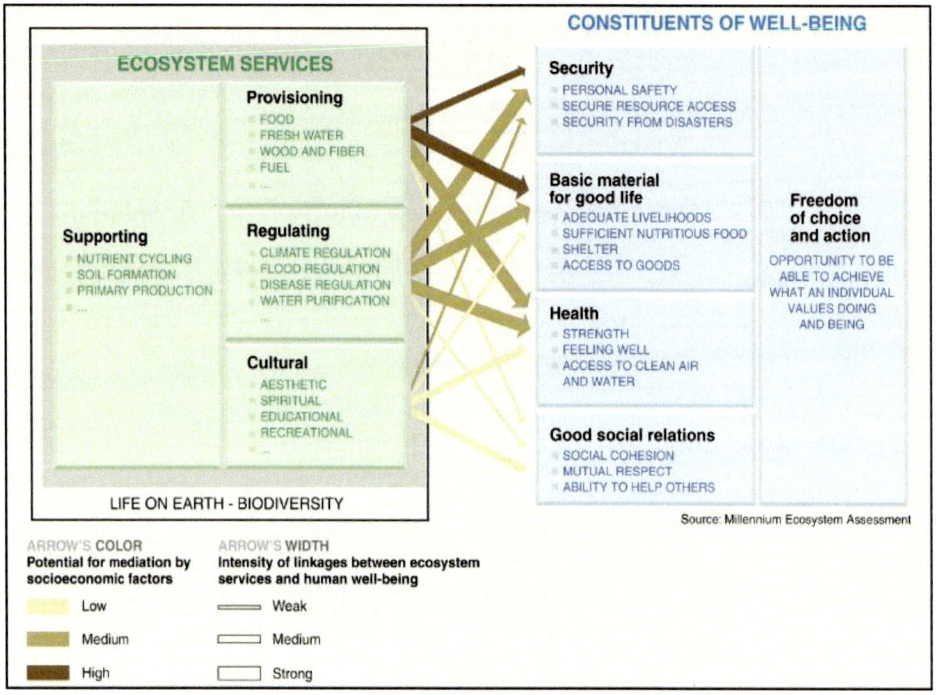

Abb. 6: Bezüge von Ökosystemen auf die menschliche Gesundheit. Quelle: Millenium Ecosystem Assessment 2005, S. vi.

In Abb. 6 werden die Verbindungen zwischen den Kategorien des Ökosystems und der menschlichen Gesundheit dargestellt. Je dicker die Pfeile, desto größer ist der Zusammenhang. Diese Zusammenhänge können in verschiedenen Ländern und Regionen unterschiedlich sein, da Einflussfaktoren wie ökonomische, soziale, technische und kulturelle Faktoren in dieser Grafik nicht berücksichtigt sind.

Ein Beispiel einer europäischen Initiative ist das wissenschaftliche Netzwerk „Forest, Trees, and Human Health and Well-Being" (COST action E39), welches überlappend in den Jahren 2004–2008 geforscht und mit der Publikation „Forest, Trees, and Human Health and Well-Being" (Nilsson et al., 2010) seine Arbeit abgeschlossen hat. Dieses Netzwerk hat das Wissen über die Beiträge natürlicher Umgebungen auf die menschliche Gesundheit und das menschliche Wohlbefinden zusammengetragen. Die International Union of Forest Research

Organizations (IUFRO) hat eine Arbeitsgruppe zum Thema Wald und menschliche Gesundheit gebildet (http://www.forhealth.fi (Zugriff am 07.03.2015)). Auf deren Homepage ist auch Literatur zum Thema dargestellt (http://www.forhealth.fi (Zugriff am 07.03.2015)).

Mitarbeiter des Finnish Forest Research Institute (Karjalainen, Sarjala & Raitio, 2010), das Millenium Ecosystem Assessment (s.o.) und die International Society of Nature and Forest Medicine (INFOM, http://infom.org/paperandbooks/index.html (Zugriff am 19.03.2015)) haben die gesundheitsförderlichen Eigenschaften des Waldes zusammengetragen. Der Wald erfüllt im Wesentlichen drei Funktionen, welche die menschliche Gesundheit direkt beeinflussen: die Schutz-, Nutz- und Wohlfahrtsfunktion (Gasser & Kaufmann-Hayoz, 2005). Er ist Lebensraum für Pflanzen und Tiere, filtert Schadstoffe aus der Luft, hat regulierende Eigenschaften auf das Klima, schützt vor Erosionen und Lawinen und liefert den Rohstoff Holz (Umweltbundesamt, 2012). Weiterhin besticht der Wald durch seine Vielfalt, Eigenart und Schönheit und wird auch wegen seines Erholungswertes geschützt (§ 1 BnatSchG).

> *„Botanisch betrachtet ist Wald eine von Bäumen geprägte Vegetation, deren Fläche so groß ist, dass sich ein Waldklima entwickeln kann. Das unterscheidet den Wald zum Beispiel von Baumalleen, Parkanlagen oder Baumschulen. Rechtlich betrachtet ist Wald jede mit Forstpflanzen bestockte Grundfläche (§ 2 Bundeswaldgesetz).“* (Bundesministerium für Ernährung und Landwirtschaft, 2014)

Wichtige Eckdaten entstammen im Folgenden der aktuellen 3. Bundeswaldinventur aus dem Jahr 2014 (Bundesministerium für Ernährung und Landwirtschaft, 2014). Deutschland ist das Land mit der größten Waldfläche in der Europäischen Union. Die Fläche Deutschlands ist zu einem Drittel (11,4 Millionen Hektar) mit Wald bedeckt. Auch im bevölkerungsreichsten Bundesland Nordrhein-Westfalen liegt der Waldanteil an der Gesamtfläche bei 27% (weitere Bundesländer siehe Abb. 7). Zu den rund 90 Milliarden Bäumen des Waldes zählen Fichten, Kiefern, Buchen, Eichen und seltenere Baumarten. Etwa die

Hälfte des deutschen Waldes ist in privatem Besitz. Ein Fünftel besitzen Gemeinden, Städte und andere öffentliche Körperschaften. Ein Drittel gehört den Ländern und dem Bund.

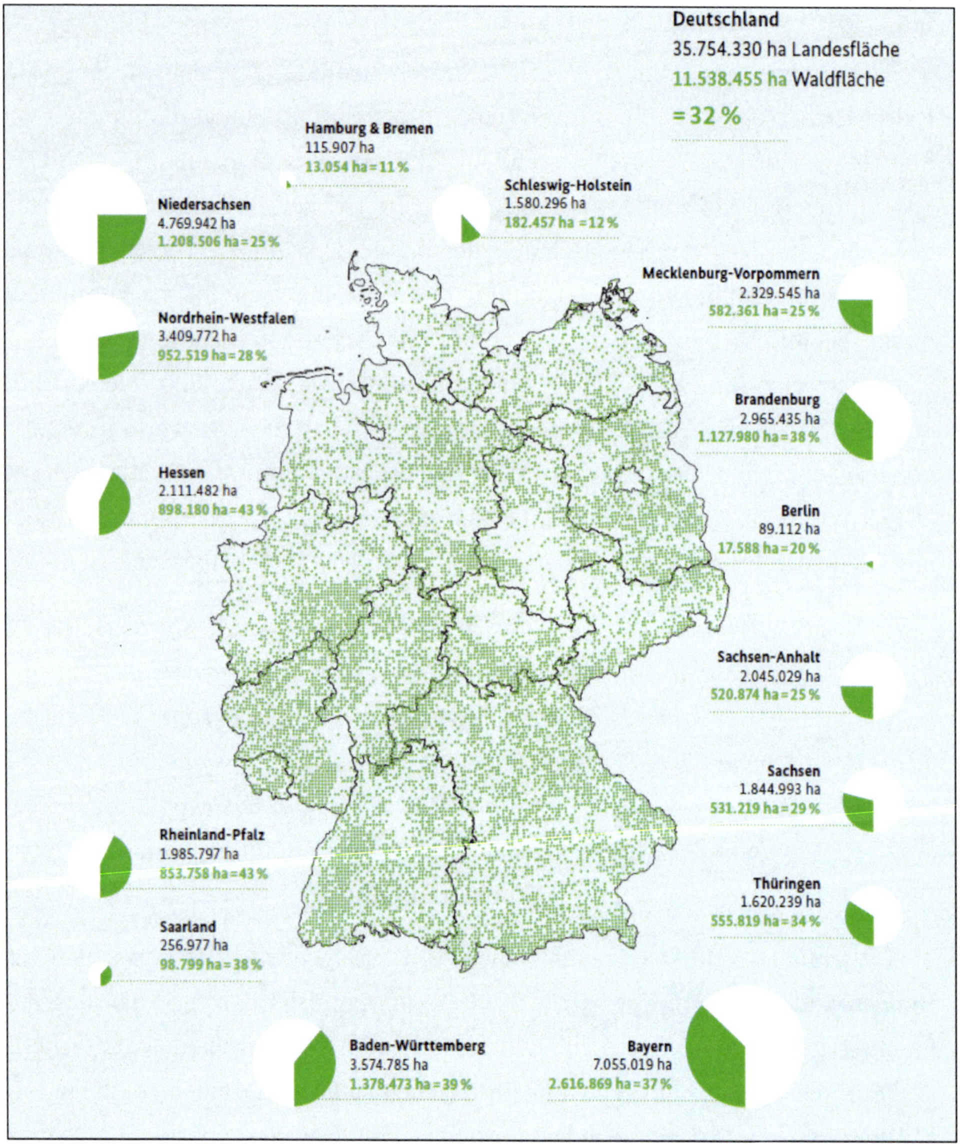

Abb. 7: Die Waldverteilung in Deutschland. Quelle: Bundeswaldinventur 2024, S. 2. https://www.bundeswaldinventur.de/fileadmin/Projekte/2024/bundeswaldinventur/Downloads/BWI-2022_Broschuere_bf-neu_01.pdf (Stand 10.12.2024).

Das Klima des Waldes wird durch den Fachbereich der Forstmeteorologie untersucht und weist Besonderheiten auf, die von „Baumart, Belaubung, Höhe der Bäume und Dichte des Bestands“ (Schuh 2004, S. 51) abhängig sind. Im Wald herrscht ein gemäßigtes Waldinnenklima, da Temperaturschwankungen ausgeglichen und Strahlungseinflüsse abgeschwächt werden. Wärme und Lichtstrahlung werden durch die Baumkronen reduziert. Am Tag und im Sommer ist es im Wald kühler als in der Umgebung. Im Winter ist es hingegen wärmer, da Regen und Wind reduziert werden. Die Luft wird durch die Oberflächen der Blätter, Nadeln und Rinden gefiltert und Staub wird dadurch reduziert. Weiterhin produzieren Bäume Sauerstoff und die Luft im Wald enthält praktisch kein Ozon. Lärm ist im Wald deutlich verringert (Schuh, 2004). Daraus zieht Schuh für den Bereich des Klimas den Schluss: „Die zahlreichen Wälder in den Mittelgebirgslagen sind gesundheitsfördernd…“ (Schuh 2004, S.53).

In dieser Arbeit, wie auch in dem 2011 von den Vereinten Nationen ausgerufenen internationalen Jahr der Wälder (BMELV, 2010), wird Gesundheit zum Thema gemacht. Die salutogenetischen Werte des Waldes für den Menschen sollen in den Vordergrund rücken. Die natürliche Umgebung spielt eine wichtige Rolle in der kindlichen Entwicklung (Bingley & Milligan, 2004).

Risiken für die Gesundheit durch den Aufenthalt im Wald

Neben den positiven Einflüssen des Waldes auf die Gesundheit sollen auch Risiken für die Gesundheit, insbesondere im Zusammenhang mit dem Klimawandel und damit assoziierten vektorbasierten Infektionen, beschrieben werden. Die negativen Auswirkungen des Klimawandels in Bezug auf die menschliche Gesundheit werden mit allgemeinem Temperaturanstieg (Stark, Niedrig, Biederbick, Merkert & Hacker, 2009, Stark et al., 2009) und der Zunahme von extremen Wetterereignissen (Stürme bzw. Starkniederschläge) (Nikulin, Kjellström, Hansson, Strandberg & Ullerstig, 2010) verbunden. Hier stehen chronische Erkrankungen wie Herz-Kreislauf-Erkrankungen, Allergien (z.B. gegen Ambrosia oder Eichenprozessionsspinner) bzw. Atemwegserkrankungen und Infektionskrankheiten durch endemische Vektoren, d.h. Überträger wie Nagetiere oder Zecken bzw. Medien wie Lebensmittel

(Campylobacter) und Wasser im Fokus (Stark et al., 2009; Umweltbundesamt & Robert Koch-Institut, 2013). Eine ernst zu nehmende Gefahr geht bei regelmäßigem Aufenthalt im Wald von vektorbasierten Erkrankungen und hier insbesondere von Zecken aus (Boeckmann & Joyner, 2014).

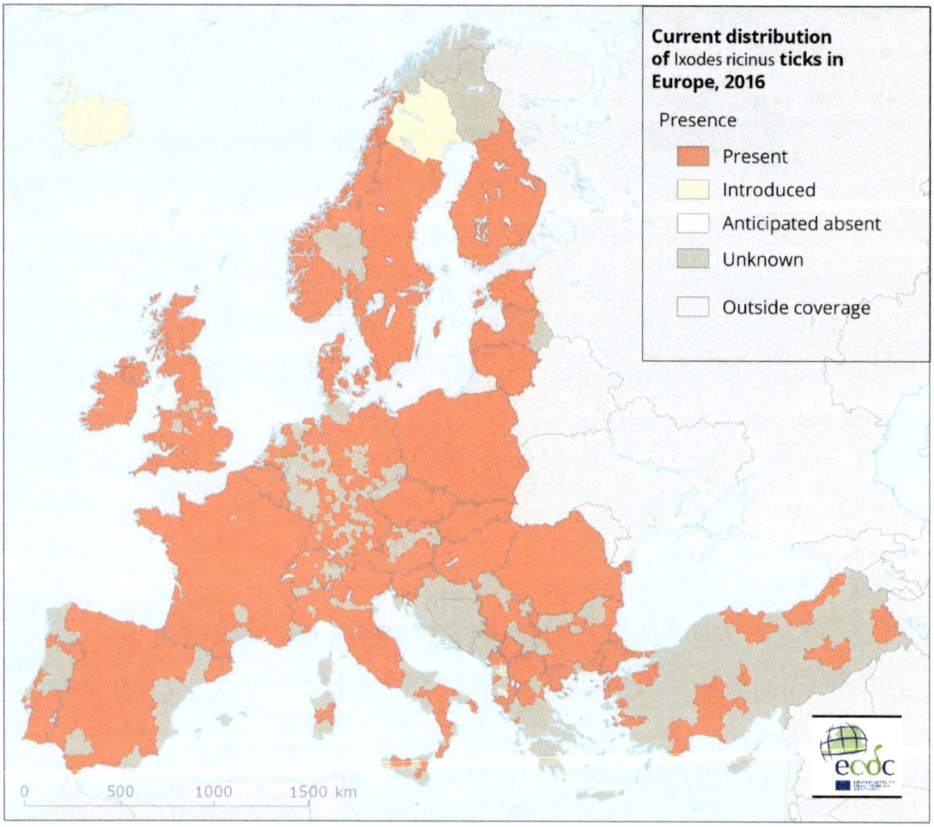

Abb. 8: Verbreitung von Ixodes ricinus im Jahr 2016. Quelle: Europäische Umweltagentur.

Diese Krankheitsüberträger sind weltweit ab einer Temperatur von 7°C aktiv. Sie fühlen sich in feuchtwarmer Umgebung von Wäldern, Wiesen, Parks und Gärten (https://zecken-im-garten.uni-hohenheim.de/ (Zugriff am 14.09.2015)) besonders wohl (http://www.berlin.de/ba-treptow-koepenick/organisationseinheiten/gesundheit/hum.html (Zugriff am 05.08.2013)). Neben den mit einem Zeckenstich verbundenen unangenehmen Begleiterscheinungen wie lokaler Rötung und Juckreiz wirkt in Deutschland der „gemeine Holzbock“ (Ixodes ricinus) als Vektor für Lyme-Borreliose und Frühsommer-Meningoenzephalitis (FSME) (Hofmann & Tiller, 2011). Die Verbreitung und Häufigkeit der Zecken und der damit verbundenen Zeckenstiche sowie Infektionen unterscheiden sich regional. Seit 2014 werden Verbreitungsdaten von Vektoren über ein Projekt des European Centre for Disease Prevention and Control (ECDC) und der European Food Safety Authority (EFSA) unter dem Namen „VBORNET“ gesammelt (https://www.eea.europa.eu/en/analysis/maps-and-charts/european-distribution-of-borrelia-burgdorferi-1/map4.13_hh07_ borrelia_burgdorferi.eps (Zugriff am 10.12.2024)). Abb. 8 zeigt die Verbreitung von Ixodes ricinus in Europa mit erheblichen Datenlücken für Deutschland.

Die häufigste von Zecken übertragene Erkrankung in Europa ist die Lyme-Borreliose. Für Deutschland ist von einem flächendeckenden Risiko auszugehen (http://www.rki.de/DE/Content/Infekt/EpidBull/Merkblaetter/Ratgeber_LymeBo rreliose.html (Zugriff am 05.08.2013)), wobei Abrechnungsdaten der Kassenärztlichen Bundesvereinigung (KBV) in Abb. 9 hinsichtlich der Verbreitung der Borreliose deutliche regionale Unterschiede zeigen (Kistemann, 2012).

Etwa 10–30% der Zecken sind mit Borrelien befallen und es kommt je nach Angaben zu 30.000 bis 215.000 Neuerkrankungen im Jahr. Lyme-Borreliose kann vielfältige Symptome, insbesondere an Haut, Nervensystem und Gelenken hervorrufen (Fingerle, Sing, Hautmann, Liebl & Wildner, 2013).

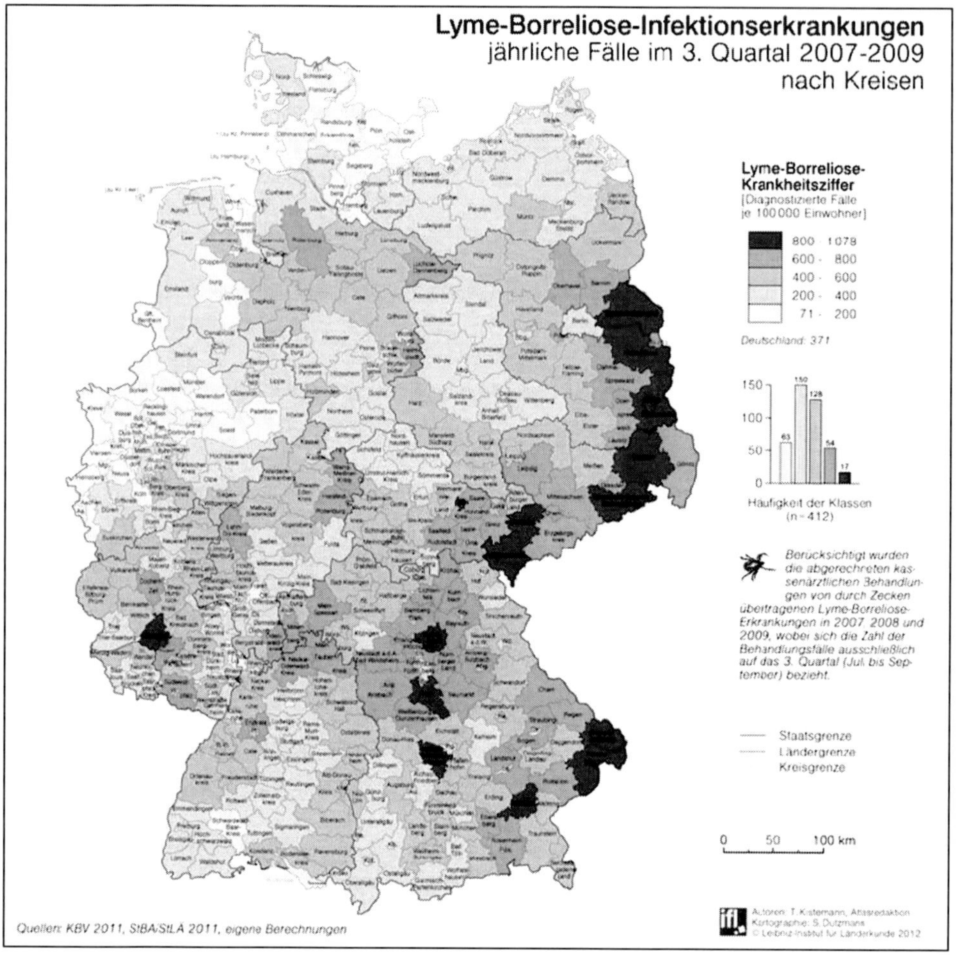

Abb. 9: Lyme-Borreliose-Infektionserkrankungen. Quelle: (Kistemann, 2012).

Das FSME-Virus tritt regional auf. Laut dem Epidemiologischen Bulletin des Robert Koch-Instituts vom Mai 2015 gehört NRW zu den Bundesländern mit vereinzelt auftretenden autochthonen FSME-Erkrankungen, in denen jedoch kein Landkreis die Definition für ein FSME-Risikogebiet erfüllt. Risikogebiete in Deutschland liegen vor allem in Bayern und Baden-Württemberg, aber auch in einzelnen Landkreisen in Rheinland-Pfalz, Hessen, Sachsen, Brandenburg und Thüringen (siehe Abb. 10).

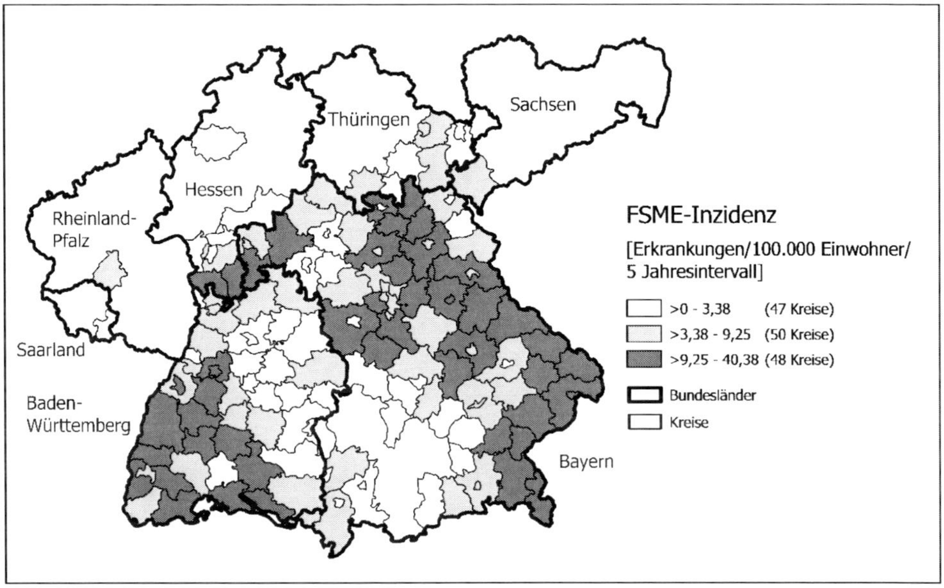

Abb. 10: FSME-Risikogebiete 2014 (n=145) eingefärbt nach Höhe der Inzidenz. Zugrunde liegt immer die höchste Inzidenz, die im jeweiligen Kreis in einer der im Zeitraum 2002–2014 enthaltenen Fünfjahresintervalle beobachtet wurde. Quelle: Christoph Höser nach Epidemiologischem Bulletin 21/2015, S.184.

Klinisch können Fieber, Kopfschmerzen und Bewusstseinsveränderungen sowie neurologische Ausfälle (z.B. Sprachstörungen) und Krampfanfälle auftreten (Duppenthaler, 2003). Im Jahr 2010 wurde eine weitere, durch Zecken übertragbare, Erkrankung beschrieben. Das Bakterium Candidatus Neoehrlichia mikurens ruft vorwiegend bei älteren immunsupprimierten Patienten Symptome wie Fieber sowie Muskel- und Gelenkschmerzen hervor (Grankvist et al., 2014). Weitere mögliche Infektionen und deren Erkrankungen werden in Tab. 2 aufgeführt. Es fehlen jedoch noch wesentliche Erkenntnisse über die geographische Verbreitung und Prävalenz dieser Erkrankungen (Dobler et al., 2014).

Tab. 2: Übersicht über die in Zecken nachgewiesenen Infektionserreger (nach Dobler et al. 2014).

Infektionserreger	**Zeckenspezies**	**Vorkommen/Verbreitung**	**Möglichke Erkrakung**
Frühsommer-Meningoenzephalitis-Virus	*Ixodes ricinus*	Zentraleuropa, Skandinavien	Enzephalitis
Tribec-Virus	*Ixodes ricinus*	Tschechische Republik	Nicht bekannt
Uukuniemi-Virus	*Ixodes ricinus*	Finnland	Nicht bekannt
Eyach-Virus	*Ixodes ricinus*	Baden-Württemberg	Nicht bekannt
Erve-Virus	*Ixodes ricinus*	Saarland	Hämorrhagische Enzephalitis
Borrelia burgdorferi sensu lato (5 humanopathogene Genospezies)	*Ixodes ricinus*, *Ixodes persulcatus* (Osteuropa, Asien), *Ixodes scapularis* (USA Nordosten), *Ixodes pacificus* (USA Westen)	Europa, USA, Asien	Erythema migrans, Neuroborreliose, Borrelien-Lymphozytom, Lyme-Arthritis, Acrodermatitis chronica atrophicans
Francisella tularensis	*Ixodes ricinus*, *Dermacentor marginatus*, *Dermacentor reticulatus*	Zentraleuropa, Skandinavien	Schmerzhafte Hautulzeration, Fieber, regionale Lymphknotenschwellung sowie Kopf- und Gliederschmerzen, Lungenentzündung, oropharyngeale Tularämie
Coxiella burnetii	*Ixodes ricinus*, *Dermacentor*	Deutschland, europaweit	Q-Fieber, grippeähnliche Erkrankung mit hohem Fieber, Kopfschmerzen und Lungenentzündung
Rickettsia helvetica, *Rickettsia slovaca*, *Rickettsia raoultii*	*Ixodes ricinus*, *Dermacentor marginatus*, *Dermacentor reticulatus*	Europa	Zeckenbissfieber, "Tick-borne lymphadenopathy" (TIBOLA)
Anaplasma phagocytophilum	*Ixodes ricinus*, *Ixodes persulcatus* (Osteuropa, Asien), *Ixodes scapularis* (USA Nordosten), *Ixodes pacificus* (USA Westen)	Europa, USA, Asien	Granulozytäre Anaplasmose
Candidatus Neoehrlichia mikurensis	*Ixodes ricinus*, *Ixodes persulcatus*	Deutschland, Tschechische Republik, Schweiz, Dänemark, Schweden	Neoehrlichiose in immunsupprimierten Patienten
Babesia microti, *Babisia divergens*, *Bebesia venatorum*	*Ixodes ricinus*	Deutschland, europaweit	Hämolyse, Anämie, Ikterus bei immunsupprimierten Patienten

Die Verhinderung von vektorassoziierten Infektionserkrankungen basiert hauptsächlich auf persönlichen Schutzmaßnahmen wie

- allgemeiner Aufklärung,
- Reduktion der exponierten Hautfläche durch das Tragen von langärmliger Kleidung und Kopfbedeckung,
- Anwendung von zeckenabweisenden Sprays, Salben oder Tüchern (Repellentien),
- Körpercheck nach Aufenthalt im Freien, der zu einem schnellen sachgerechten Entfernen der Zecken führt (Faulde & Hoffmann, 2001).

Der Fuchsbandwurm (E. multilocularis) führt beim Menschen zur alveolaren Echinokokkose. Die Infektion erfolgt durch orale Aufnahme der Eier; die Larven setzen sich vor allem in der Leber, seltener auch in Lunge, Gehirn oder anderen Organen ab. Daher ist das klinische Bild sehr variabel. Symptome treten erst Monate oder Jahre nach der Infektion auf. Im Jahr 2014 sind gemäß § 7 Abs. 3 Infektionsschutzgesetz (IfSG) 25 Fälle, in den vergangenen Jahren zwischen 6 und 41 Fällen (siehe Abb. 11) gemeldet worden (Robert Koch-Institut, 2015). Prophylaktisch wird die gründliche Reinigung von Waldbeeren vor dem Verzehr bzw. der komplette Verzicht auf im Wald gepflückte Beeren empfohlen.

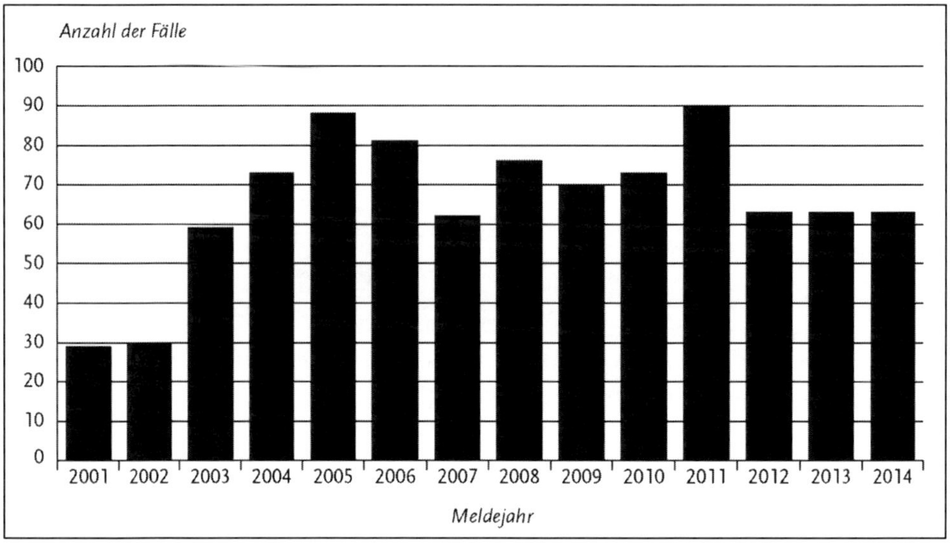

Abb. 11: Gemeldete alveoläre Echinokokkosen 2001 bis 2014, Deutschland. Quelle: Robert Koch-Institut 2015, S. 74.

Es ist nicht bekannt, dass Kinder, die einen Waldkindergarten besuchen, häufiger von den hier beschriebenen gesundheitlichen Problemen betroffen sind (Kruse, 2013). Daher soll für diese Arbeit die pathogenetisch geprägte Sichtweise in den Hintergrund gestellt werden. Weiterhin werden in dieser Arbeit phytotherapeutische Aspekte wie z.B. die heilenden Wirkstoffe der Weide (Weidenrinde, zur Herstellung von Acetylsalycilsäure) oder der Brennnessel (u.a. harntreibende, entzündungshemmende und immunmodulierende Effekte) nicht näher betrachtet.

„Wer als Kind mit Naturmaterial gespielt hat, entwickelt eine natürliche Liebe zur Schöpfung. ... Durch das Spielen mit Naturmaterial machen Kinder Naturerfahrungen. Die Schätze, die sie in ihren Händen halten, Blatt, Stein, Schneckenhaus, Tannenzapfen etwa, regen ihre Fantasie an und verwandeln sich in Spielzeug. Dabei entwickeln die Kleinen Liebe und Achtung zu Natur und Umwelt. Sie erleben spielend und bewusst den Wechsel der Jahreszeiten mit den vielen Veränderungen. Und wenn man etwas lieb hat, dann geht man achtsamer damit um."

(Stöcklin-Meier 2003, S. 118)

1.2.2 Der Waldkindergarten

Bei dieser speziellen Form eines Kindergartens stehen Wanderungen, freies Spiel und Umweltbildung im Wald im Mittelpunkt des Tagesablaufs. Dieser Abschnitt beschreibt charakteristische Eigenschaften von Waldkindergärten. Insbesondere die historische Entwicklung, Landschaften in denen sich Waldkindergärten befinden, die Organisation und der Tagesablauf solcher Einrichtungen werden näher beschrieben.

In einem deutschen Waldkindergarten sind die Kinder mindestens drei Stunden am Tag im Wald und verbringen somit minimal 15 Stunden pro Woche im Wald. Der größte Unterschied zu Regelkindergärten ist, dass sie während des ganzen Jahres bei unterschiedlichen Temperatur- und Wetterbedingungen draußen sind. So können Kinder zwischen zwei und sechs Jahren die Jahreszeiten direkt erleben. Während der Zeit im Wald haben sie die Gelegenheit für ausgeprägte Naturerfahrungen und erleben Anregungen für Körper und Geist. Das zu Grunde liegende pädagogische Konzept hat einen ganzheitlichen Ansatz. Die Kinder können sich mit ihrer Umgebung identifizieren, es unterstützt körperliche Aktivität, aber ermöglicht auch das Erleben von Stille (Miklitz, 2005).

Mit dem lebensbezogenen Ansatz (Huppertz, 2008) im Waldkindergarten rückt die Erfahrungswelt des Kindes mit dessen Interessen, Ideen und Problemen in den Fokus der Erzieherinnen und gestaltet damit den Tagesablauf. Die pädagogische Zielsetzung bzw. das pädagogische Konzept des Waldkindergartens umfasst Umwelterziehung, freies Spiel, individuelle Aktivitäten oder Kleingruppenangebote. Projekte werden häufig durch Erfahrungen, Beobachtungen oder Fragen der Kinder initiiert. Primäre Erfahrungen werden sekundären Erfahrungen wie z.B. durch Medien, vorgezogen. Der Alltag einer Erzieherin im Waldkindergarten ist mehr geprägt durch Beobachtung und Begleitung als durch die Initiierung von Erziehungssituationen (Huppertz, 2004).

Historische Entwicklung

Jean-Jacques Rousseau (1712–1778) gilt als herausragender Denker der Aufklärung im Rahmen der modernen Kulturkritik. Er thematisierte das Kind und seine Erziehung im Bildungsroman Émile (1762). Dort entwirft er ein idealtypisches Erziehungsprogramm, welches der natürlichen Entwicklung des Kindes in einer natürlichen Umgebung folgt. Dazu soll der Erzieher sich zurück nehmen und dem Kind durch entsprechende Angebote wichtige Erfahrungen ermöglichen (Gudjons, 1999). Rousseau trat dafür ein, Kinder die Gesetzmäßigkeiten der Natur anhand ausgewählter Lehr-Lernszenen selbst entdecken und die Strukturen, Werte sowie Normen der Gesellschaft zusammen mit seinem Mentor erleben zu lassen.

Etwas später hat der Thüringer Friedrich Fröbel (1782–1852) in seinem Werk „Die Menschenerziehung" von 1826 den Begriff und die Einrichtung „Kindergarten" im Sinne eines Gartens für Kinder entwickelt. Enge Bezüge zur Natur waren gewünscht. So wie in einem

„Garten unter Gottes Schutz und unter Sorgfalt erfahrener einsichtiger Gärtner im Einklang mit der Natur die Gewächse gepflegt werden",

so sollen nach Fröbel (o.J.) im Kindergarten

> *„die edelsten Gewächse, Menschen, Kinder als Keime und Glieder der Menschheit, in Übereinstimmung mit sich, mit Gott und der Natur ... erzogen werden"* (Berger, 2000, S. 5).

Die Ideen von Rousseau und Fröbel prägen auch heute noch das Verhältnis von Kind, Erzieher und der sie umgebenden Natur. In den nordischen Ländern gibt es eine auch kulturell verankerte intensive Verbindung zur Natur. Hier spielt das Leben in und mit der Natur für die Menschen eine zentrale Rolle für Lebensqualität (Bickel, 2001, S.14). Schon seit 1892 gibt es die Organisation „Friluftsfrämjandet" (Gesellschaft zur Förderung des Sports im Freien, http://www.friluftsframjandet.se/guest/hem (Zugriff am 03.03.2015)) in Schweden, die Aktivitäten in der Natur für alle Altersstufen anbietet. Mitte der fünfziger Jahre des letzten Jahrtausends ist der erste institutionalisierte Waldkindergarten durch eine Elterninitiative in Søllerød (Dänemark) entstanden. Kinder, die keinen Kindergartenplatz erhielten, gesellten sich zu Ella Flatau und deren Kindern, die in den Wald gingen (Miklitz, 2007).

Die Raumnot der Nachkriegszeit machte auch deutsche Erzieherinnen erfinderisch: in sogenannten Spazierkindergärten gingen sie mit Kindern in den Wäldern spazieren (Kruse, 2013).

Der erste deutsche Waldkindergarten wurde 1968 von Ursula Sube in Wiesbaden ebenfalls aus praktischen Gründen ins Leben gerufen. Dieser Waldkindergarten hatte teilweise 28 Kinder und bestand bis 1983. Da er wegen der unklaren Rechtslage stillschweigend geduldet wurde, bemühte man sich, nicht in die Öffentlichkeit zu treten. Daher werden die Waldkindergärten in Flensburg (Gründung 1993) und Lübeck (Gründung 1994) häufig als die ersten Waldkindergärten in Deutschland erwähnt. Mit diesen beiden Einrichtungen wurde das öffentliche Interesse in Deutschland an Waldkindergärten geweckt (Miklitz, 2007). Aktuell schätzt der *Bundesverband der Wald- und Naturkindergärten in Deutschland e. V.* die Anzahl der Waldkindergärten auf rund 1500 Einrichtungen (http://bvnw.de/?page_id=8281 (Zugriff am 03.03.2015)), was ca. 2,8% (Laut der Pressemitteilung 313 vom 04.09.2014 des Deutschen Statistischen Bundesamtes (DESTATIS) gab es in Deutschland im März 2014 bundesweit 53.415 Kindertageseinrichtungen.) aller deutschen Kindertageseinrichtungen ausmacht. Weitere Waldkindergärten sind auf der Homepage des *Bundesverbandes der Wald- und Naturkindergärten in Deutschland e.V.* (http://bvnw.de/?page_id=579 (Zugriff am 03.03.2015)) in Großbritannien, Japan, Norwegen, Österreich, Schweiz, Südkorea, Spanien und Tschechien vermerkt, wobei sie in Schweden, Dänemark und Finnland ebenfalls weit verbreitet sind.

Organisation

Waldkindergärten entstehen zumeist aus einer Elterninitiative oder durch eine freiberufliche Erzieherin. Da Jugendpolitik von Seiten der Länder und Kommunen organisiert wird, gibt es starke regionale Unterschiede in der Organisation und Verbreitung der Waldkindergärten. Neben anderen Bundesländern bemüht sich in Nordrhein-Westfalen das zuständige Ministerium um die Förderung der Waldkindergärten.

Laut Bickel (2001, S.18) liegt die Gruppengröße im Waldkindergarten im Durchschnitt bei 17 Kindern. Im Regelkindergarten sind es hingegen 22–25 Kinder pro Gruppe. Vorteil in kleineren Gruppen ist, dass jedes einzelne Kind mehr Aufmerksamkeit erfahren kann. In Waldkindergärten begleiten aus Sicherheitsgründen meist drei Personen die Gruppe, obwohl für diese Gruppengröße zwei Erzieherinnen vorgesehen sind (durchschnittlich 2,3 Betreuungspersonen im Waldkindergarten (Bickel 2001, S.25)). Sollte sich ein Kind verletzten, kann eine Erzieherin beim verletzten Kind bleiben, eine kümmert sich um die restliche Gruppe und eine Erzieherin organisiert Hilfe. Die Ausbildung der Erzieherinnen im Waldkindergarten ist breit gefächert. 69,9% sind Erzieherinnen und 14,5% haben eine andere Grundausbildung. Dazu zählen Biologen, Heilpädagogen, Sport- und Gymnastiklehrer oder Sozialpädagogen. Weiterhin sind 12,8% Praktikanten und 2,8% begleitende Eltern (Bickel 2001, S. 24).

Die meisten Waldkindergärten bemühen sich um ein ausgewogenes Verhältnis von Jungen und Mädchen. Generell wird von Bickel von einem Jungenüberschuss von ca. 10% berichtet (2001, S.19).

Als reine Waldkindergärten bezeichnet man Gruppen, die sich ganzjährig im Wald aufhalten und kein eigenes feststehendes Gebäude besitzen. Sie sind nicht an bestehende Einrichtungen wie Kindergarten oder Kindertagesstätte angebunden und haben nur bei extremen Witterungssituationen einen Ausweichraum. Laut Bickel (2001, S.16) sind in Deutschland 73,6% reine Waldkindergärten, denen eine Notunterkunft zur Verfügung steht. Diese Notunterkunft ist in über 30% ein Bauwagen bzw. eine Hütte (ca. 14%) oder ein Raum (ca. 21%) (Bickel, 2001). Dieser dient als Unterschlupf für extreme Witterungsverhältnisse wie heftigen Sturm, Gewitter oder bei extrem niedrigen Temperaturen. Hier kann sich dann zeitweise aufgehalten und z.B. gefrühstückt werden. Die Größe und Ausstattung dieser Unterkünfte kann stark variieren.

Grundsätzlich gibt es nur wenige Tage im Jahr, an denen es (vormittags) ununterbrochen regnet. Probleme können jedoch Gewitter oder orkanartige Stürme im Wald bereiten wie z.B. der Sturm Kyrill im Januar 2007. Für diese seltenen Extremsituationen wird ein Ausweichprogramm erstellt oder der Waldkindergarten wird kurzfristig geschlossen. Gibt es Vorankündigungen, kann an diesen Tagen wie auch in Regelkindergärten, ein Ausflug in die Bücherei, etc. unternommen werden. Diese Ausflüge werden grundsätzlich aber auch ohne extreme Wetterereignisse geplant. Auch Besuche durch Förster, Polizei oder Feuerwehr finden wie entsprechende Angebote in Regelkindergärten statt.

Es gibt viele weitere Formen, die Teile des Waldkindergartens in ihre Arbeit integrieren. So an Regelkindergärten angegliederte Waldgruppen oder Regelkindergärten, die einen Tag in der Woche oder im Rahmen eines Projektes Zeit im Wald verbringen (Bickel, 2001). Auch die Umgebung kann variieren, so gibt es Strandkindergärten oder Farmkindergärten auf dem Bauernhof. Naturkindergärten arbeiten nach dem Prinzip, sich die Natur ins Haus zu holen. Dabei werden Biotope oder Gärten auf den Anlagen des Kindergartens angelegt. Weiterhin gibt es Spielgruppen, die sich einmal oder mehrmals die Woche im Wald treffen (Schede, 2000).

Landschaften der Waldkindergärten

Wie bereits weiter oben beschrieben, nimmt der Wald in Deutschland einen wichtigen Stellenwert ein, auch, weil er rund ein Drittel der Landesfläche bedeckt. Um den Anforderungen an einen Waldkindergarten zu genügen, muss der Wald jedoch verschiedene Grundvoraussetzungen erfüllen. Er muss:

- eine Vielfalt an Landschaftsstrukturen in ausreichender Fläche bieten, damit er für Kinder interessant bleibt und nicht überlastet wird,
- nicht zu stark von Spaziergängern frequentiert werden (Cave: Hundekot),
- erreichbar sein, z.B. auch mit öffentlichen Verkehrsmitteln und
- ein gutes Mobilfunknetz für den Notfall haben (Miklitz, 2007),
- weiterhin verschiedene Plätze bieten, die für die Kinder fußläufig erreichbar sind und meist täglich gewechselt werden,
- grundsätzlich frei von Schadstoffen, Altlasten und Kriegsmunition sein.

Dazu sind möglicherweise auch ein Stadtwald oder Park geeignet. Die Einverständnisse des Waldbesitzers (Land, Kommune, Privatbesitzer) und des Försters müssen für die Nutzung vorliegen.

Ein Tag im Waldkindergarten

Der folgende Abschnitt fasst Hospitationen in den Waldkindergärten zusammen (siehe Schäffer & Kistemann 2012). In diesem Abschnitt soll ein erster Einblick in den Alltag eines Waldkindergartens gegeben werden. Das genaue Vorgehen vor Ort und die Ergebnisse der qualitativen Interviews werden in Kapitel 3.1 und 4.1 erläutert.

An einem normalen Tag im Waldkindergarten werden die Kinder am Morgen zum Treffpunkt gebracht, an dem Eltern und Erzieher Zeit für ein kurzes Gespräch und die Kinder Zeit für freies Spiel haben. Sind alle Kinder bis zu einer festen Zeit –zumeist 8.30 oder 9.00 Uhr– angekommen, findet man sich zu einem sogenannten „Morgenkreis“ (siehe Abb. 12 und Abb. 13) zusammen.

Abb. 12: Morgenkreis im Waldkindergarten. Foto: Schäffer 2008.

Abb. 13: Platz für den Morgenkreis im Waldkindergarten. Foto: Schäffer 2008.

Hier werden Lieder gesungen, Spiele gespielt und durchgezählt, ob alle Kinder anwesend sind. Abwesende Kinder bleiben so präsent. Am Ende des Morgenkreises entscheidet die Gruppe, welcher Platz im Wald an diesem Tag aufgesucht wird. Um Materialien wie z.B. Schaufeln, Seile, Hängematten, Bastel- und Malutensilien, Wechselkleidung oder Bestimmungsbücher mitzunehmen, werden ein oder mehrere Bollerwagen eingesetzt. Die Zeit, die anschließend für die Wanderung bis zum vereinbarten Platz benötigt wird, hängt von verschiedenen Faktoren ab. Dazu zählen die Entfernung, die Belastbarkeit der Kinder (z.B. in Abhängigkeit von der Altersstruktur) und Witterungsbedingungen. Während der Wintermonate werden zumeist weiter entfernte Plätze ausgewählt, sodass insbesondere die jüngeren Kinder die ganze Zeit in Bewegung bleiben, um nicht zu unterkühlen. Da jedes Kind seine eigene Geschwindigkeit hat, gibt es spezielle Wartepunkte auf dem Weg bis zum vereinbarten Platz. Diese Plätze sind allen Kindern vertraut und sind mit Namen versehen. Die ersten Kinder warten an diesen „Haltestellen" bis die Gruppe wieder komplett ist. Manchmal ist jedoch auch der Weg das Ziel und Fundstücke aus Flora und Fauna (z.B. frische Knospen im Frühjahr, ein Salamander unter einem Baumstamm) und Beobachtungen (z.B. Waldarbeiter, die einen Baum fällen) werden ausgiebig begutachtet (siehe Abb. 14 und Abb. 15).

Abb. 14: Ein Pferd am Rande des Weges. Foto: Schäffer 2008.

Abb. 15: Amphibien am Wegesrand. Foto: Schäffer 2008.

Die Erzieherinnen nutzen diese Gelegenheiten, sodass nach der Theorie des situationsorientierten Ansatz (Huppertz, 2008) Experimente oder Projekte resultieren können. Ist das Ziel, also der im Morgenkreis ausgewählte Platz, erreicht, wird mit der Frühstückpause begonnen. Der Rucksack mit eigenem Frühstück und Sitzmatte wird von den Kindern abgelegt. Ausnahme hiervon können Getränke, insbesondere warme Getränke in den Wintermonaten, sein, die von den Erzieherinnen im Bollerwagen transportiert werden. Auf das Frühstück wird im Waldkindergarten ein besonderes Augenmerk gelegt. In allen Kindertageseinrichtungen wird das gesunde Frühstück thematisiert, aber Nährstoffe und Energie sind im Waldkindergarten wegen des hohen Bewegungslevels unerlässlich. Eltern werden in den meisten Waldkindergärten darum gebeten, ihren Kindern keine Süßigkeiten mitzugeben, auch um Insekten wie z.B. Wespen nicht unnötig anzulocken. Die Kinder werden angehalten, entweder keine Abfälle zu produzieren oder diese wieder mit nach Hause zu nehmen.

Nach dem Frühstück startet das freie Spiel. Dieses feste Angebot im Tagesablauf bedeutet für die Kinder eigene Entscheidungen über Art, Utensilien, Gruppengröße, Zeitrahmen etc. zu treffen. Dazu werden soziale Fähigkeiten wie Kommunikation, Organisation und Reaktion gefordert und gefördert (Miklitz, 2007). Für das freie Spiel können die Materialien aus dem Bollerwagen genutzt werden. Nun kommen Taschenmesser, Sägen, Eimer und Schaufeln oder Bilderbücher zum Einsatz. Die Kinder entwickeln schnell Ideen und sind zumeist in kreative Rollenspiele involviert. Hier können sie Ritter, Familien, Eisdielenbesitzer oder ähnliches „sein“. Für die Erzieherinnen ist diese Zeit geprägt durch Hilfestellungen bei der Strukturierung des Spiels der Kinder oder durch eigene offene Angebote, was den Angeboten in Regelkindergärten entspricht. Einige Kinder liegen oder schaukeln in einer Hängematte, andere malen mit Wasserfarben oder hören eine Geschichte, die von einer Erzieherin vorgelesen wird. Nach ein bis zwei Stunden endet die Freispielzeit und alle Materialien, wie der Bollerwagen und die Kinderrucksäcke werden wieder für den Rückweg vorbereitet. Der Rückweg ist ähnlich organisiert wie der Hinweg. Teilweise dürfen kleine Kinder im Bollerwagen Platz nehmen.

Kinder im Waldkindergarten genießen viele Freiräume, einige Regeln müssen jedoch strikt befolgt werden. Diese beziehen sich vor allem auf den Gesundheits- und Unfallschutz (siehe auch Risiken für die Gesundheit durch den Aufenthalt im Wald, S. 17ff). Es ist z.B. sehr wichtig, auf Zuruf der Erzieherinnen sofort zu hören oder bei der Fortbewegung an vorgegebenen Haltepunkten auf die gesamte Gruppe zu warten. Auch für den Umgang mit Stöcken, Steinen, Werkzeugen gibt es Absprachen. In vielen Waldkindergärten herrscht die Regel, dass grundsätzlich außerhalb des Frühstücks nichts in den Mund genommen werden darf (Prophylaxe Fuchsbandwurm). Auch der sorgsame Umgang mit der Natur wird immer wieder thematisiert. Sinnloses Abreißen von Ästen und Gräsern wird vermieden.

Der Tag im Waldkindergarten endet mit einem speziellen Ritual. Noch im Wald oder am Treffpunkt wird ein Kreis, entsprechend dem Morgenkreis, geformt. Nun kann z.B. jedes Kind von einem besonderen Moment im Wald berichten. Ein Spiel oder ein Lied beendet die gemeinsame Zeit. Um die Mittagszeit schließen dann einige Waldkindergärten. Andere bieten noch ein warmes Mittagessen und eine längere Betreuung bis in den Nachmittag an.

1.3 Fragestellung und Ziele

Der Kontakt mit Natur und Landschaft bildet verschiedene Dimensionen des Wohlbefindens ab (Newton, 2007). Schon in der Antike wurden positive Effekte von Natur und Landschaft auf die Gesundheit beschrieben (Kistemann & Claßen, 2003), die wissenschaftlich bestätigt sind (Abraham et al., 2010; Hartig et al., 1991; Lechtzin et al., 2010; Maller et al., 2006; Nilsson et al., 2010; Pretty et al., 2005; Sempik et al., 2010; Ulrich, 1984; Velarde et al., 2007; Ward Thompson, 2011). Kinder sind in diesem interdisziplinären Forschungsfeld jedoch bislang unterrepräsentiert. Untersuchungen zu gesundheitlichen Effekten langfristiger Naturerfahrung im deutschsprachigen Raum wurden bisher kaum durchgeführt.

Waldkindergärten bieten verschiedene Zugangswege zur Natur und damit viele Stimuli für Körper und Geist. Verschiedene internationale Studien konnten für Kinder positive gesundheitliche Effekte durch den Aufenthalt in der Natur zeigen (Kiener, 2003; Kruger et al., 2010; McCurdy et al., 2010; Newton, 2007; O'Brien & Murray, 2007; O'Brien, 2011; O'Brien et al., 2010; Travlou, 2006; Wauquiez, 2008). Positive Zusammenhänge zeigten sich u.a. für körperliche Aktivität, Konzentration, sprachliche Entwicklung, Infektionsraten und soziale Interaktion, was in Kapitel 2 ausführlich dargestellt ist.

Ziel meiner Untersuchung ist es, einen Einblick in die Zusammenhänge zwischen regelmäßigen Naturerfahrungen und der Gesundheit von Kindern, d.h. jungen Menschen im Alter von ca. 2–11 Jahren am speziellen Beispiel der Waldkindergärten in Deutschland zu erhalten. Hierzu dient eine Literaturrecherche zur Fragestellung: Welche Erkenntnisse zu positiven Verbindungen von Naturerfahrung und Gesundheit in den Dimensionen körperliches, mentales und soziales Wohlbefinden liegen für Kinder vor? Weiterhin interessieren der Alltag und die Besonderheiten eines Waldkindergartens sowie die Ansichten von Erzieherinnen im Waldkindergarten zu Gesundheitsaspekten dieser speziellen Kindergartenform.

Folgende Fragestellungen sollen im Einzelnen mittels quantitativer und qualitativer Erhebungen untersucht werden:

- Gibt es quantitativ und/ oder qualitativ messbare (langfristige) gesundheitliche Effekte durch die regelmäßige Naturerfahrung im Waldkindergarten?
- Welche Ansichten gibt es zu den Themen Bewegung, Ernährung, Gesundheit, Natur und Ruhe, aus dem Blickwinkel der Erzieherinnen im Waldkindergarten bzw. von Grundschülern, die ehemals einen Waldkindergarten besucht hatten?
- Lassen sich bei Grundschülern Unterschiede belegen
    - im Verständnis von Gesundheit und Krankheit,
    - in der Wahrnehmung der Verbindung von Natur und Gesundheit,
    - im Verhalten in der Freizeit,
    - in den Bezügen zu einem Garten,
    - im Wissen um Tiere,
    - in den Erinnerungen an die Kindergartenzeit,

je nachdem, ob sie einen Waldkindergarten oder einen Regelkindergarten besucht haben?

2 Forschungsstand und Theorie zu Gesundheit und Naturerfahrung im Kindesalter

„Die Natur gibt das Kind als ein unzertrennbares Ganzes, als eine wesentliche organische Einheit mit vielseitigen Anlagen des Herzens, des Geistes und des Körpers. Sie will entscheiden, dass keine dieser Anlagen unentwickelt bleibe.

Wo sie wirkt, wo das Kind rein und treu durch sie geleitet wird, da entfaltet sie auch die Anlagen seines Herzens, seines Geistes und seines Körpers zugleich in harmonischer Einheit. Die Entwicklung des Einen ist nicht nur mit der Entwicklung des Anderen unzertrennlich verbunden, sondern sie entwickelt auch eine jede dieser Anlagen vermittelst der anderen und durch sie. Die Entfaltung des Herzens wird ein Mittel, selbst auch den Geist, die des Geistes den Körper und umgekehrt zu entfalten."

Johann Heinrich Pestalozzi

Gegenstand dieses Kapitels sind der aktuelle Forschungstand und die Theorien im Umfeld von Gesundheit und Naturerfahrung im Kindesalter. Es folgt ein Review, welcher die spezifischen Effekte von Naturerfahrungen auf das körperliche, mentale und soziale Wohlbefinden aufgliedert.

Verschiedene Studien zu Kind und Natur weisen auf die negativen psychologischen, kognitiven und physiologischen Auswirkungen von Umweltfaktoren wie Lärm und Verunreinigungen hin (Carlsten & Croke, 1997; Frumkin, 2001). Täglich werden viele Kinder geschädigt oder sterben an umweltbezogenen Krankheiten (WHO, 2009).

Auf der anderen Seite werden positive, d.h. salutogenetische Effekte unterstrichen (Frumkin, 2001). Grundlagen hierzu legt Wilson mit seiner Theorie der Biophilie. Er umschreibt ein grundlegendes Bedürfnis zum Kontakt mit der natürlichen Umwelt, als *„die Verbindung, nach der der Mensch im Laufe seines Lebens ununterbrochen sucht“* (Wilson, 1984).

Schon in der Antike (Hippokrates, Galenos) wurden malerischen Landschaften gesundheitsrelevante Wirkungen zugeschrieben (Kistemann & Claßen, 2003; Morris, 2003). Der Mensch und andere Lebewesen bevorzugen Umgebungen, in denen wichtige Bedingungen zum Überleben vorhanden sind (Kaplan & Kaplan, 1978). Weit einsehbare ästhetische Landschaften in saftigem Grün mit einer Wasserquelle sind archetypisch für eine perfekte Landschaft (siehe Abb. 16). Die Vorliebe für diese Landschaften, auch als Savannentheorie bezeichnet, ist ein Ausdruck menschlicher Bedürfnisse. So bieten die bevorzugten Umgebungen mit ausreichendem Nahrungsangebot und einem guten Schutz vor Feinden, Bedingungen für einen effektiven Lebensstil mit guten Überlebensmöglichkeiten (Orians & Heerwagen, 1992; Orians, 1980, 1986).

Abb. 16: Weit einsehbare Landschaft am Rhein bei Remagen. Foto: Schäffer 2014.

Neben Ästhetik verknüpft Gesler auch soziale Aspekte mit Orten oder Plätzen (Gesler, 1991). Den Terminus *Therapeutische Landschaft* führte er (Gesler, 1992) in die Medizinische Geographie ein und definierte:

„Therapeutic landscapes are those changing places, settings, situations, locales and milieus that encompass both the physical and psychological environments associated with treatment or healing; they are reputed to have an "enduring reputation for achieving physical, mental and spiritual healing" (Gesler, 1993, S. 171).

Gesler (1992) konstruiert damit einen dynamischen und mehrdimensionalen Landschaftsbegriff, der konkrete Orte, menschliche Vorstellungen und Interaktionen umfasst, die einen Einfluss auf das körperliche, mentale oder soziale Wohlbefinden haben.

Für die vorliegende Arbeit wird vor allem die Auslegung der *Therapeutischen Landschaft* als traditionelle Gesundheitslandschaft (Gesler, 1992) mit den positiven gesundheitlichen Auswirkungen der naturalistischen Landschaften betont. Diese Auslegung folgt dem Konzept der Salutogenese (siehe Kapitel 1.1.1). In der traditionellen Gesundheitslandschaft treten krankheitsorientierte Aspekte (z.B. Feinstaub-Diskussion, Umwelt als Risiko (Briggs, 2003)) in den Hintergrund und positive gesundheitliche Komponenten der physischen Umwelt, wie sie in Kurorten oder Naturschutzgebieten (Claßen & Kistemann, 2010) geschätzt werden, in den Vordergrund. In jüngerer Zeit wird von daher diskutiert den pathogenetisch besetzten Terminus *Therapeutische Landschaft* in diesem Zusammenhang als „gesundheitsförderliche Landschaft" oder direkt als „Gesundheitslandschaft" zu bezeichnen (Claßen & Kistemann, 2010; Gesler & Kearns, 2002).

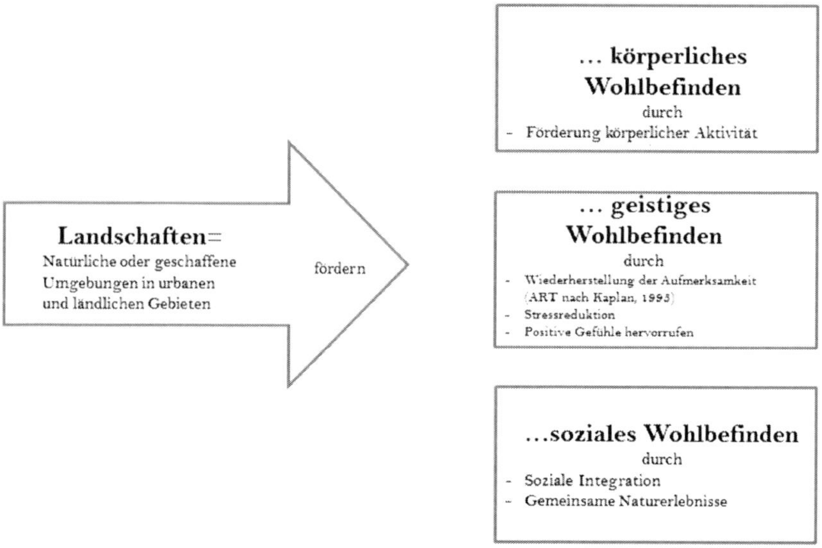

Abb. 17: Annahmen der gesundheitsförderlichen Einflüsse von Landschaft (nach Abraham et al. 2010, S. 64).

Landschaften können mehrere Aspekte von Gesundheit beeinflussen (siehe Abb. 17), denn Landschaften bilden den Hintergrund für körperliche Aktivität, psychische Erholung und soziale Interaktion durch direkte oder assoziative Erfahrungen (Abraham et al., 2010; Eikmann, 2013).

Im Folgenden sind Übersichtsarbeiten aufgeführt, die diesen ganzheitlichen Gesundheitsansatz verfolgen und die Wirkungen der Natur auf das menschliche Wohlbefinden und die menschliche Gesundheit zeigen. Besonders hervorgehoben sind Arbeiten, die im Speziellen auf Kinder eingehen. Die Literaturstudie schließt nationale und internationale Arbeiten aus dem Themenbereich Naturerfahrung und Gesundheit ein. Die Literatursuche erfolgte in Pubmed, Sciencedirect und Web of Science sowie nach dem Schneeballprinzip. Daraufhin konnten 43 Artikel, Bücher, Buchkapitel und Berichte aus den Jahren 1999–2015 herausgefiltert werden. Diese und alle weiteren Literaturquellen wurden in einer Mendely®-Datenbank erfasst.

In Tab. 3 und Tab. 4 sind die genannten Übersichtsarbeiten zusammengestellt. Die Einordnung erfolgt in allgemeine Arbeiten und solche, die auf Kinder spezialisiert sind. Nicht immer waren eindeutige Zuordnungen möglich und es erfolgte die Gewichtung nach dem Ermessen der Autorin. Die Literatur ist chronologisch geordnet und es ist jeweils das Land des Forschers bzw. der forschenden Institution genannt. Teilweise ist der Titel noch durch eine kurze Umschreibung des Inhalts ergänzt.

In den anschließenden Kapiteln werden die einzelnen Teilbereiche, d.h. körperliches, mentales und soziales Wohlbefinden jeweils unter dem Aspekt der Naturerfahrung von Kindern gesondert betrachtet.

Tab. 3: Identifizierte Studien zu Natur und Gesundheit (2002–2014).

Nr.	Autor	Land	Erscheinungs-jahr	Titel/ Inhalt
1.	Haluza, D. et al.	A	2014	Green Perspectives for Public Health: A Narrative Review on the Physiological Effects of Experiencing Outdoor Nature /Review physiologischer Parameter, insbesondere Auswirkungen auf Stress auf alle Körpersyteme
2.	Park, J. J. et al.	UK	2011	The natural outdoors and health: Assessing the value and potential contribution of secondary public data sets in the UK to current and future knowledge/ Mentale Auswirkungen von verschiedenen Außenräume
3.	Abraham, A. et al.	CH	2010	Landscape and well-being: a scoping study on the health-promoting impact of outdoor environments/ Review gesundheitsfördernde Aspekte (körperlich, mental, sozial) der natürlichen Landschaft
4.	Bowler, D. et al.	UK	2010	A systematic review of evidence for the added benefits to health of exposure to natural environments/ Gesundheit und Wohlbefinden in natürlichen und synthetischen Umgebungen
5.	Karjalainen, E. et al.	FIN	2010	Promoting human health through forests: overview and major challenges/ Review Wald und Gesundheit
6.	Nilsson, K. et al.	div.	2010	Forests, Trees and Human Health/ Wald und Gesundheit, Zusammenstellung aller Erkenntnisse zu diesem Zeitpunkt im Rahmen von COST Action E39
7.	van den Berg, A. et al.	NL	2010	Green space as a buffer between stressful life events and health/ Studie mit über 4500 Niederländern die Gesundheitszustand und Entfernung zu Grünräumen verbindet
8.	Bowler, D. et al.	UK	2009	The value of contact with nature for health promotion: how the evidence has been reviewed
9.	Körner, S. et al.	D	2008	Grün und Gesundheit - Literaturstudie/ Urbanes Grün und Bezüge zu physischer, psychischer und sozialer Gesundheit
10.	Croucher K. et al.	UK	2007	The Links Between Greenspace and Health: A Critical Literature Review/ Review Grünräume und Gesundheit
11.	Nielsen, T. & Hansen, K.	DK	2007	Urban forestry for human health and wellbeing/ Umfrage zu Zugang und Nutzung von Grünräumen und Einfluss auf Übergewicht und das Empfinden von Stress
12.	Groenewegen, P. et al.	NL	2006	Vitamin G: effects of green space on health, well-being, and social safety/ Programm mit drei Studien auf Nationaler Ebene, in urbanen Grünräumen und Schrebergärten
13.	O´Brian, L.	UK	2005	Trees and Woodlands: Nature´s Health Service/ Forschung und Praktische Beispiele mit Public Health Aspekten zu Bäumen und Wald
14.	Pretty, J. et al.	UK	2005	The mental and physical health outcomes of green exercise./ Auswirkungen des Laufens auf Laufband, wenn unterschiedliche Szenereien gezeigt werden
15.	Pretty, J. & Countryside Recreation Network	UK	2005	A countryside for health and wellbeing: the physical and mental health benefits of green exercise/ Mentale und körperliche Auswirkungen von Sport in Grünräumen
16.	Gasser, K. & Kaufmann-Hayoz, R.	CH	2005	Wald und Volksgesundheit - Literatur und Projekte aus der Schweiz/ Review: Kultur-, Sozial-, Naturwissenschaftliche sowie pädagogische und psychologische Literaturstudie, im Rahmen von COST Action E39
17.	Gezondheidsraad	NL	2004	Nature and Health. The influence of nature on social, psychological and physical well-being/ Körperliche, mentale und soziale Auswirkungen von Natur
18.	Morris, N.	GB	2003	Health, Well-Being and Open Space: Literature Review/ Review: Gesundheit, Wohlbefinden und "offene" Räume
19.	de Vries, S. et al.	NL	2003	Natural environments - healthy environments? An exploratory analysis of the relationship between greenspace and health/ Grüne Wohnumgebungen sind mit besserer Gesundheit verbunden
20.	Ruhe, H.	D	2002	Natürlich gesund! Die Wirkung von Naturerleben auf die Gesundheit des Menschen/ Diplomarbeit: Verbindung von Natur und Gesundheit

Tab. 4: Identifizierte Studien zu Natur und Gesundheit mit Bezug zu Kindern (1999–2015).

Nr.	Autor	Land	Erscheinungs-jahr	Titel/ Inhalt
1.	Markevych, I.	D	2015	Satellite-derived data on greenness and access to green spaces are related to children's health indicators/ Grünflächen in der Wohnumgebung und Assoziationen mit Geburtsgewicht, Verhaltensauffälligkeiten und Blutdruck bei Kindern
2.	Chawla, L. et al.	USA	2014	Green schoolyards as havens from stress and resources for resilience in childhood and adolescence/ Grüne Pausenhöfe als Quellen für Stressreduktion und Resilienz
3.	Raith, A. & Lude, A.	D	2014	Startkapital Natur. Wie Naturerfahrung die kindliche Entwicklung fördert/ Review: Naturerfahrung und kindliche Entwicklung
4.	Kruse, I.	D	2013	Der Waldkindergarten als Therapeutische Landschaft. Welche gesundheitsfördernden Faktoren offerieren Natur und Landschaft eines Waldkindergartens? Eine Analyse der Konzepte und ihre Bedeutung für die Gesundheitspflege von Kleinkindern und Kindern im Vorschulalter/ Masterarbeit mit qualitativen Interviews der Erzieherinnen in mehreren Waldkindergärten
5.	Gill, T.	UK	2011	Children and Nature: A Quasi-Systematic Review of the Empirical Evidence/ Review: positive Aspekte von Kindern und Natur
6.	Joye, Y. & van den Berg, A.	B	2011	Is love for green in our genes? A critical analysis of evolutionary assumptions in restorative environments research/ Untersuchung der Stress Recovery Theory (SRT) im Zusammenhang mit Theorien zur evulutionsgeschichtlichen Hinwendung zu grüner Umgebung
7.	McCurdy, L. et al.	USA	2010	Using nature and outdoor activity to improve children's health/ Nachweis des mentalen und körperlichen Profits aus unstrukturierent Aktivitäten und verbrachter Zeit in natürlicher Umgebung
8.	van den Berg, A. E.	NL	2010	A comparison of children with ADHD in a natural and built setting/Auswirkungen natürlicher und bebauter Umgebungen auf ADHS
9.	Lier, A.	D	2007	Natur- und Waldkindergärten - Ein Weg zur Integration der Gesundheitsförderung im Setting Kindertagesstätte/ Diplomarbeit: Gesundheitsförderung durch das Setting Wald- bzw. Naturkindergarten
10.	Milligan, C. Bingley, A.	UK	2007	Restorative places or scary spaces? The impact of woodland on the mental well-being of young adults/ Der Einfluss von Wald auf das mentale Wohlbefinden von Jugendlichen
11.	O'Brien, L. Murray, R.	UK	2007	Forest School and its impacts on young children: Case studies in Britain/ Waldschulen zeigen langfristig positive Effekte auf Zufriedenheit, soziale Fähigkeiten, Sprache und Kommunikation, Motivation, körperliche Fähigkeiten, etc.
12.	Taylor, A.F. et al.	USA	2006	Is contact with nature important for healthy child development? State of the evidence/ Kontakt zur Natur als Grundlage für eine gute Entwicklung
13.	Scholz, U. & Krombholz, H.	D	2006	Untersuchung zur körperlichen Leistungsfähigkeit von Kindern aus Waldkindergärten und Regelkindergärten/ Auswirkungen des Waldkindergarten auf die Motorik
14.	Krahnstoever-Davison, K. Lawson, C. T.	USA	2006	Do attributes in the physical environment influence children's physical activity? A review of the literature/ Review: Verbindung von Außenräumen und körperlicher Aktivität
15.	American Institutes for Research	USA	2005	Effects of Outdoor Education Programs for Children in California/ Umwelterziehung und Auswirkungen auf soziale Fähigkeiten, Umweltverantwortung, wissenschaftliches Verständnis und Sprachentwicklung
16.	Wells, N. & Evans, G.	USA	2003	Nearby Nature. A Buffer of Life Stress Among Rural Children/ Natur als Puffer gegen Stress
17.	Jutras, S.	CA	2003	Go outside and play! Contributions of an urban environment to the developing and wellbeing of children/ Beeinflussung von Entwicklung und Wohlbefinden durch Umgebung
18.	Häfner, P.	D	2002	Natur- und Waldkindergärten in Deutschland - eine Alternative zum Regelkindergarten in der vorschulischen Erziehung/ Doktorarbeit zur Schulfähigkeit von Kindern, die einen Waldkindergarten besucht haben
19.	Kahn, P.H. & Kellert, S. R.	USA	2002	Children and Nature: Psychological, Sociocultural and Evolutionary Investigations/ Kind & Natur: Psychologische, Soziokolutrelle und evolutionsbiologische Aspekte
20.	Faber Taylor, A. & Kuo, F.	USA	2002	Views of Nature and Self-Discipline: Evidence from Inner City Children/ Naturerfahrung unterstützt auf kognitiver, sozialer und emotionaler Ebene die Entwicklung
21.	Faber Taylor, A. et al.	USA	2001	Coping with ADD. The surprising connection to green play settings/ Grüne Spielumgebung und Auswirkungen auf das Aufmerksamkeits-Defizit-Syndrom
22.	Wells, N.	USA	2000	At Home with Nature. Effects of "Greenness" on Children's Cognitive Functioning/ Sozialstatus, Nähe zur Natur in der Wohnumgebung und Auswirkungen auf die kognitive Funktion
23.	Kamber, E.	CH	1999	Wirkungen der Bildungsarbeit im Stadtzürcher Wald auf den Alltag in Familie und Schule: ein Beitrag zur Wirkungsforschung/ emotionale, physische und wissensbezogenen Wirkungen von Waldtagen auf Schulkinder

„Die Sinne sind die ersten Fähigkeiten, die sich in uns ausbilden und vervollkommnen. Sie sollten also am ersten gepflegt werden. Dennoch vergisst man gerade sie und vernachlässigt sie am meisten. Die Sinne üben heißt nicht nur sie gebrauchen, sondern lernen, mit ihrer Hilfe richtig zu urteilen, ja sogar zu fühlen. Denn wir können weder tasten noch sehen oder hören, wenn wir es nicht gelernt haben."

Aus Rousseau „Übung der Organe" in „Émile oder über die Erziehung" von 1762

2.1 Körperliches Wohlbefinden

Im Folgenden werden folgende Aspekte zum körperlichen Wohlbefinden behandelt: körperliche Aktivität, Lärmpegel und Sprachentwicklung sowie das Immunsystem.

Körperliche Aktivität

Körperlich aktives Verhalten ist ein multidimensionales Konstrukt, welches einen erheblichen Beitrag zu kognitiver, physischer, sozialer und emotionaler Entwicklung und zum Wachstum von Vorschulkindern bietet (Ginsburg, 2007; Röhr-Sendlmeier, 2009). Im Allgemeinen wird von abnehmender körperlicher Aktivität und mehr sitzendem Verhalten bei Kindern berichtet (z.B. Basterfield et al. 2011). Dabei nimmt der Radius für freies Spiel ab, insbesondere für Kinder mit niedrigem sozioökonomischem Status (SES), u.a. da öffentliche Parks und Grünflächen für sie häufiger in weiterer Entfernung liegen (Veitch et al., 2008). Die außerschulische Umgebung und körperliche Aktivität, bzw. Inaktivität hängen eng zusammen (Taverno Ross et al., 2012).

Körperliche Aktivität und Gesundheit sind eng miteinander verbunden. Regelmäßige körperliche Aktivität reduziert das Risiko von Übergewicht und chronischen Erkrankungen wie z.B. Diabetes und kardiovaskulären

Erkrankungen. Weiterhin stärkt körperliche Aktivität die Muskeln sowie Knochen und reduziert depressive und ängstliche Gefühle (Bös & Krug, 2011; Krug et al., 2012). Körperliche Aktivität, die draußen ausgeführt wird, hat größere Effekte als drinnen ausgeführte Bewegungen (Mitchell, 2013). Ein Garten oder fußläufig erreichbare Grünräume gehen mit einer geringeren Wahrscheinlichkeit für Übergewicht einher (Nielsen & Hansen, 2007) und bieten damit einen Beitrag zur Prävention von Übergewicht (Knight, 2009). Wälder und Grünflächen bieten ideale Voraussetzungen, um attraktive Orte für körperliche Aktivität zu sein (De Vries et al., 2010) und fördern diese (Dyment & Bell 2008, Gordon-Larsen et al. 2006; Popkin et al. 2005). Grünräume unterstützen weiterhin die Motivation, um diese Aktivitäten auch langfristig durchzuführen (Tabbush & O`Brian, 2003) und es wird vermutet, dass gesundheitsförderliche Aspekte von Grünräumen auf deren Stimulation für körperliche Aktivität zurückgehen (Maas et al., 2008). Körperliche Aktivitäten von Kindern in der Natur zeigen sowohl in quantitativer als auch in qualitativer Hinsicht Auswirkungen. Zum einen spielt die Umgebung eine Rolle bei der Intensität körperlicher Aktivität (Dyment et al., 2009). Je länger Kinder sich draußen aufhalten, desto größer ist ihre körperliche Aktivität, insbesondere, wenn es sich um Grünräume handelt (Baranowski et al. 1993, Burdette & Whitaker 2005b, Lovell 2009; Hume et al. 2005; Wheeler et al. 2010). Je mehr Zeit mit unstrukturiertem Spiel verbracht wird, desto niedriger ist der BMI und je mehr Zeit mit Fernsehen verbracht wird, desto höher ist der BMI (Kimbro et al., 2011). In der Entwicklung von Kindern fällt Außenräumen eine besondere Bedeutung zu, da sie Möglichkeiten bieten, das Bedürfnis nach körperlicher Aktivität und Gesundheit von Kindern zu stillen (Kuh et al., 2013). Der Wald bietet vielfältige Anregungen für Bewegung mit seinen offenen Flächen, Objekten zum Balancieren und Springen und verschiedenen Untergründen, die alle das Bedürfnis der Kinder nach Bewegung fördern und befriedigen. Die Kinder berichten selber, dass sie sich körperlich unabhängig fühlen (Chawla et al., 2014) und körperliche Aktivität in Wäldern genießen (Lovell, 2009). Eine Vorschulumgebung mit vielen Bäumen, Gebüsch und unebenem Gelände bedeutet für Kinder eine höhere Schrittzahl und geringere UV-Strahlung als eine Umgebung mit spärlicher Vegetation (Boldemann et al.,

2011; Boldemann et al., 2006). Jungen sind dabei körperlich aktiver als Mädchen (Baranowski et al., 1993; Boldemann et al., 2006; Boldemann et al., 2011, Wheeler et al., 2010).

Abb. 18: Ein leichter Hang lädt zum Laufen ein. Foto: Schäffer 2008.

In Waldkindergärten zeigen Kinder neben erhöhten Aktivitätsleveln (siehe Abb. 18) auch bessere motorische Fähigkeiten als Kinder in Regelkindergärten (Grahn et al., 1997; Häfner, 2002; Scholz & Krombholz, 2006). Der Aufenthalt in naturbelassenen Landschaften fördert Kondition und steigert Motorik, Balancefähigkeit und Koordination (Fjortoft & Sageie, 2000; Fjortoft, 2004; Grahn et al., 1997). Bei Lettieri (2002), der den ersten Waldkindergarten der Schweiz evaluierte, schnitten Waldkindergartenkinder im Bereich der Grobmotorik besser ab als Kinder anderer Kindergärten. Kiener konnte nach einem Jahr im Waldkindergarten ähnliches für die Grobmotorik und einen Kreativitätstest der Kinder nachweisen. Für die Feinmotorik ergaben sich keine Unterschiede zu Kindern im Regelkindergarten (Kiener, 2004). Durch Waldtage im Stadtzürcher Wald erleben Schulkinder eine temporäre Steigerung der Bewegungssicherheit (Kamber, 1999).

Abb. 19: Komplexe Motorik: Klettern auf einem Baum. Foto: Schäffer 2008.

Abb. 20: Komplexe Koordination: Alltag im Waldkindergarten. Foto: Schäffer 2008.

Das Aktivitätslevel von Kindern lässt sich durch den Aufenthalt im Freien erhöhen (Baranowski et al., 1993) (siehe Abb. 19 und Abb. 20). Damit bietet der Waldkindergarten einen wichtigen Beitrag zur Prävention von Übergewicht (Alhassan et al., 2007; Knight, 2009). Auch konnte gezeigt werden, dass das Aktivitätslevel eng verbunden mit kognitiver Entwicklung (Röhr-Sendlmeier, 2009) und psychologischem Wohlbefinden ist (Parfitt & Eston, 2005; Parfitt et al., 2009), welches in Kapitel 2.2 weiter ausgeführt wird.

Weiterhin ist ein positiver Zusammenhang zwischen Aufenthalten im Freien und einem reduzierten Risiko für Kurzsichtigkeit nachgewiesen (Sherwin et al., 2012). Im Vergleich einer australischen Studie von chinesischen Kindern aus Sydney und Singapur benötigen die australischen Kinder nur in drei Prozent der Fälle eine Brille, bei den Kindern aus Singapur ist es hingegen jeder Dritte. Dabei hat das Freizeitverhalten den größten Einfluss auf das Risiko für Kurzsichtigkeit. Kinder in Sydney verbringen mehr Zeit mit Aktivitäten im Freien als Kinder in Singapur mit 13.75 versus 3.05 Stunden pro Woche (Rose et al., 2008).

Kinderärzte empfehlen daher unstrukturierte Aktivitäten im Freien oder einfach nur Zeit, die in grüner oder natürlicher Umgebung wie z.B. in Parks verbracht wird (McCurdy et al., 2010).

Lärmpegel und Sprachentwicklung

Umweltlärm wird häufig als belästigend empfunden (Niemann et al., 2015). Lärm stellt eine erhebliche Belastung für den Organismus dar und nimmt über verschiedene Wege Einfluss auf die Gesundheit wie z.B. durch Schlafstörungen, kognitive Beeinträchtigungen oder kardiovaskuläre Effekte (Babisch, 2011). Durch nahe gelegene Grünräume können Stressoren durch Straßenlärm abgemildert werden (Gidlöf-Gunnarsson & Öhrström, 2007). Weiterhin konnten jüngere Forschungen zeigen, dass nicht nur der Blick auf eine natürliche Landschaft (Kaplan & Kaplan, 1989) positive Auswirkungen zeigt, sondern dass auch natürliche Geräusche zu einer stärkeren Harmonisierung der Stimmung führen als anthropogen verursachte Geräusche in gleicher Lautstärke (Benfield et al., 2014).

Ruhige Umgebungen sind wichtig, um jede einzelne Silbe verstehen zu können (Ollila & Chamberlain, 1975). Erhöhte Lärmbelastungen werden mit körperlichen und mentalen Problemen von Kindern (Evans et al., 1998; Haines et al., 2001; Maxwell & Evans, 2000; Perego et al., 1996; Regecová & Kellerová, 1995) wie auch Erwachsenen assoziiert. Auf den Kindergarten übertragen kann somit gesagt werden, dass im Wald deutlich geringere Lärmpegel herrschen als in geschlossenen Gruppenräumen. Im Waldkindergarten gibt es wenig vorgefertigtes Spielzeug, sodass die natürlichen Materialien, die gefunden werden, mit Eigenschaften besetzt werden müssen. Diese tägliche Herausforderung schult u.a. kommunikative Fähigkeiten (Schubert & Strick, 2006). Durch die geringere Lautstärke und stärkere Anreize zur Beschreibung der Spielsituation resultieren ein besseres Verständnis und komplexere Konversationen (Murray & O'Brien, 2005).

Immunsystem

Schon im 18. Jahrhundert tauchte der Begriff „Abhärtung" in der naturheilkundlichen Literatur auf. Die „Leibes-Abhärtung" ist nach Johann Georg Krünitz (1728–1796)

> *„die Gewöhnung des Körpers, den Eindrücken der Witterung und andern Beschwerden wiederstehen zu können, oder solche nicht zu empfinden"* (Krünitz et al. 1796, S. 485).

Bekannter wurde Sebastian Kneipp (1821–1897) mit der Hydrotherapie. Er propagierte unter anderem die Stärkung der körpereigenen Abwehrkräfte durch Temperaturreize wie z. B. mittels Wasseranwendungen (Kneipp, 1890; Locher & Pforr, 2014). Temperaturreize und heilklimatisch wirksame Orte wurden dann zu Beginn des letzten Jahrhunderts in Walderholungsstätten für Patienten bzw. Kinder mit Tuberkulose genutzt (Becher, 1904). In Form von Waldschulen wurde den Kindern seit 1904 ermöglicht, schulischen Unterricht während des Kuraufenthaltes zu genießen (Chatelet, 2008). Aktuellere Ergebnisse zeigen, dass der Aufenthalt im Freien Fehlzeiten durch Krankheit im Kindergarten reduzieren kann. Grahn zeigte hier einen signifikanten Unterschied zwischen Kindern im

Wald- und im Regelkindergarten von 5%. Die höheren Anwesenheitszeiten der Waldkindergartenkinder zeigten sich durchgehend über die Jahreszeiten (Grahn et al., 1997). Eine ähnliche Studie in Norwegen konnte diese Ergebnisse jedoch nicht reproduzieren (Moen et al., 2007).

Welche Aspekte des Waldes können nun zu einer Stärkung des Immunsystems führen? Der Wald filtert Lärm und Staubpartikel (Schuh, 2004). Auch das Tageslicht stärkt das Immunsystem über mehrere Wege (Norval et al., 2008) und ist für die Aktivierung verschiedener Hormone und Vitamine erforderlich. Vitamin D unterstützt das Immunsystem, den Knochenaufbau und wirkt auf den Melatoninspiegel ein, welcher für erholsamen Schlaf und damit auch wiederum das Immunsystem wichtig ist (Maestroni, 2001; Shephard & Shek, 1997).

Mehrere japanische Studien zeigten positive Auswirkungen von Shinrinyoku, einer in Japan sehr beliebten Form von achtsamen Spaziergängen im Wald. Die Konzentration von natürlichen Killerzellen (NK), einer speziellen Form der weißen Blutkörperchen, die für das Erkennen und Beseitigen von virusinfizierten Zellen und Krebszellen zuständig sind, wird durch einen Spaziergang im Wald erhöht. Dadurch wird das Immunsystem gestärkt. Weiterhin konnten nach dem „Baden in Waldluft“ bei der Versuchsgruppe niedrigere Werte von Adrenalin (einem Stresshormon) im Urin nachgewiesen werden als bei Probanden, die in der Stadt spazieren gegangen waren (Qing Li, 2010). In einer weiteren Studie konnten positive Wirkungen von Shinrinyoko auf die Aktivität und die Anzahl von NK und interzellulär anti-cancerogener Proteine gefunden werden. Der Beitrag zu einer Reduktion von Stresshormonen wird vermutet (Q Li et al., 2008).

„Tausend nervenschwache, überzivilisierte Menschen finden allmählich heraus, dass man nach Hause kommt, wenn man in die Berge geht, dass die Wildnis lebensnotwendig ist und dass Naturparks und Schutzgebiete nicht nur zur Holzversorgung und als Wasserreservoirs taugen, sondern als Quell des Lebens."

John Muir (1838–1914) zitiert aus Fox, 1981, S.116

2.2 Mentales Wohlbefinden

Als Schlüsselelemente des mentalen Wohlbefindens werden im Rahmen dieser Arbeit sind Denken (Kognitive Leistungsfähigkeit und Kreativität), Fühlen (stabile emotionale Entwicklung) und Resilienzfaktoren (im Umgang mit Stress) angesprochen. Zusätzlich werden Grünräume als Therapeutikum bei psychischen Problemen betrachtet.

Kognitive Leistungsfähigkeit und Kreativität

Um die Einflüsse von Naturerfahrungen auf die menschliche Gedächtnisleistung und das mentale Wohlbefinden zu beleuchten, können u.a. Beiträge aus Medizin, Umweltpsychologie sowie Stadt- und Landschaftsplanung beachtet werden (Bratman, Hamilton & Daily, 2012). Berman et al. (2008) zeigten, dass Aufmerksamkeit und Gedächtnis von einem Spaziergang in natürlicher Umgebung profitieren. Nach einer Stunde ließ sich eine signifikante Steigerung der Aufmerksamkeit (siehe Abb. 21) und der Gedächtnisleistung nachweisen, was sich im urbanen Umfeld nicht reproduzieren ließ. Im Vergleich von natürlichen zu synthetischen Umgebungen konnten ein besseres Wohlbefinden und bessere Aufmerksamkeit gefunden werden (Bowler et al., 2010). Kinder, die täglich bei jedem Wetter in einem Kindergarten, der von Obstgärten, Weiden und Wäldern umgeben ist, draußen betreut werden, haben bessere motorische Koordination und größere Aufmerksamkeitskapazitäten, als Kinder, die im städtischen Umfeld betreut werden (Grahn et al., 1997; Mårtensson et al., 2009). In einer Längsschnittstudie betrachtete Wells die Wirkung von natürlich grüner Wohnumgebung auf die kognitive Leistungsfähigkeit von Kindern. Kinder, die in eine Umgebung mit mehr Grünfläche ziehen, zeigen höhere kognitive Leistungen, als Kinder, die in eine Umgebung mit weniger Grünflächen ziehen (Wells, 2000). Die Konzentration ist schon nach der Betrachtung eines natürlichen Bildes höher (Sandry et al., 2012).

Abb. 21: Aufmerksame Beobachtung einer Schildkröte im Wasser. Foto: Schäffer 2014.

Kinder bevorzugen Spielorte in natürlicher Umgebung (Chawla et al., 2014; Korpela et al., 2002), da sie kreativere Spiele in einer Umgebung mit Gras und Bäumen haben als in karger Umgebung (Chawla et al., 2014; Faber Taylor et al., 1998). Auch die Phantasie nimmt in Grünräumen zu (Kahn & Kellert, 2002). Allein die Farbe Grün führt zu einer höheren Kreativität (Lichtenfeld et al., 2012).

Im Vergleich von ehemaligen Wald- zu ehemaligen Regelkindergartenkindern weist Häfner (2002) bei Grundschülern des 1. Schuljahres, die ehemals einen Waldkindergarten besucht haben, bessere Beurteilungen in Bezug auf die Motivation und Konzentration sowie Ausdauer und Durchhaltevermögen nach. Weiterhin werden ihre Mitarbeit, Selbständigkeit und ihr allgemeines Interesse besser beurteilt (Häfner, 2002).

Stabile emotionale Entwicklung

Positive Effekte von freiem, unstrukturiertem Spiel in Grünräumen lassen sich nicht nur für den Faktor Bewegung belegen, sondern auch auf soziale, emotionale und kognitive Entwicklung beziehen (Burdette & Whittaker, 2005). Quante (1999) betont, wie wichtig der Erfahrungsraum Natur für psychomotorische Lernprozesse ist. Insbesondere der Wald bietet eine unermessliche Vielfalt an Formen und Farben, was die Persönlichkeitsentwicklung der Kinder unterstützt. Verschiedene Autoren aus dem Bereich der Humanpsychologie und Umweltpsychologie legen nahe, dass ein Bruch zwischen Mensch und Natur zu Einschnitten im psychologischen Wohlbefinden und emotionalen Problemen und Krankheit führen kann (Kuhn, 2001; Pilisuk & Joy, 2001; Roszak & Kanner, 1995; Roszak, 2002). Mitscherlich (1965) machte damit in seinem Buch „*Die Unwirtlichkeit unserer Städte*" den Anfang und betonte den Zusammenhang zwischen Naturerfahrung und sozialen Fähigkeiten. In grüner Umgebung kann ein Gefühl von Kontinuität und Sicherheit entstehen und diese kann somit zu einer stabilen emotionalen Entwicklung beitragen (Eikmann, 2013). Kinder schätzen in der Natur vor allem die Abwechslung und die Möglichkeit zu immer neuen Aktivitäten. Obwohl ein Ort in der Natur der gleiche bleibt, verändert er sich im Laufe der Jahreszeiten und hat somit einen „*ambivalenten Doppelcharakter*" (Gebhard, 2009, S. 84) zwischen den Polen Veränderung und Kontinuität.

Beim Aufenthalt im Freien kann sich eine facettenreiche Gefühlswelt zeigen. Dies sind nicht nur positive Gefühle wie Freude, Mut oder Enthusiasmus, sondern auch Unsicherheit, Gefahr und Wut, was die Kinder emotional reifen lässt (Kellert, 2002; Kong, 2000). Kinder, die einen Waldkindergarten besuchen, sind in der Lage, sich selbst zu beschäftigen, sich auf eine Aufgabe zu fokussieren und testen unterschiedliche Wege, um ihre Ziele zu erreichen (Gorges, 2000; Grahn et al., 1997). In einer Evaluation von britischen Waldschulen zeigte Murray (2003), dass Lernen in einem Wald das Selbstwertgefühl und die Selbständigkeit der Kinder verbessern kann. Weiterhin lassen sich Waldschulen mit einer besseren Selbstbeherrschung und besserem Selbstvertrauen in Verbindung bringen (Gill, 2011). In einem Waldkindergarten ist vorgefertigtes Spielzeug reduziert und die Kinder müssen mit den natürlichen Materialien spielen, die sie im Wald finden. Durch das Konzept der *Spielzeugfreiheit* werden Lebenskompetenzen wie Kommunikation und Selbstbewusstsein gestärkt, was den Umgang mit

Schwierigkeiten im späteren Leben erleichtert und auch präventiv in Bezug auf Süchte wirkt (Schubert & Strick, 2006).

Nach Kaplan und Kaplan (1989) führt der Aufenthalt in der Natur immer zu einer Erfahrung des eigenen Selbst und damit zur Selbständigkeit. Die Natur regt eine Stimulierung der Sinne an, da die Kinder sehen, hören, riechen, schmecken und tasten, um zu beobachten und Veränderungen zu erfahren (Schede, 2000)

Kinder im Waldkindergarten sind ausgeglichener und weniger aggressiv (Gorges, 2000). Sie sind glücklicher, wenn ihre Wohnumgebung einen größeren Grünraumanteil hat (White et al. 2013a). Naturerfahrungen unterstützten auf kognitiver (Kahn & Kellert, 2002), sozialer und emotionaler Ebene die Entwicklung des Kindes (Faber Taylor & Kuo, 2006; Ruhe, 2002; Staempfli, 2009).

Resilienzfaktoren im Umgang mit Stress

Nach einem Bericht von Forest Research der Forestry Commission England führt die Stressreduktion im Grünen zu emotionalem und mentalem Wohlbefinden und unterstützt so die Wertschätzung von Bäumen und Wäldern (O`Brian, 2005).

Natürliche Grünräume haben erholsame Effekte in Bezug auf Stress, die sich anhand von verschiedenen physiologischen Parametern nachweisen lassen (Haluza et al., 2014). Nach Stress kann man sich in natürlicher Umgebung schneller erholen (Ulrich et al., 1991) und ist gegen zukünftigen Stress besser gewappnet als in bebauter Umgebung (Parsons et al., 1998). Ein Garten oder fußläufig erreichbare Grünräume gehen mit weniger Stress einher (Nielsen & Hansen, 2007). Hinsichtlich der Bedeutung der visuellen Naturbetrachtung wurde von Roger Ulrich (1984) Pionierarbeit geleistet. Im Rahmen einer randomisierten Doppelblindstudie an Patienten nach einer Gallenblasenoperation zeigt er, dass der Blick aus einem Fenster auf eine Naturszene den Erholungs- und Heilungsprozess fördert, indem sich Angstgefühle und Stress des Betrachters reduzieren. Im Gegensatz zu Patienten, die von ihrem Bett auf eine Ziegelmauer blicken, haben Erstgenannte eine kürzere Aufenthaltszeit im Krankenhaus, einen niedrigeren Schmerzmittelverbrauch und deutlich niedrigere postoperative

Komplikationen. Diese Arbeit hat Park (2009) auf Kinder übertragen. Die Kinder zeigen Angst- und Stressreduktion durch Patientenzimmer in Farben, die der Natur nachempfunden sind. Sowohl gesunde als auch kranke Kinder mögen Zimmereinrichtungen vor allem in grün und blau.

Erschöpfte emotionale und kognitive Ressourcen lassen sich durch den Aufenthalt im Grünen wieder auffüllen. Nach Kaplan ermüden wir, wenn wir unsere Aufmerksamkeit auf spezifische Aufgaben richten, und wir erholen uns von dieser Ermüdung durch ungerichtete Aufmerksamkeit ohne speziellen Fokus. Er nennt diesen Zusammenhang Attention Restoration Theory (ART). Natürliche Umgebungen spielen in diesem Zusammenhang eine wichtige Rolle, da sie mit aufmerksamkeitsbindenden Szenen wie Wolken, Sonnenuntergängen oder Blättern unsere Aufmerksamkeit richten, ohne uns anzustrengen (Kaplan, 1995).

Nach Kaplan & Kaplan müssen vier Voraussetzungen erfüllt sein, um die erholsame Wirkung der Natur zu erzielen:

- Gefühl des Abstands zum täglichen Leben (being away),
- Naturräume müssen faszinieren, ohne dabei anzustrengen (siehe Abb. 22),
- ausreichende Größe des Naturraumes,
- eigene Interessen müssen im Naturraum umsetzbar sein, z.B. ungestört spazieren gehen (Kaplan & Kaplan, 1989).

Abb. 22: Drei Kinder vertieft darin eine „Suppe zu kochen“. Foto: Schäffer 2014.

White und Kollegen haben die Erholungswerte verschiedener Grünräume ermittelt. Legt man eine Skala an die verschiedenen Grünräume an, so konnten in absteigender Reihenfolge die höchsten Erholungswerte gefunden werden bei: Küste, Wald, Hügel, Moorlandschaften, Berge und auf der anderen Seite der Skala mit den niedrigsten Erholungswerten standen Sport- und Spielplätze sowie Stadtparks (White et al. 2013). Saftiges Grün von ausladenden Baumkronen vermittelt u.a. Gefühle von Ruhe und Entspannung (Kistemann et al. 2014). Insbesondere körperliche Aktivität im Grünen fördert Entspannung und Stressbewältigung, da sich hier zwei positive Faktoren verstärken (Hansmann et al., 2007). Pretty et al. (2005) postulieren positive Synergien aus "green exercises" für psychisches und physisches Wohlbefinden, die sich nicht nur kumulieren, sondern potenzieren. Verschiedene Studien haben sich um die Messung von Biomarkern zum Nachweis positiver Effekte eines Aufenthaltes im Freien bemüht. Der Anteil an Grünräumen in der Wohnumgebung korreliert signifikant mit dem zirkadianen Rhythmus des Cortisols im Speichel. In sozial benachteiligten Gegenden mit weniger Grünraumanteilen ist dieser Stress-Indikator erhöht (Ward Thompson et al., 2012). Beim schon oben erwähnten Shinrinyoku konnten im sympathischen Nervensystem über die Amylase-

Aktivität im Speichel eine Stressreduktion bei dieser speziellen Form der Waldspaziergänge nachgewiesen werden (Yamaguchi et al., 2006).

Barton und Pretty (2010) gehen in einer Metaanalyse von zehn Studien der Frage nach, wie viel Natur gut für die mentale Gesundheit ist. Jeder Grünraum, insbesondere in Verbindung mit Wasser, bewirkt demnach eine Verbesserung von Stimmung und Selbstwertgefühl, die als Indikatoren für mentales Wohlbefinden herangezogen werden. Die Zeitspanne von fünf Minuten sowie einem ganzen Tag zeigen bessere Ergebnisse als ein Aufenthalt von einer Stunde oder einem halben Tag (Barton & Pretty, 2010).

Diese wohltuende Wirkung wird jedoch nicht von allen Altersgruppen gleich wahrgenommen. Kinder (siehe Abb. 23) und Erwachsene schätzen natürliche Grünräume mehr zur Unterstützung des mentalen Wohlbefindens als Jugendliche (Kaplan & Kaplan, 2002; Korpela et al., 2002). Bei Kindern und Jugendlichen wirken protektive Effekte durch den direkten Kontakt mit der Natur auf den Umgang mit Stress (Eikmann, 2013).

Abb. 23: Ausruhen in der Hängematte. Foto: Schäffer 2014.

Natürliche Umgebungen oder Umgebungen, die natürliche Elemente enthalten, können Stress im Kindesalter reduzieren und mentales Wohlbefinden steigern (Chawla et al., 2014; Roe & Aspinall, 2011a; Ward Thompson et al.,

2012; Wells & Evans, 2003). Waldschulen zeigen erholsame Effekte auf Kinder im Alter von 10-13 Jahren (Roe et al., 2009; Roe & Aspinall, 2011b). Größere Grünraumanteile in der Schul- und Wohnumgebung unterstützen Kinder im Umgang mit Widrigkeiten und verbessern so die Resilienz gegenüber Stress (Corraliza et al., 2012). Wells und Evans beschreiben positive Zusammenhänge für die Stressreduktion bei Kindern durch natürliche Grünräume in kurzfristig erreichbarer Nähe des Wohnortes (Wells & Evans, 2003). 96% aller Grundschüler einer Grundschule in den USA suchen sich als Spiel- und Rückzugsgebiet ein Waldstück auf dem Schulgrundstück aus. Der Wald wird von den Kindern wahrgenommen als ein Ort, an dem man einfach man selber sein sowie entspannen kann (Chawla et al., 2014).

Grünräume in der Therapie

Eine Studie mit hoher Probandenzahl (n=10.000) zeigt verschiedene Zusammenhänge zwischen urbanen Grünräumen und Wohlbefinden bzw. mentalen Erkrankungen. Menschen, die in Gegenden mit höherem Anteil an Grünräumen wohnen, haben ein besseres Wohlbefinden und leiden seltener an mentalen Einschränkungen (White et al. 2013b). Je häufiger eine Person öffentliche Grünräume besucht, desto seltener berichtet sie von stress-induzierten Erkrankungen wie Burnout, Schlaflosigkeit oder Depressionen (Stigsdotter & Grahn, 2011). Wilson und Kollegen zeigen die Auswirkungen der Ecotherapy auf das mentale Wohlbefinden und körperliche und soziale Fähigkeiten sowie Interaktionen. Sie können eine Verbesserung auf allen genannten Ebenen nachweisen, wobei die Interventionen ähnlich der deutschen Kur Anwendung finden (Wilson et al., 2010). Körperliche Aktivität in natürlichen Umgebungen zeigt größere erholsame Effekte und einen höheren psychologischen Nutzen als Aktivitäten in anderen Umgebungen (Mitchell, 2013). Auch Barton und Kollegen fanden positive Auswirkungen für Patienten mit mentalen Einschränkungen durch körperliche Aktivität in Grünräumen (Barton et al., 2011). Im Speziellen reduziert Joggen Angst, Depression und Wut. Die Jogger bevorzugen dabei den Park vor städtischem Umfeld (Bodin & Hartig 2007). Patienten mit Depressionen (Major Depressive Disorder (MDD)) wird ein Spaziergang in der Natur empfohlen, da verbesserte Leistungen in den Bereichen Stimmung und Gedächtnis experimentell erhoben sind (Berman et al., 2012). Von ehrenamtlichem Engagement im Wald profitieren sowohl die Umwelt als auch die Menschen, insbesondere solche mit Depressionen (Townsend, 2006).

Dieses Potential wird im Bereich der Kur (Maretzki, 1987) oder der Außenraumgestaltung von Kliniken und Krankenhäusern (Cooper Marcus & Sachs, 2013; Söderback et al., 2004; Stigsdotter & Grahn, 2002) z.B. im Rahmen der Gartentherapie genutzt (Van Den Berg & Custers, 2011). Auch gibt es spezielle Angebote für Kinder (Whitehouse et al., 2001).

In Neuseeland gibt es schon seit 1919 *Children's Health Camps* für Kinder mit eingeschränkter körperlicher oder psychischer Gesundheit. Die Camps haben therapeutische und präventive Qualitäten durch Routine, Anleitungen und die Stille der ländlichen Umgebung (Kearns & Collins, 2000).

Ein schlechter Zugang zu städtischen Grünräumen ist mit Verhaltensproblemen von 10-jährigen Kindern assoziiert. Das zeigt sich insbesondere für Kinder mit Hyperaktivität oder Defiziten in der Aufmerksamkeit (Markevych, 2015). Auch Kinder mit diagnostiziertem Aufmerksamkeitsdefizit-Syndrom (ADS), Lernschwierigkeiten oder in schwierigen Lebensumständen können Vorteile aus dem Aufenthalt in freier Natur ziehen. Nach Aufenthalten im Grünen zeigen diese Kinder größere Fähigkeiten, sich auf eine Aufgabe zu konzentrieren und diese Konzentration für einen längeren Zeitabschnitt zu halten (Berger 2006; Faber Taylor et al., 2001; Faber Taylor et al., 2002; Faber Taylor & Kuo, 2009, Wells & Evans 2003; van den Berg & van den Berg 2011; van den Berg et al. 2010; van den Berg & Custers 2011).

2.3 Soziales Wohlbefinden

In der Sozialpsychologie wird betont, dass die Zugehörigkeit zu einer Gruppe für das Wohlbefinden elementar ist, da Freunde das Selbstbewusstsein stärken und dabei helfen, stressige Situationen zu meistern (Baron & Byrne, 2002). Reduzierte soziale Kontakte und Gefühle von Einsamkeit sind verknüpft mit weniger Grünräumen in der Wohnumgebung (Maas et al., 2009). Grüne Umgebungen hingegen führen zu vermehrten Sozialkontakten und einem Ausbau von sozialen Fähigkeiten (siehe Abb. 24) (Knight, 2009; Maas et al., 2009; Wilson et al., 2010). Auch ehrenamtliches Engagement für die Natur bietet die Möglichkeit, die soziale und emotionale Intelligenz sowie den akademischen Erfolg zu steigern (Mirrahmi et al., 2011). Die Synergien von Grünräumen und Gesundheit sind auch über ausgeprägte soziale Kontakte zu erklären. Für Kinder gibt es ebenfalls Hinweise auf diesen Zusammenhang. Waldschulen und Schulgartenprojekte sind verbunden mit verbesserten sozialen Kompetenzen. Kinder aus Waldschulen zeigen verbesserte sprachliche und kommunikative Fähigkeiten (Gill 2011). Ein selbstgestalteter Ort im Wald, an dem sich eine Klasse ca. einmal pro Woche zum Klassengespräch trifft, fördert soziale Kompetenzen und ist ein Ansatz für Konfliktprävention und ein besseres Klassenklima (Kaiser, 1995). Im gleichen Setting konnten Bruppacher & Peter (1997) positive Auswirkungen auf soziale Fähigkeiten, Konfliktfähigkeit und Gesprächskultur zeigen. Durch Waldtage im Stadtzürcher Wald erleben Schulkinder eine größere Selbständigkeit und einen kooperativeren Umgang miteinander. Dieser Effekt hält jedoch nur kurzfristig an (Kamber, 1999).

Abb. 24: Zu schwer für einen alleine. Foto: Schäffer 2009.

96% aller Grundschüler einer Grundschule in den USA suchten sich als Spiel- und Rückzugsgebiet ein Waldstück auf dem Schulgrundstück aus. Hier empfand ein Großteil der Kinder körperliche Unabhängigkeit und unterstützende soziale Beziehungen („*supportive social relationships*") (siehe Abb. 25) (Chawla et al., 2014). Häfner (2002) zeigt im Vergleich von ehemaligen Wald- zu ehemaligen Regelkindergartenkindern im ersten Schuljahr ein besseres Sozialverhalten und eine signifikant bessere Mitarbeit der ehemaligen Waldkindergartenkinder.

Abb. 25: Gute Freundschaften werden durch natürliche Umgebungen begünstigt. Foto: Schäffer 2014.

Kinder empfinden im Wald viele Freiräume und entwickeln dadurch Unabhängigkeit, Zufriedenheit und Selbstwertgefühl (Murray & O'Brien, 2005).

„Die Kinder erfahren sich in anderen Relationen. Das schafft Respekt und gleichzeitig Geborgenheit. Infolgedessen erleben Erzieherinnen und Eltern Kinder, die den Waldkindergarten besuchen, als ausgeglichener, stressfreier und weniger aggressiv als andere Kinder. Sie scheinen auch Regeln leichter zu akzeptieren und einzuhalten. Das hat unter anderem

damit zu tun, dass im Wald immer etwas Unvorhersehbares passieren kann.“ (Schede, 2000, S.19)

Nach Gebhard ist es der von Kindern empfundene Freiraum, der die Natur so attraktiv macht. Natur wird also auch als Spielraum aufgesucht, weil hier ein Verhalten jenseits von Normen möglich ist und die Kinder, sofern es ihnen möglich ist, eine *„pädagogisch ausgedünnte Zone“* aufsuchen können, in der „sozialentpflichtetes“ Verhalten möglich ist (Gebhard, 2009, S. 85).

Die gute Verfügbarkeit von Natur ist vorwiegend in höheren sozioökonomischen Schichten zu finden, da z.B. die Nähe zu Wasserflächen und Parks u.a. den Preis eines Wohnraums bestimmen (Cho et al., 2006). Ein Problem in Wohngebieten, die einen hohen Anteil an Familien mit einem niedrigeren sozioökonomischen Status haben, ist der schnelle und sichere Zugang zu Spielmöglichkeiten im Freien. Speziell in Umgebungen, wo es an Alternativen mangelt, ist der Zugang zur Natur eine wichtige Komponente zur Gesundheitsförderung (Bartlett, 1997).

Kinder und Jugendliche aus sozial benachteiligten Familien sind z.B. häufiger von Entwicklungsstörungen, Unfallverletzungen, psychischen und Verhaltensauffälligkeiten sowie zahnmedizinischen Problemen betroffen. Außerdem schätzen sie ihre eigene Gesundheit und gesundheitsbezogene Lebensqualität schlechter ein und zeigen eher gesundheitsriskante Verhaltensmuster wie z.B. Rauchen, Bewegungsmangel oder einseitige Ernährung (Helm & Laußmann, 2011). Bei Vorschulkindern sind nachbarschaftliche Sicherheit und das Spiel draußen ebenso eng verknüpft wie langes Fernsehen und Übergewicht (Burdette & Whitaker, 2005a).

Im Rahmen der COST Action E12 (Urban Forests and Trees) gliederte die ETH Zürich verschiedene Arbeiten aus. Eine Arbeit untersuchte das Integrationspotential von städtischen Wäldern und Parks. Diese Grünräume bieten „soziale Kontaktflächen“ für Kinder und Jugendliche, insbesondere für junge Menschen mit ausländischer Herkunft (Seeland et al., 2009). Schon zehn Jahre früher konnte diese sozialintegrative Funktion auch für Menschen mit Behinderungen nachgewiesen werden (Nicolé & Seeland, 1999).

Zusammengefasst wurden Effekte von Naturerfahrung auf die Gesundheit durch O`Brian, (2005) im Bericht Trees and woodlands: *Nature's health service*

- *„Woodlands are restorative environments: the sounds, sights and smells experienced in a wood play a role in reducing stress by providing interest and stimulation of the senses.*
- *Woodlands, and in particular individual trees, often hold specific meaning for people; they are seen as representing nature, particularly in the urban environment. The age of veteran trees often inspires awe in people and provides a link between the past, present and future.*
- *Trees and woodlands are part of a rich narrative of stories, legends and myths dating back thousands of years.*
- *Woodlands can screen out noise, for example, from nearby traffic.*
- *Many woodlands have the ability 'to absorb' large numbers of people without seeming crowded.*
- *Woodlands offer a range of options for various types of activities from gentle to vigorous, including walking, cycling, horse-riding, nature trails, picnics, den building and mountain biking.*
- *Carrying out physical activity in an attractive environment such as a woodland may encourage people to maintain their activities in the long term.*

Woodlands are inexpensive places to visit: an important factor when considering health inequalities and social inclusion." (O`Brian 2005, S. 5)

3 Material und Methoden

Das dritte Kapitel beschreibt das methodische Vorgehen bei der Datenerhebung und die Bearbeitung der Daten. Erläutert werden Messung von Gesundheit, Stichprobengenerierung und -beschreibung, Datenverwaltung sowie statistische Auswertung.

Methoden-Mix

Für diese Arbeit wurden Methoden der empirischen Sozialforschung angewendet, welche den allgemeinen Gütekriterien *Validität*, *Reliabilität* und *Objektivität* genügen. *Validität* oder Gültigkeit beschreibt, dass das Messinstrument tatsächlich den Sachverhalt misst, den es messen soll. *Reliabilität* oder Zuverlässigkeit beschreibt die Genauigkeit und Stabilität von Messergebnissen, wenn die Messung wiederholt durchgeführt wird. Das Ausmaß, in dem die Ergebnisse unabhängig von der Person, die die Messung durchführt, reproduziert werden können, wird als *Objektivität* bezeichnet (Mayring, 2002).

In der Sozialforschung stehen qualitative und quantitative Vorgehensweisen zur Verfügung, die jeweils eigene Stärken und Schwächen aufweisen. Ein Weg, diese verschiedenen Stärken und Schwächen für den eigenen Forschungsgegenstand einzusetzen, ist die Kombination verschiedener Methoden (Johnson & Onwuegbuzie, 2004). Durch unterschiedliche Erhebungsmethoden soll die Komplexität des interessierenden Gegenstandes detailliert und systematisch dargestellt und analysiert werden können (Corbin & Strauss, 2008). Daher ist die vorliegende Arbeit durch einen *mixed method research* (MMR) charakterisiert. Hierbei erfolgt die Triangulation mittels Verschneidung der Daten aus den verschiedenen quantitativen und qualitativen Verfahren (Buchanan, 1992; Sandelowski, 2000).

Datenerhebung

Die Datenerhebung der Querschnittstudie ist in zwei Teile gegliedert. In Teil 1 ging es vorwiegend um Einblicke in den Alltag von Waldkindergärten. Dazu wurde jeweils ein Tag in einer Einrichtung hospitiert, Beobachtungen notiert und mit Fotografien dokumentiert (Für die Fotografien der Kinder liegen Einverständniserklärungen der Eltern vor.). Des Weiteren beantworteten Erzieherinnen die Fragen der qualitativen Interviews und gaben Grundschulen an, die ehemalige Waldkindergartenkinder besuchten.

In Teil 2 erfolgte der Kontakt mit den genannten Grundschulen bezüglich der Teilnahme an den Untersuchungen. Weitestgehend waren in Teil 2 die Kinder Experten für ihr Wohlbefinden und ihre Gesundheit mit dementsprechenden kindzentrierten Untersuchungsmethoden (Ergler, 2011). Es wurde eine quasiexperimentelle Querschnittstudie mit körperlichen Tests, Fragebögen zur subjektiven Gesundheitseinschätzung (Health Related Quality of Life, HRQL) und qualitativen Interviews mit ausgewählten Kindern durchgeführt. Fotografien dokumentierten die Untersuchung. Abb. 26 verdeutlicht das Vorgehen in zwei Teilen sowie die Triangulation der Ergebnisse.

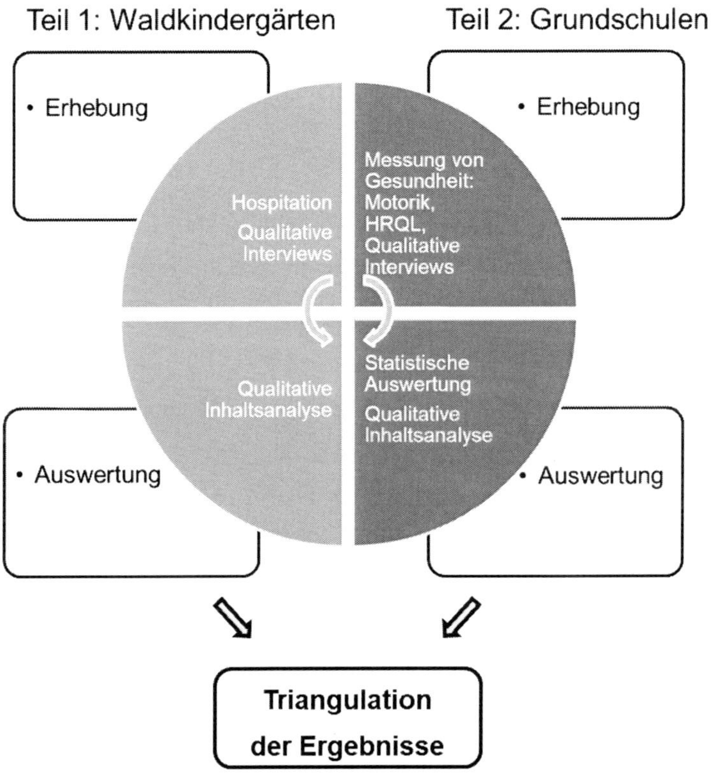

Abb. 26: Datenerhebung und -auswertung im Rahmen der Studie.

Eine Testung, Befragung und fotografische Dokumentation erfolgte nur nach Information und schriftlicher Einverständniserklärung der Eltern. Insgesamt nahmen 358 Kinder im Alter von 5 bis 12 Jahren an der Studie teil.

3.1 Untersuchungen in Waldkindergärten

Im 1. Teil der Untersuchung interessierten

- Struktur und Organisation von Waldkindergärten,
- Einblicke in den Alltag eines Waldkindergartens,
- Ideen und Ansichten von Erzieherinnen in Waldkindergärten zu Synergien von langfristigen und regelmäßigen Naturerfahrungen und Gesundheit.

Diese Aspekte wurden durch Hospitationen in Waldkindergärten und qualitative Interviews untersucht.

3.1.1 Hospitationen in Waldkindergärten

Die Auswahl des Untersuchungsgebietes viel auf das bevölkerungsreichste Bundesland NRW, da sich bei Recherchen zum einen viele Waldkindergärten in NRW zeigten und diese über einen aktiven Landesverband (Landesverband der Wald- und Naturkindergärten NRW e.V.) vertreten werden. Des Weiteren wurde ein gewisser organisatorischer und finanzieller Rahmen des Forschungsvorhabens durch die Nähe des eigenen Standortes eingehalten.

Die Kontaktaufnahme zu den Waldkindergärten erfolgte über den Vorstand des Landesverbandes im Dezember 2008. Kriterien für die Auswahl der Waldkindergärten waren ein Bestehen seit mindestens vier Jahren und die Bereitschaft sowie Kapazitäten, an der Studie teilzunehmen. Der Bestehenszeitraum gewährleistete, dass für den nachfolgenden Teil 2 Waldkindergartenkinder bereits die Grundschule besuchten.

Es wurden 12 Kontakte zu Waldkindergärten in NRW von Seiten des Vorstandes hergestellt. Elf Waldkindergärten waren an einer Studienteilnahme interessiert; im Verlauf der Untersuchung zeigten zwei weitere Waldkindergärten Interesse an der Teilnahme, sie wurden ebenfalls mit eingeschlossen. Ein Waldkindergarten hatte keine Zeit für eine Hospitation, leitete jedoch Untersuchungsmaterial für Teil 2 an Grundschulkinder weiter. Somit konnten 13 Hospitationen und darin eingebettete qualitative Interviews mit den Erzieherinnen der Waldkindergärten sowie mit einer Betreuerin eines Schulgartenprojektes im Jahr 2009 realisiert werden. Die genauen Orte und Daten der Hospitationen sind in Tab. 5 aufgeführt.

Die räumliche Verteilung der aufgesuchten Waldkindergärten wurde kartographisch dargestellt, um die aufgesuchten Orte und deren Verteilung zu veranschaulichen. Für die Erstellung der Karten wurde das Programm ArcMap 10.3 von ESRI verwendet. Die Orte sind als Punktsignatur aufgenommen. In Abb. 27 sind die teilnehmenden Waldkindergärten dargestellt.

Tab. 5: Ort und Datum der Hospitationen in Waldkindergärten.

Nr.	Ort	Datum
1.	Warendorf	02.02.2009
2.	Rheinbach	11.02.2009
3.	Dormagen	16.02.2009
4.	Köln-Brück	18.02.2009
5.	Wiblingwerden	26.02.2009
6.	Münster	05.03.2009
7.	Wegberg	11.03.2009
8.	Düsseldorf	26.03.2009
9.	Niederkrüchten	27.03.2009
10.	Köln-Forstbotanischer Garten	24.04.2009
11.	Krefeld	27.04.2009
12.	Langenfeld	15.05.2009
13.	Velbert	02.06.2009
Schulgarten	Bonn-Bad Godesberg	02.12.2008

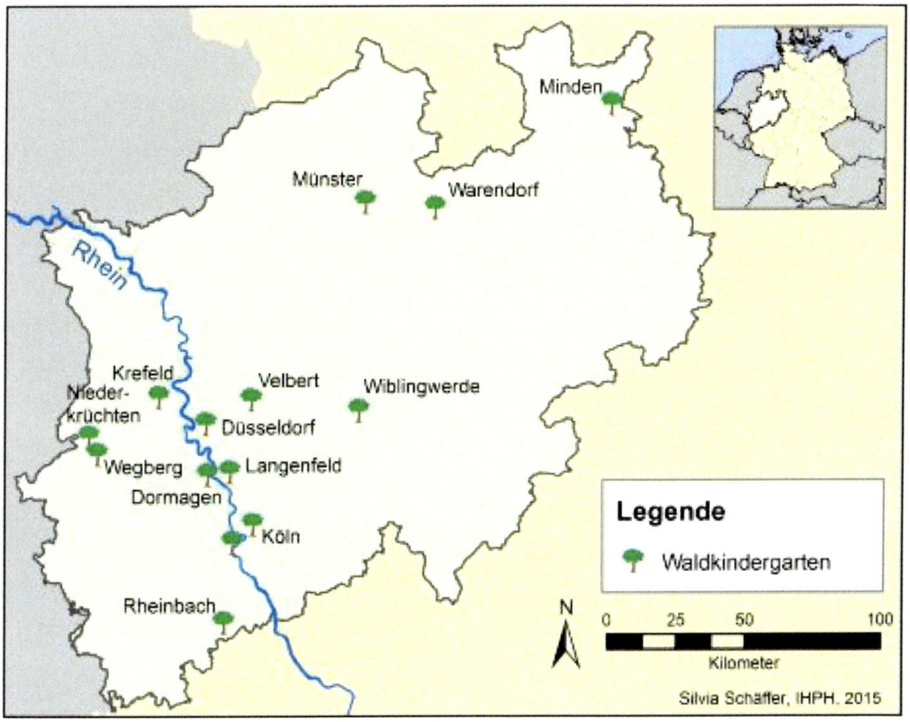

Abb. 27: Teilnehmende Waldkindergärten (n=13).

Es folgten informelle Hospitationen an einem Tag im Waldkindergarten im Umfang von fünf bis neun Stunden. Die Hospitationen wurden mit Fotos dokumentiert.

3.1.2 Qualitative Interviews

Im Rahmen der qualitativen Interviews sollten Ideen und Ansichten zu Synergien von langfristigen und regelmäßigen Naturerfahrungen und Gesundheit im Waldkindergarten von „innen heraus" exploriert werden.

Generell wurde das Vorgehen im Rahmen des qualitativen Anteils dem explorativen Forschungsansatz der *Grounded Theory* (Glaser & Strauss, 1967) angelehnt. Es interessierten Verhalten, Erfahrungen und Interaktionen, d.h. die Wirklichkeit der Probanden im natürlichen Umfeld. Daher wurden die qualitativen Interviews im direkten Kontakt des Forschungsumfeldes Waldkindergarten erhoben. Die Interviewpartner waren entweder die Leitung oder langjährige Erzieherinnen der Waldkindergärten. Es wurden Leitfrageninterviews durchgeführt, welche bei Lamnek (2010) als fokussierte, problemzentrierte Interviews beschrieben werden. Die Grundlage für die Durchführung von Leitfrageninterviews bildet ein Gesprächsleitfaden, der aus einer Anzahl von Leitfragen zu bestimmten Inhalten besteht, die dann weiter exploriert werden. Die Interviewfragen müssen einer Reihe von Kriterien genügen, um die Forschungsfragen beantworten zu können (Atteslander et al., 2006; Fowler jr., 2001). Dazu zählt u.a., dass es sich um kurze, prägnante Fragen handelt, die dem sprachlichen Niveau der Zielgruppe angepasst sind. Sensible Fragen, die von den Befragten als zu persönlich wahrgenommen werden können, sollten vermieden werden, bzw. an das Ende des Interviews rücken.

Der Aufbau der Interviews gliederte sich in Aufwärmung (Bestehen der Einrichtung, Anzahl der Kinder und Mitarbeiter), Fragen bezüglich Natur und Gesundheit aus der Sicht von Erzieherinnen und Eltern und zum Gesprächsschluss Finanzierung der Einrichtung.

Während des Interviews musste entschieden werden, ob die gegebene Information zur Bearbeitung des zugrunde liegenden Forschungsthemas ausreichen oder gegebenenfalls weitere Fragen gestellt werden müssen. Dies erforderte ein hohes Maß an Flexibilität und Reaktionsfähigkeit der Interviewerin (Flick, Kardorff & Steinke, 2005). Daher empfahl sich zur Dokumentation die Aufnahme des Gesprächs (Atteslander et al., 2006). Die Aufnahme erfolgte mit dem Sony IC Recorder ICD-SX78. Die Transkription der mitgeschnittenen MP3-Dateien erfolgte mittels der Transkriptionssoftware f4. Für die Transkription von Interviews liegen keine allgemeingültigen Regeln vor (Gläser & Laudel, 2006). In dieser Arbeit erfolgte eine Wort-für-Wort-Transkription, wobei nichtverbale Äußerungen wie Lachen, Husten, etc. nur vermerkt wurden, wenn sie ursächlich mit dem Gesagten zusammenhingen. Paraverbale Äußerungen wie z.B. „ähm" wurden bewusst festgehalten, da sie Denkprozesse wiederspiegelten und damit die Bedeutung des Gesagten jeweils unterstrichen. Geräusche, die die Qualität der Aufnahme beeinträchtigten (Baumrauschen, spielende Kinder, etc.), unverständliche Passagen und Unterbrechungen wurden ebenfalls gekennzeichnet.

Für die Analyse wurden die aus der Transkription entstandenen Text-Dokumente in die Auswertungssoftware Atlas.ti eingelesen. Atlas.ti ist eine von Thomas Muhr Ende der 1980er Jahre in Berlin entwickelte Software zur qualitativen Datenanalyse (QDA). Das zentrale Konzept von Atlas.ti besteht in der *Hermeneutic Unit* (HU), was bedeutet, dass alles, was zu einem konkreten Forschungsprojekt gehört (z.B. die zu analysierenden Dokumente wie Interviews, Beobachtungsprotokolle, Fotos, Kommentare, Codes, Codedefinitionen und Landkarten), eine untrennbare Einheit bildet. Verwaltet und bearbeitet werden die einzelnen Bestandteile der HU über ein graphisches User-Interface.

Nach Corbin & Strauss (2008) gehören Analyse und Interpretation im Umfeld der qualitativen Forschung zusammen. Nach Flick & Kardorff (2005) sind Kategorien für die Auswertung zu bilden. Hierfür dienten die Fragen des Leitfragenkatalogs als Orientierungshilfe. Diese Auswertungskategorien wurden mithilfe von Atlas.ti codiert und codebezogen herausgefiltert. Das Resultat, sogenannte codebezogene Exzerpte, wurde in eine Microsoft Excel© 2010 Tabelle überführt. Hierdurch ist eine quantifizierende Materialübersicht (Flick et al., 2005) gegeben. Einfache Codes wurden so aufbereitet, dass quantitative

Aussagen zu den Antworten möglich waren (Beispiel: Welche Erkrankungen führen am häufigsten zu Fehlzeiten der Kinder?). Bei komplexen, d.h. sehr umfangreichen Fragestellungen wie z.B. „Welche Effekte hat der Besuch eines Waldkindergartens auf die Gesundheit?", wurden Antwortkategorien entwickelt, sodass die Antworten in diese eingruppiert werden konnten. Jede der Antwortkategorien wurde zu einer Aussage verdichtet. Das Vorgehen ist in Abb. 28 schematisch dargestellt.

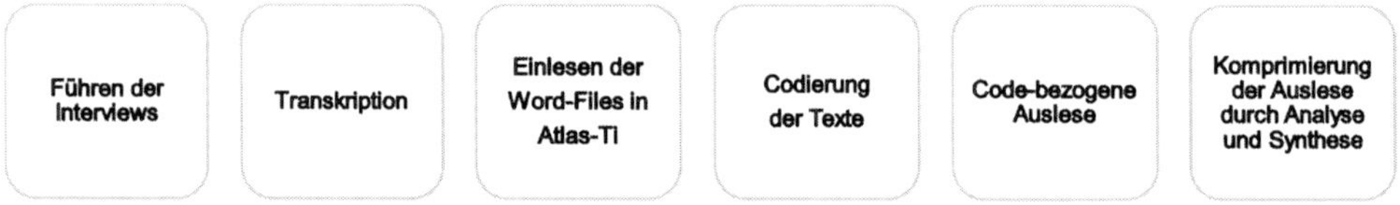

Abb. 28: Vorgehen bei der Auswertung der qualitativen Interviews.

Alle Erzieherinnen wurden anonymisiert, die Orte der Waldkindergärten sind genannt.

3.2 Untersuchungen in Grundschulen

Im 2. Teil der Untersuchung interessierte, ob die im 1. Teil herausgearbeiteten Aspekte zur Synergie von Naturerfahrung und Gesundheit langfristig, d.h. zu einem Zeitpunkt, an dem die Kinder schon den Waldkindergarten verlassen haben, nachweisbar bzw. messbar sind.

Die Methoden im 2. Teil folgen dem Ruf von Mason und Danby: „*bringing children's voices into research on childhood*" (Mason & Danby 2011, S.186). Kinder werden hier als Experten für ihre Belange betrachtet (Greig et al., 2007, Mason & Danby 2011). Von daher sollten geeignete Methoden ausgewählt werden, die von Kindern durchgeführt oder beantwortet werden können.

Ausgangspunkt für die Überlegungen zur Auswahl der Methoden war die bereits in Kapitel 1.1.1 verwendete Definition von Gesundheit. Neben körperlichen Aspekten sollen auch mentale und soziale Aspekte abgedeckt werden. Hierbei ist der *Motorische Test für NRW* (quantitativ) (Kapitel 3.2.3) mit dem körperlichen Wohlbefinden verknüpft. Der Fragebogen zur subjektiven Gesundheitseinschätzung (KINDL-R, quantitativ) und die qualitativen Interviews bilden alle drei Ebenen des Wohlbefindens ab. Abb. 29 stellt dar, dass das körperliche, mentale und soziale Wohlbefinden mit den drei unabhängigen Methoden erfasst wird. Diese drei Methoden werden dann in der Triangulation (Kapitel 3.3) verschnitten.

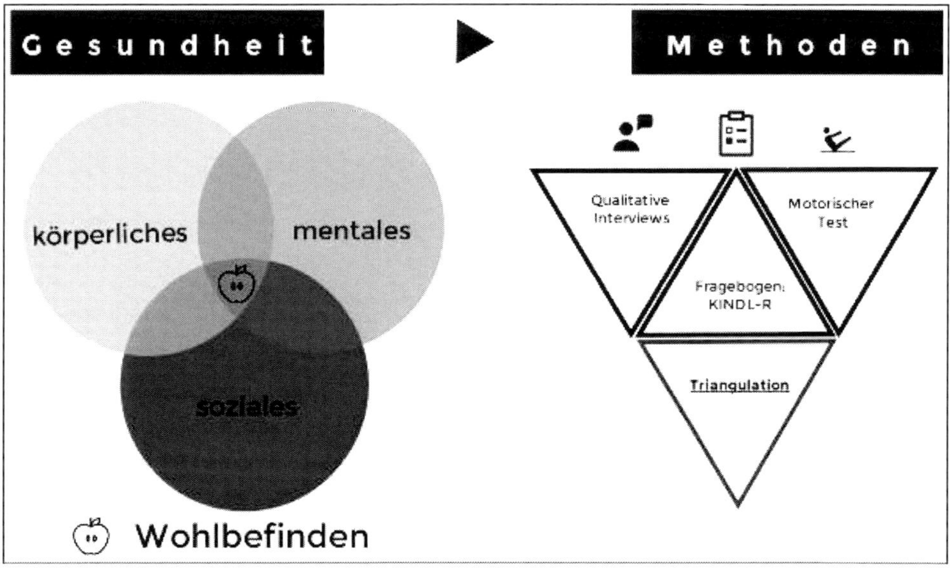

Abb. 29: Angewandte Methoden unter Berücksichtigung der Gesundheitsdefinition. Eigene Darstellung nach WHO (1948).

Im Folgenden wird das Vorgehen bezüglich Pretest (Kapitel 3.2.1) und Stichprobenauswahl (Kapitel 3.2.2) beschrieben.

3.2.1 Pretest

Der Pretest testete Fragenverständlichkeit, Aufbau und Dauer der motorischen Tests und der quantitativen und qualitativen Interviews. Zur Teilnahme am Pretest konnten Kinder einer offenen Ganztagsgrundschule mit einem Schulgartenprojekt sowie die Leitung des Schulgartens im Dezember 2008 und Januar 2009 im Rahmen des Nachmittagsangebots mit 64 Kindern motiviert werden. Mit der Leitung wurde ein qualitatives Interview geführt. Als Incentives wurden Multivitaminbonbons gereicht. Der Ablauf erwies sich als durchführbar. Leichte Änderungen ergaben sich im Fragenkatalog der qualitativen Interviews. Des Weiteren wurden die Incentives durch Teilnahmeurkunden ersetzt. Aufgrund des guten Ablaufs wurde entschieden, die Daten des Pretests mit in die Gesamtdaten einfließen zu lassen.

3.2.2 Stichprobenauswahl

Zur Untersuchung wurden Grundschüler ausgewählt, die ehemals einen Waldkindergarten besucht haben sowie deren Mitschüler, die einen Regelkindergarten besucht haben. Während der Hospitationen in den Waldkindergärten wurde um Kontaktdaten von Grundschulen gebeten, die von mindestens drei ehemaligen Waldkindergartenkindern besucht wurden. Diese Grundschulen wurden um eine Teilnahme an der Studie gebeten. Es folgte weiterer telefonischer, schriftlicher oder persönlicher Kontakt mit den Leitungen der Grundschulen, um das Vorhaben vorzustellen und bei Zustimmung, einen Termin vor Ort zu finden.

Weiteres Kriterium zur Teilnahme an der Studie war dann das schriftliche Einverständnis der Eltern. Die Eltern wurden über die Einhaltung des Datenschutzes aufgeklärt und auf die Möglichkeit des Widerrufs hingewiesen. Grundsätzlich erfolgte die Untersuchung vor Ort in den jeweiligen Grundschulen bzw. in zughörigen Sportstätten (Turnhalle, Sportplatz, Außengelände).

Ein Waldkindergarten war, wie oben in Teil 1 erwähnt, bereit, Unterlagen an ehemalige Kindergartenkinder und jetzige Grundschüler weiterzuleiten. Für die

Eltern erfolgte eine detaillierte Anleitung, sodass diese in der Lage waren, die ausgewählten Untersuchungen selbst durchzuführen.

Die räumliche Verteilung der aufgesuchten Waldkindergärten und der anschließenden Untersuchungen in den Schulen wurde kartographisch dargestellt, um die aufgesuchten Orte und deren Verteilung zu veranschaulichen. Die Orte sind als Punktsignatur aufgenommen. In Abb. 30 sind alle Waldkindergärten der Hospitationen sowie die anschließend aufgesuchten Grundschulen kartiert.

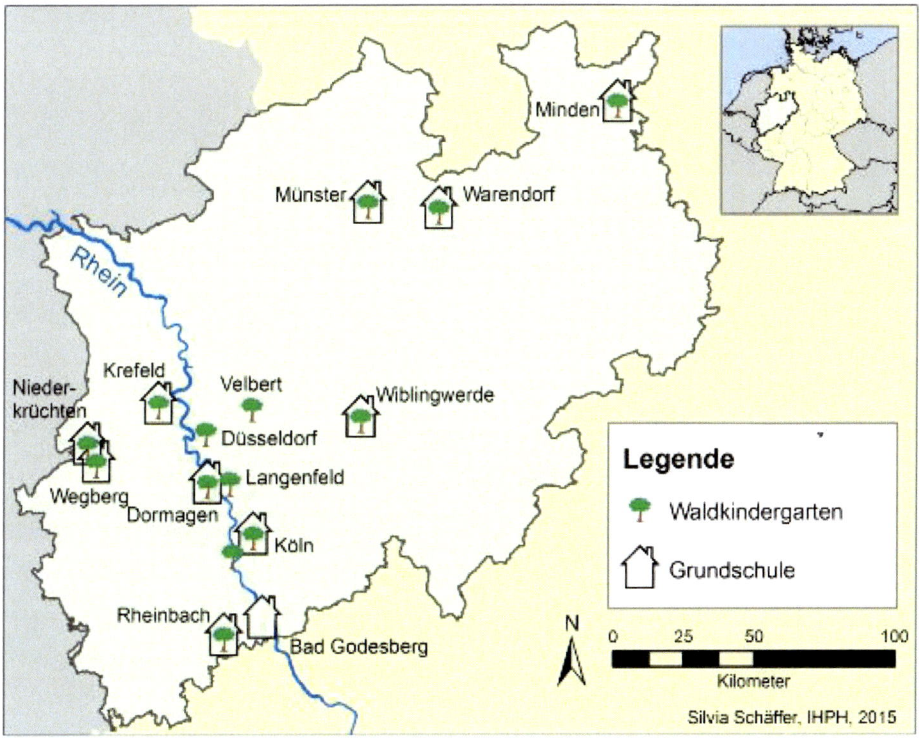

Abb. 30: Teilnehmende Waldkindergärten (n=13) und Grundschulen (n=11).

3.2.3 Motorischer Test

Zur Überprüfung der Motorik wurde auf den Motorischen Test für NRW zurückgegriffen. Die Grundlagen des Tests wurden am Forschungszentrum für den Schulsport und den Sport von Kindern und Jugendlichen (FoSS) an der

Universität Karlsruhe auf Basis der Studie zur Gesundheit von Kindern und Jugendlichen in Deutschland (KIGGS) entwickelt. Die einzelnen Aufgaben des Tests sind wissenschaftlich überprüft, aussagekräftig und einfach durchführbar. Für die Beurteilung der Testergebnisse liegen repräsentative Vergleichswerte vor. Die Testbatterie besteht aus acht Testaufgaben. Diese erfassen Dimensionen der Motorik und Konstitution. Motorische Fähigkeiten wurden dabei aufgespalten in Ausdauer, Kraft, Schnelligkeit, Koordination und Beweglichkeit.

Die acht Testaufgaben:

- 20 m-Sprint,
- Standweitsprung,
- *Sit-ups,*
- *Liegestütz,*
- *Seitliches Hin- und Herspringen,*
- *Balancieren rückwärts,*
- *Rumpfbeuge,*
- *6-Minuten-Lauf.*

sowie die Angaben zur Konstitution sind in Abb. 31 zusammengestellt.

Für die Konstitution wurde der Body Mass Index (BMI) herangezogen. Vom Kindes- bis zum Erwachsenenalter ist der BMI der am häufigsten verwendete Indikator für Übergewicht und Adipositas. Er berechnet sich aus dem Körpergewicht (kg) dividiert durch das Quadrat der Körpergröße (m^2). Die Einheit des BMI ist demnach kg/m^2 (Neuhauser et al., 2013). Bei Kindern und Jugendlichen gibt es wachstumsphysiologische Schwankungen des Verhältnisses von Muskel- und Knochenmasse zur Fettmasse. Von daher lässt sich vom BMI-Wert nicht wie beim Erwachsenen auf z.B. Übergewicht schließen. In der Altersklasse von 0–18 Jahren werden für die Definition von Übergewicht und Adipositas alters- und geschlechtsspezifische Perzentilkurven verwendet (siehe hierzu das Beispiel in Abb. 32).

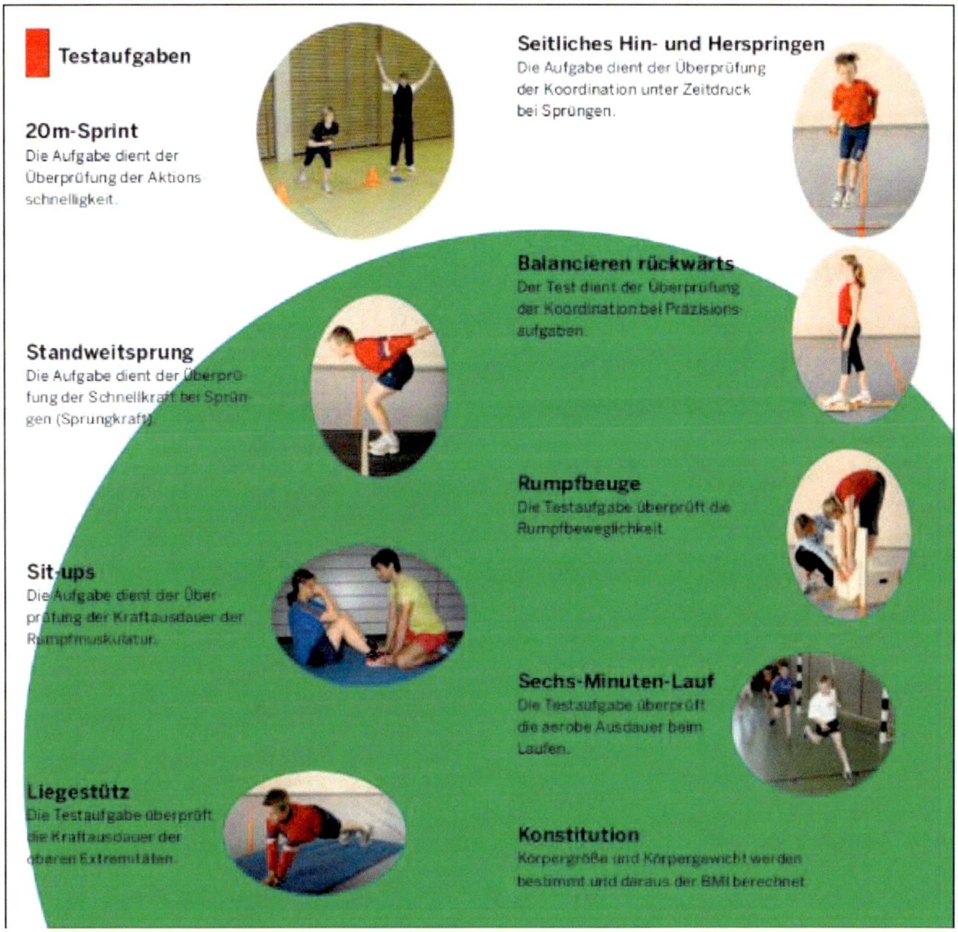

Abb. 31: Darstellung der acht Testaufgaben sowie die Angaben zur Konstitution. Quelle: https://www.sporttalente.nrw/motorische-tests/ (Stand 02/2024).

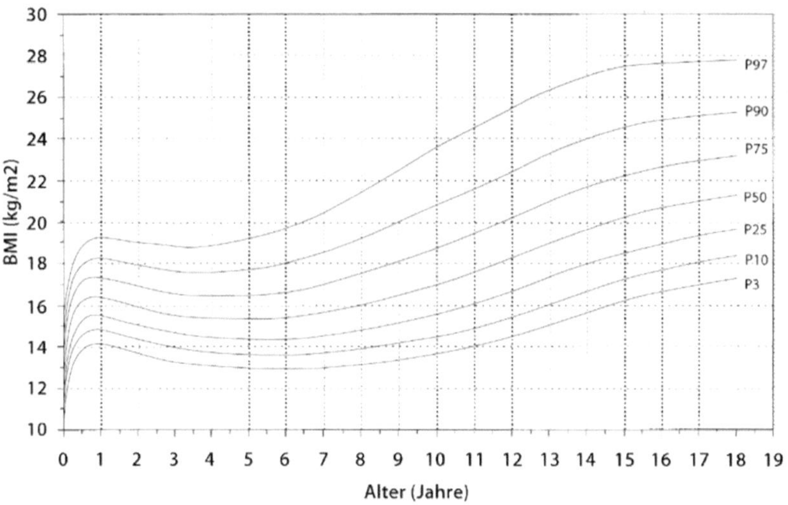

Abb. 32: Perzentile für den BMI für Mädchen im Alter von 0–18 Jahren. Quelle: Kromeyer-Hauschild et al. 2001, S. 811.

Übergewicht und Adipositas wurden in dieser Arbeit durch Grenzlinien der International Obesity Task Force (IOTF) in den Perzentilkurven bestimmt (Cole et al., 2000). Als übergewichtig wird nach den Grenzlinien ein Kind bezeichnet, dessen Perzentile für den BMI über P90 liegt und als adipös über P97. Analog dazu wird Untergewicht bzw. ausgeprägtes Untergewicht mit Werten, die unter P10 bzw. P3 liegen, definiert (Kromeyer-Hauschild et al., 2001). In dieser Arbeit wurde mit den Referenzwerten für die Grenzlinien nach Kromeyer-Hauschild und Mitarbeitern aus dem Jahr 2001 gearbeitet (Kromeyer-Hauschild et al., 2001). Die Visualisierung erfolgte mit der Software Tableau Version 9.0, die es ermöglicht, mehrere Informationsebenen darzustellen.

Weitere Erläuterungen zu den Testaufgaben lassen sich in der ausführlichen Testanleitung bzw. in den Erläuterungen für die Eltern in Anhang F nachlesen.

Zur Auswertung stand zum Zeitpunkt der Auswertung im November 2012 ein Excel-Tool durch das *Ministerium für Familie, Kinder, Jugend, Kultur und Sport des Landes Nordrhein-Westfalen* zur Verfügung. Dieses wurde für die Zuordnung der Leistungen in Leistungsklassen genutzt. Durch dieses Tool können unterschiedliche Leistungen auch über Alter und Geschlecht hinweg durch die jeweils erzielten Leistungsklassen vergleichbar bleiben. Dabei sind die Leistungsklassen in fünf Stufen unterteilt (siehe Tab. 6).

Tab. 6: Leistungsklassen des Motorischen Tests für NRW.

1	stark unterdurchschnittlich
2	unterdurchschnittlich
3	durchschnittlich
4	überdurchschnittlich
5	stark überdurchschnittlich

Quantitative Datenanalyse

Für die quantitative Analyse wurden alle motorischen Daten in einer Excel©2010 Tabelle aufbereitet und für die statistische Datenanalyse in das Software-Programms IBM SPSS Statistics©22 übertragen. Genutzt wurden zusammenfassend folgende Funktionen der deskriptiven Statistik: Stichprobenumfang (n), Mittelwert (MW), Standardabweichung (SD), Median, Minimum (Min) und Maximum (Max). Das 95%-Konfidenzintervall (95%-KI) und t-Test (p) wurden im Rahmen der analytischen Statistik berechnet.

Der Stichprobenumfang (n) umfasst alle für die Untersuchung ausgewählten Teilnehmer einer Grundgesamtheit (Weiß & Rzany, 2013). Für den Motorischen Test für NRW umfasste diese Stichprobe ehemalige Waldkindergartenkinder (EW) und ehemalige Regel-kindergartenkinder (ER), aufgeteilt nach Geschlecht.

Das bekannteste deskriptiv-statistische Lagemaß ist das arithmetische Mittel (MW), welches man auch als Durchschnitt bezeichnet (Weiß & Rzany, 2013). Der MW gibt neben anderen Lagemaßen den Bereich an, in dem sich die Stichprobenwerte konzentrieren. Dazu werden alle Stichprobenwerte addiert und deren Summe durch den Stichprobenumfang n dividiert. Ein Streuungsmaß, das die Variabilität der Daten quantifiziert, ist die Standardabweichung (SD). Die SD gibt die Abweichung des jeweiligen Stichprobenwertes vom Mittelwert an. Sortiert man alle Stichprobenwerte in einer Rangliste, so ist der kleinste Wert der Stichprobe das Minimum (Min) und der größte Wert das Maximum (Max) (Weiß

& Rzany, 2013). Der Median oder Zentralwert teilt die Stichprobenwerte in genau zwei Hälften, wobei die eine Hälfte der Daten höchstens, die andere mindestens so groß wie der Median ist (Weiß & Rzany, 2013). Durch diese Berechnung ist der Median robuster gegen Ausreißer als der Mittelwert.

Die Mittelwerte wurden mittels t-Test (p) bei unabhängigen Stichproben verglichen (Field, 2005). Unabhängig meint in diesem Zusammenhang, dass unterschiedliche Versuchspersonen mit einer Fragestellung untersucht werden. Im Gegensatz dazu werden bei abhängigen Stichproben Versuchspersonen zu unterschiedlichen Zeitpunkten zur gleichen Fragestellung untersucht. Es interessierte die Fragestellung, ob sich die EW und die ER in ihren Ergebnissen voneinander unterscheiden.

Beim p-Wert handelt es sich um eine Wahrscheinlichkeit zur Annahme einer Nullhypothese (H0) bzw. einer Alternativhypothese (H1). Unterhalb eines bestimmten p-Wertes (hier $< 0{,}05$) werden die Ergebnisse als statistisch signifikant bezeichnet (Prel et al., 2009).

Der p-Wert wurde durch das Konfidenzintervall ergänzt. Das Konfidenzintervall bzw. der Vertrauensbereich überdeckt mit einer festgelegten Wahrscheinlichkeit (hier 95%) den wahren Wert aller möglichen Populationsparameter (Kuckartz et al., 2010). Die Effektrichtung und –stärke sowie die Aussage über ein signifikantes Ergebnis sind durch die Kombination der beiden Methoden möglich (Prel et al., 2009).

Der Modal Split, d.h. die Verteilung von Geschlecht, Alter, etc. wurden in IBM SPSS 22 ermittelt und in Excel übertragen, um Grafiken wie z.B. Balkendiagramme zu erstellen.

3.2.4 Quantitative Interviews mittels KINDL-R

Insbesondere seit der WHO-Definition von Gesundheit aus dem Jahr 1948 hat sich eine Hinwendung zu nicht nur körperlichen, sondern auch psychischen und sozialen Dimensionen von Gesundheit vollzogen (siehe Kapitel 1.1.1). Von daher sind neben klinischen Parametern auch Methoden, die erfassen, wie sich eine Person fühlt oder mit anderen Menschen bzw. ihrem Alltag zurechtkommt, von

Bedeutung (Bullinger & Ravens-Sieberer 1995; Bullinger 1997). Zur Beschreibung des körperlichen, seelischen und sozialen Wohlbefindens aus Sicht des Subjektes hat sich der Begriff der gesundheitsbezogenen Lebensqualität, bzw. Health related quality of Life (HRQL) etabliert (Bullinger, 1991). Das Konzept der HRQL fokussiert die Sichtweise der Betroffenen hinsichtlich ihrer körperlichen Funktionsfähigkeit und ihres mentalen Wohlergehens (Bullinger & Ravens-Sieberer, 1995). Diese Informationen sind einfach über die Befragung zugänglich und liefern einen aussagefähigen Indikator für die Gesundheit (Spilker, 1996). Nachdem das Instrument vielfach bei Erwachsenen angewendet wurde, sind in verschiedenen europäischen Ländern auch Versionen für Kinder und Jugendliche verfügbar (Ravens-Sieberer, 2000).

Ein Instrument zur Messung der HRQL im Kindesalter ist der KINDL-R (Ravens-Sieberer & Bullinger, 1998), welcher in epidemiologischen Untersuchungen als Lebensqualitäts-Screening-Instrument psychometrisch geprüft wurde. Der KINDL-R ist ein mehrdimensionales Konstrukt, welches körperliche, emotionale, mentale, soziale und verhaltensbezogene Komponenten des Wohlbefindens und der Funktionsfähigkeit beinhaltet. Durch die Verwendung im Rahmen der Studie zur Gesundheit von Kindern und Jugendlichen in Deutschland (KiGGS) wurden Referenzdaten für Deutschland geschaffen (Bullinger et al., 2009; Ravens-Sieberer et al., 2007).

Der KINDL-R Fragebogen erfasst mit 24 likert-skalierten Items, sechs Dimensionen der Lebensqualität im Rückblick auf die letzte Woche. Die sechs Dimensionen sind

- *Körperliches Wohlbefinden,*
- *Psychisches Wohlbefinden,*
- *Selbstwert,*
- *Wohlbefinden in der Familie,*
- *Wohlbefinden in Bezug auf Freunde/Gleichaltrige und*
- *Schulisches Wohlbefinden* (Ravens-Sieberer et al., 2007b).

Alle sechs Dimensionen werden über die Dimension *Total quality of life* zusammengefasst. Für die sechs Dimensionen werden Messwerte auf Skalen von 0-100 Punkten angegeben, höhere Werte bezeichnen eine bessere Lebensqualität. Aus allen sechs Dimensionen kann ein übergreifender Messwert der gesundheitsbezogenen Lebensqualität berechnet werden. Der KINDL-R-Fragebogen kommt der Forderung nach Berücksichtigung der kindlichen Entwicklungsfortschritte mit unterschiedlichen Versionen für verschiedene Altersgruppen nach. Dabei ist der Kiddy-KINDL für Kinder mit einem Alter zwischen 4 und 7 Jahren und der Kid-KINDL für Kinder im Alter von 8 bis 12 Jahren vorgesehen. Die Items im Kid-KINDL werden mittels 5-stufiger Antwortkategorien (nie, selten, manchmal, oft, immer) beantwortet, im Kiddy-KINDL sind es drei Antwortkategorien (nie, manchmal, ganz oft) (Ravens-Sieberer et al., 2007b). Die Fragebögen liegen in einer Selbst- und Fremdbeurteilungsversion vor. Für diese Arbeit lag der Fokus auf der Sicht der zu untersuchenden Subjekte, also Kinder, und es wurde die Selbstbeurteilungsversion verwendet.

Quantitative Datenanalyse

Für die quantitative Analyse wurden alle Daten des KINDL-R in einer Excel©2010 Tabelle aufbereitet und für die statistische Datenanalyse in das Software- Programm IBM SPSS Statistics©22 übertragen. Genutzt wurden zusammenfassend folgende Funktionen der deskriptiven Statistik: Stichprobenumfang (n), Mittelwert (MW), Standardabweichung (SD), Median, Minimum (Min) und Maximum (Max). Das 95%-Konfidenzintervall (95%-KI) und t-Test (p) wurden im Rahmen der analytischen Statistik berechnet. Für alle Analysen wurden die Daten in die zwei Gruppen ehemalige Waldkindergartenkinder (EW) und ehemalige Regelkindergartenkinder (ER) unterteilt.

Die statistischen Methoden entsprechen den in Kapitel 3.2.4 erläuterten Methoden.

3.2.5 Qualitative Interviews

Im Rahmen der qualitativen Interviews sollten Wissen, Ideen und Ansichten zu Naturerfahrungen und Gesundheit aus der Sicht des Subjekts, d.h. aus der Sicht ehemaliger Waldkindergartenkinder und deren Mitschüler, die ehemals einen Regelkindergarten besuchten, exploriert werden. In der Kindheitsforschung werden qualitative Interviews eingesetzt, um die Perspektive der Kinder mit ihren Ansichten und Ideen zu erfassen (Mey 2003). Der Umgang mit jungen Probanden erfordert Empathie und Feingefühl und es gibt besondere Anforderungen an die Untersuchungsbedingungen (Lohaus & Ball, 2006; Trautmann, 2010; Vogl, 2011). Piaget gilt für den Einsatz von Interviews im Kontext der Kindheitsforschung vielen als Pionier. Er schreibt:

„Schwierig ist es vor allem, selbst nicht zu viel zu reden, wenn man einem Kind Fragen stellt, insbesondere für einen Pädagogen! Und schwierig ist es, das Kind nicht zu beeinflussen! (...) Ein guter Experimentator muss zwei oft unverträgliche Eigenschaften in sich vereinigen: er muss beobachten, das Kind sprechen lassen können, er darf den Redefluss nicht bremsen, nicht in eine falsche Richtung bringen, und er muss gleichzeitig ein Sensorium dafür haben, etwas Genaues herauszuholen (...)" (Piaget 1978, S.19).

Die Methoden zur Datenerhebung müssen den Fähigkeiten der Kinder entsprechen. Eine Aufwärmphase bietet die Möglichkeit, sich an eine fremde Umgebung oder fremde Untersucher anzupassen (Lohaus & Ball, 2006). Die Aufwärmphase zum Kennenlernen der Untersucher war in dieser Untersuchung durch den vorangehenden *Motorischen Test für NRW* (Kapitel 3.2.3) sowie den quantitativen Fragebogen KINDL-R (Kapitel 3.2.4) gegeben. Alle Untersuchungsorte waren den Kindern vertraut.

Der Aufbau der Interviews gliederte sich in Aufwärmung (Vorlieben in der Schule und nach der Schule), Fragen bezüglich Wissen und Ansichten rund um Natur und Gesundheit sowie weitere Fragen rund um Ernährung, Bewegung und die Kindergartenzeit. Der vollständige Leitfragenkatalog ist in Anhang H beigefügt.

Das grundsätzliche Vorgehen und die Auswertung der qualitativen Interviews mit den Grundschülern orientierte sich an Teil 1 und ist dort nachzulesen (siehe Kapitel 3.1.2 bzw. Abb. 28).

3.3 Triangulation der qualitativen und quantitativen Erhebung

Das Forschungsdesign dieser Arbeit sah in verschiedenen Phasen qualitative (Hospitation, qualitative Interviews) und quantitative (Motorischer Test für NRW, KINDL-R) Methoden vor (siehe Abb. 33). Die Triangulation bietet die Möglichkeit, aussagekräftige Bezüge zwischen den quantitativen und qualitativen Daten herzustellen (Flick, 2011). Durch die wechselseitige Ergänzung der Ergebnisse der beiden Datengrundlagen unterschiedlicher Ebenen können neue Erkenntnismöglichkeiten erlangt werden (Flick 2008, S.12). Für die Triangulation in Kapitel 4.3 erfolgt die Aufarbeitung der Ergebnisse dann nicht mehr nach den Untersuchungsmethoden, sondern gliedert sich in thematische Bezüge. Dazu werden die Ergebnisse der qualitativen und quantitativen Methoden verschnitten und die Fragestellung aus Kapitel 1.3 beantwortet.

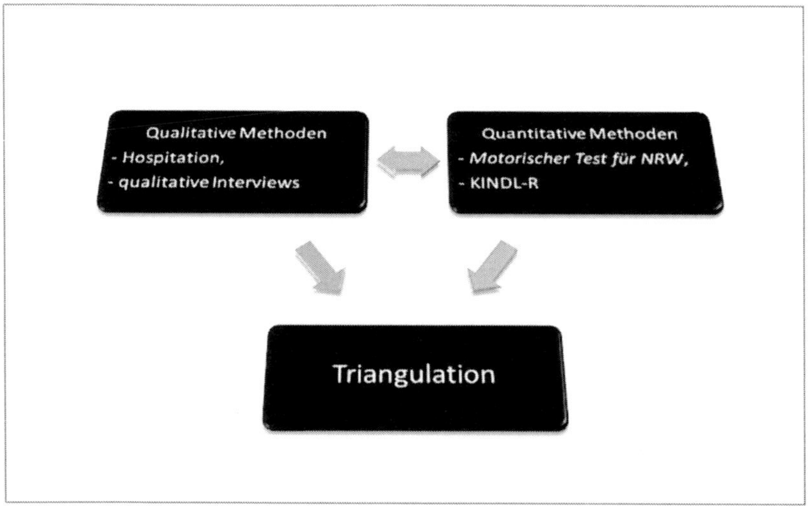

Abb. 33: Darstellung der Triangulation der qualitativen und quantitativen Methode.

4 Naturerfahrung und Gesundheit im Kindesalter

„Gebt einem Kind einen dürren Zweig, es wird mit seiner Fantasie Rosen daraus sprießen lassen." Jean Paul

In diesem Kapitel werden die Ergebnisse der Untersuchungen in den Waldkindergärten (Teil 1) und in den Grundschulen (Teil 2) dargestellt. Für Teil 1 wird zunächst die Stichprobe beschrieben und im Anschluss die Hospitationen in den Waldkindergärten mit den dabei durchgeführten qualitativen Interviews. In Teil 2 wird ebenfalls zunächst die Stichprobe beschrieben und im Anschluss daran die durchgeführten Untersuchungen: der *Motorische Test für NRW* sowie die quantitativen und qualitativen Befragungen mit den Grundschülern. In Tab. 7 ist eine Übersicht der Teilnehmer dargestellt.

Tab. 7: Übersicht der Teilnehmer an der Studie in Teil 1 und Teil 2.

	Teil 1		**Teil 2**	
	Waldkindergärten Hospitation	Erzieherinnen qual. Interviews	Schüler	Schüler qual. Interviews
n	14	13	365	13

4.1 Naturerfahrung und Gesundheit in Waldkindergärten

In diesem Kapitel werden die Ergebnisse der Hospitationen in den Waldkindergärten und als Schwerpunkt die Ergebnisse der qualitativen Interviews beschrieben. Als Einstieg in die Grundlagen der Idee der Waldkindergärten und ihren Bezug zur Gesundheit dienten Interviews mit 13 Erzieherinnen in 13 verschiedenen Waldkindergärten im Rahmen jeweils eines Hospitationstages. Zur besseren Einordnung der Aussagen und Beobachtungen im Feld dient die theoretische Basis im Kapitel 1.2.2, welche unter anderem Organisation und Tagesablauf in einem Waldkindergarten beschreibt. Die Interviewpartner waren ausnahmslos weiblich und sind anonymisiert mit den Codes P6–P18 genannt.

4.1.1 Stichprobenbeschreibung

Mit Unterstützung des Landesverbandes der Wald- und Naturkindergärten NRW e.V. erfolgten 13 Hospitationen und darin eingebettete qualitative Interviews mit Erzieherinnen von Waldkindergärten sowie mit einer Betreuerin eines Schulgartenprojektes in den Jahren 2008 bzw. 2009. Quantitative Daten, die im Rahmen der qualitativen Interviews erhoben wurden und der Stichprobenbeschreibung dienten, sind in Tab. 8 aufgeführt und werden auf den folgenden Seiten erläutert.

Tab. 8: Aussagen der Erzieherinnen (P6–P11): quantitative Daten aus den qualitativen Interviews.

Erzieherin	1. P6	2. P7	3. P8	4. P9	5. P10	6. P11
Interview [Datum]	26.03.2009	16.02.2009	27.04.2009	18.02.2009	24.04.2009	05.03.2009
Gründung Einrichtung [Jahr]	1998	1999	1998	1999	2003	1997
Beschreibung der Umgebung (Zitat der Erzieherinnen)	Buchenmischwald, hügelig, viele Krater vom Krieg, sandig	Klostergelände, großes zusammenhängendes Waldgelände, Buchenmischwald, alter Baumbestand, feucht, viele Käfer, Mücken, Zecken	Naherholungsgebiet, durch Wiesen, Mischwälder, Lichtungen gekennzeichnet, Kuhlen, früher Tonabbau, Gräben, zum Teil hügelig, Wildschwein- und Dammwildgehege	Mischwälder, Damm, Bäche, Teich	Naherholungsgebiet, in den 50 er Jahren angelegter Wald (60 ha), exotische Bäume und Pflanzen, Mischwald, reine Laubwälder, reine Tannenwälder. Recht ebenerdig, wenig landschaftliche Unterschiede. In zentraler Lage ein Hügel, Sandkuhlen	Naherholungsgebiet, Buchenmischwald am Stadtrand, Bachlauf, hügelig, Teiche
Mitarbeiter [Anzahl]	6	6	3	3	6	4
Beschäftigungsdauer [Jahre]	10,10,10, 8, 5, 3	10, 10 , 8, 3, 0, k.A.	9, 5, 5	6 ,3 , 1	6, 5, 4, 2, 2, 1	11, 6, 4, 0
Mitarbeiter [Ausbildung]	4 Erzieher, 1 Sozialpädagogin, 1 Ergänzungskraft mit kaufm. Ausbildung	4 Erzieherinnen, 1 Altenpflegerin, 1 Bürokauffrau	2 Erzieherinnen, 1 Kinderpflegerin in Ausbildung zur Erzieherin	3 Erzieherinnen	1 Diplom-Pädagogin, 1 Sozial-Pädagogin, 4 Erzieherinnen	2 Diplom-Pädagoginnen + Erzieherinnen, 2 Erzieherinnen (1x davon Landschaftsökologin)
Wie viele Mitarbeiter haben die Weiterbildung Wakiga?	4 davon 2 Erzieherinnen	2	keine	keine	1	keine Angaben
Öffnungszeiten	8-13 Uhr	7.15-16.15 Uhr	8.00-13.00 Uhr	7.30 -14.30 Uhr	7:30-14.30 Uhr	8.00-15.00 Uhr
Ausweichmöglichkeit	Sportplatz, Bücherei	Klostergelände, Gute Stube	Bauwagen, kurzfristig: Schließung, angekündigt: Raum in katholischer Gemeinde	Bauwagen, Eltern, Büro	Bauwagen, bei Sturm über Windstärke 8 Schließung	2 beheizbare Holzhäuser mit einer Küche
Beiträge [pro Monat]	18 €	9 €	keine	80 €	40 € 1. Kind, 30 € 2. Kind	keine Angaben
Beiträge Verein [pro Jahr]	40 €	72 €	180 €	60 €	60 €	keine Angaben
Kinder [Anzahl]	36	37	20	18	44	25
Anzahl Gruppen	2	2	1	1	2	1
Kinder [Alter in Jahren]	3-6	2-6	2-6	3-6	3-6	2-6
Geschlechterverteilung	genau ausgeglichen	keine Angaben	ausgeglichen	Jungenüberschuß	ausgeglichen	ausgeglichen
Sozialer Hintergrund Kinder (Zitat der Erzieherinnen)	Viele Akademiker, beide Eltern berufstätig, Freiberufler, aber auch "Bildungsferne", die von Hartz IV leben	Viele Akademiker, Selbständige, keine sozial Schwachen, kaum Scheidungskinder	Sozialhilfeempfänger bis selbständige Geschäftsleute, alle haben sich stark mit dem Thema auseinander gesetzt, sind engagiert	Viele Akademiker, Selbständige, häufig arbeitet nur ein Elternteil	Mittelschicht bis gehobene Mittelschicht, auch Alleinerziehende, viele Akademiker, gut Verdienende	Großteil Akademiker

Tab. 8 (Fortsetzung): Aussagen der Erzieherinnen (P12–P18).

Erzieherin	7. **P12**	8. **P13**	9. **P14**	10. **P15**	11. **P16**	12. **P17**	13. **P18**
Interview [Datum]	27.03.2009	11.02.2009	15.05.2009	02.06.2009	02.02.2009	11.03.2009	26.02.2009
Gründung Einrichtung [Jahr]	1994	1997	2004	2003	1997	2000	1998
Beschreibung der Umgebung (Zitat der Erzieherinnen)	Naherholungsgebiet, Naturschutzgebiet, großer See, Wiesen, Felder, Mischwald, verschiedene Baggerlöcher, Sumpfgebiet, ehemaliges Feriendorf, Busanbindung	Mischwald, Gräben, Wiesen, Felder	Stadtrandgebiet, meistens Nadel- bis Mischwald, mit Unterholz, relativ viele Hügel, Täler	Mischwald, Nadelwald, ansteigende und fallende natürliche Gewässer, Bäche, hügelig, Am Platz des Bauwagens schattig	Mischwald, hauptsächlich Buchen und Eichen	Buchen-Eichen-Mischwald, ein paar Kiefern, Sumpfgebiet, Bachlauf	Mischwald, Fichtenwald, 500 m hoch, Hauptplatz: tiefer Punkt im Wald und ein sehr abwechslungsreiches Gelände
Mitarbeiter [Anzahl]	3	5	3	3	3	3	4
Beschäftigungsdauer [Jahre]	12, ½, k.A.	11, viele Jahre, 1 ½, 1 ½,0	4, 1, 1	3, 2, ½	keine Angaben	9, 5, 5	keine Angaben
Mitarbeiter [Ausbildung]	Leitung Erzieherin, 2 Sozialpädagoginnen	1 Sozialpädgogin, 4 Erzieherinnen	1 Diplom-Pädagogin und Erzieherin, 1 Erzieherin, 1 Anerkennungs-praktikantin	1 Sozialpädagogin + Diplompädagogin + Gärtnerin, 1 Erzierher mit Hintergrund Umweltarbeit, 1 Kinderpflegerin, die Landschaftsarchitektur studiert	Sozialpädagogin, Erzierherin, Ergänzungskraft, Jahrespraktikantin	Sozialpädagogin, 2 Erzieherinnen	4 Erzieherinnen
Wie viele Mitarbeiter haben die Weiterbildung Wakiga?	1	keine	2	keine	keine Angaben	1	1
Öffnungszeiten	7.30-14.00 Uhr	8.00-13.00 Uhr	7.30-14.00 Uhr	8.00-13.00 Uhr	7.30-12.30 Uhr	7.30-13.30 Uhr	8.00-13.00 Uhr
Ausweichmöglichkeit	geräumiges Holzhaus	2 Bauwagen, Hausbetreuung im zugehörigen Hauskindergarten	Bauwagen, städtische Freiflächen, benachbarter Bauernhof	Bauwagen, bei Sturmereignis Auslagerung in Hauskindergarten	Bauwagen	Bauwagen, Notraum	Kindergartengebäude aus zwei Containern
Beiträge [pro Monat]	normaler Elternbeitrag		20	keine	keine	keine Angaben	40 €
Beiträge Verein [pro Jahr]	66 €	35 €	60 €	keine	60 €	keine Angaben	120 €
Kinder [Anzahl]	18	28	19	19	23	20	20
Anzahl Gruppen	1	2	1	1	1	1	1
Kinder [Alter in Jahren]	3-6		3-6	3-6	3-6	3-6	3-6
Geschlechterverteilung	Jungenüberschuß	ausgeglichen	ausgeglichen	Jungenüberschuß	Jungenüberschuß	Jungenüberschuß	Mädchenüberschuß
Sozialer Hintergrund Kinder (Zitat der Erzieherinnen)	komplett gemischt, von sozial schwachen bis sozial sehr gut gestellten Familien, keine Ausländer, eine Mutter Amerikanerin, ein Vater Holländer,	Oberschicht, gehobene Mittelschicht, höhere Qualifikation	Sowohl Akademikerkinder als auch Schichtarbeiter, Handwerker, Hartz IV	gut ausgebildet	viele Lehrer, Pädagogen, ansonsten gemischt	gemischt	gemischt: Arbeiter bis Rechtsanwalt

Zum Erhebungszeitpunkt (2009) gab es ca. 500–600 Waldkindergärten in Deutschland (P10), davon waren ca. 30 in NRW (P8). Der erste Waldkindergarten in NRW wurde 1993 in Bergisch Gladbach gegründet (P9). Die besuchten Waldkindergärten im Rahmen der Untersuchung existierten für mindestens fünf und maximal elf Jahre. Die Lage aller Waldkindergärten konnte als Waldrand bzw. Naherholungsgebiet umschrieben werden. Die Wahl dieser Standorte lässt sich mit einer guten Verkehrsanbindung und damit einer leichten Erreichbarkeit begründen. Im Alltag des Waldkindergartens spielten genaue Angaben zu Lage, Größe und Vegetation keine Rolle. Die unterschiedlichen Plätze, von denen einer jeweils am Morgen ausgesucht und aufgesucht wurde bzw. der Weg dorthin, boten die erforderliche räumliche Orientierung. Wichtig war für Kinder und Erzieherinnen der erlebte Raum (Daum & Hasse, 2011; Gebhard, 2009). Die Auswahl der Plätze richtete sich nach der möglichen Distanz, die von den Kindern zu bewältigen war.

Zu den geographischen und geologischen Aspekten der Orte, an denen sich die Waldkindergärten befanden, konnten die Erzieherinnen nur vage Angaben machen. Diese Angaben waren vorwiegend geprägt durch die Funktionen oder die Zugangsmöglichkeiten. Alle 13 besuchten Waldkindergärten boten eine unterschiedliche Flora und Fauna sowie Topographie und Geologie. Alle Waldkindergärten lagen am Rand einer Ortschaft bzw. einer Stadt. Eine Ausnahme war ein Waldkindergarten in einem forstbotanischen Garten in einer Großstadt. Die besuchten Waldkindergärten waren vorwiegend durch Mischwälder mit Buchen und Fichten charakterisiert. In allen Waldkindergärten zeigte sich eine Landschaft, die Anregungen zu Spiel und Bewegung lieferte. Die Wälder bzw. Orte in den Wäldern, die im Rahmen einer Wanderung von der Gruppe aufgesucht wurden, waren durch Täler und Hügel, Fluss- und Seeufer sowie Gräben oder umgefallene Bäume und unterschiedliche Untergründe charakterisiert. Die verschiedenen topographischen Gegebenheiten boten sowohl für einzelne Kinder als auch für kleinere Gruppen die Möglichkeit, sich abzugrenzen oder zu verstecken. In sechs der besuchten Waldkindergärten war der Zugang zu natürlichen Wasserquellen wie Bächen, Teichen, Gräben oder Seen möglich. Die Bodenzusammensetzung war geprägt durch verschiedene

Materialien wie Sand, Lehm oder Humus. Totholz in Form von Ästen oder Zweigen war in jedem Waldkindergarten verfügbar und wurde zum Bau von z.B. Zelten oder Nestern als Windschutz genutzt.

In allen Waldkindergärten hatten die im Rahmen der Wanderung aufgesuchten Orte im Wald einen Namen. Diese Namen standen häufig im Zusammenhang mit der Topographie des Ortes. So war z.B. ein riesiger umgefallener Baum das "Piratenschiff". Andere Orte hatten Phantasienamen wie „Zwergenparadies". Die Orte wurden zum einen danach ausgesucht, dass sie nur an maximal 2–3 Tagen hintereinander aufgesucht werden. Es erfolgte häufig auch eine Abstimmung in der Gruppe, welcher Ort ausgewählt wurde. Zudem gab es auch verschiedene Orte, die den unterschiedlichen Anforderungen an das Wetter genügten. So waren für kalte, windstille Tage offene Plätze mit viel Sonnenlicht interessant, für regenreiche oder sehr heiße Zeiten war es eher der Laubwald. (zum Ganzen Schäffer & Kistemann, 2012)

Mitarbeiterinnen im Waldkindergarten

Die Waldkindergärten bestanden aus 18–44 Kindern, die von Erzieherinnen und ggf. Praktikanten oder Eltern in ein bis zwei Gruppen betreut wurden. Um in einem Waldkindergarten zu arbeiten, ist die Ausbildung als Erzieherin erforderlich. Acht der befragten Erzieherinnen hatten darüber hinaus ein erziehungswissenschaftliches Studium an einer Universität absolviert. Weiterhin war ein Erzieher zuvor in der Umweltbildung tätig, und eine Erzieherin war zuvor Gärtnerin. In sechs der besuchten Waldkindergärten besaß mindestens eine Erzieherin die speziell für den Waldkindergarten zugeschnittene Zusatzausbildung in Waldpädagogik. In den meisten Fällen war mindestens eine Erzieherin seit der Gründung der Einrichtung dort tätig oder hatte die Einrichtung selbst gegründet. In den 13 besuchten Waldkindergärten gab es neun Waldkindergärten mit einer Gruppe und vier mit zwei Gruppen, d.h. es wurden 17 Gruppen untersucht. Die Verteilung der Anzahl der Erzieherinnen in den Einrichtungen ist in Tab. 9 abgebildet.

Tab. 9: Verteilung von Erzieherinnen in den untersuchten Waldkindergärten.

A Anzahl Erzieherinnen	B Anzahl Einrichtungen	Produkt aus A und B
3	7	21
4	2	8
5	1	5
6	3	18
Summe	13	52

Öffnungszeiten

Die Öffnungszeiten umfassten von Montag bis Freitag täglich zwischen vier und neun Stunden.

Ausweichmöglichkeiten

Eine Möglichkeit zum Unterschlupf am morgendlichen Treffpunkt gehörte zu den meisten Waldkindergärten. In neun Einrichtungen war dieser Unterschlupf ein typischer für die Anforderungen eines Waldkindergartens hergerichteter Bauwagen (siehe Abb. 34). Diese Anforderungen beinhalten z.B. Licht und eine Wärmequelle für Herbst und Winter, Sitzmöglichkeiten und Stauflächen für Bücher und Bastelmaterial. In den anderen Fällen war der Unterschlupf ein Raum in einem Gebäude oder ein eigenständiges Gebäude, das nur für die Nutzung des Waldkindergartens zur Verfügung stand.

Abb. 34: Typischer Bauwagen in einem Waldkindergarten. Foto: Schäffer 2009.

Beiträge im Waldkindergarten

Die Finanzierung von Kindertagesstätten in NRW wird über das Kinderbildungsgesetz (KiBiz) geregelt. Dabei erhalten die Kindertagestätten nach § 20 Abs. 1 KiBiz, Betriebskostenzuschüsse über das Jugendamt und je nach Finanzsituation der Stadt oder Kommune teilweise noch weitere Zuschüsse. Die Eltern entrichten an das Jugendamt Kindergartenbeiträge, die sich nach der betreuten Zeit der Kinder richtet (25–45 Stunden pro Woche) und nach dem Einkommen der Eltern. In den meisten Fällen müssen diese Zuschüsse bei den Waldkindergärten von den Eltern noch durch weitere Beiträge und/ oder Mitgliedschaft im (Förder-)Verein des Waldkindergartens ergänzt werden (siehe Tab. 8).

Kinder in Waldkindergärten

Die insgesamt 327 Kinder verteilten sich auf 18 bis 44 Kinder pro Einrichtung. Durchschnittlich besuchten 19 Kinder im Waldkindergarten eine Gruppe mit einer Schwankung von 17 bis 25 Kindern. Die Altersstruktur umfasste in zehn Einrichtungen Kinder im Alter von drei bis sechs Jahren und in drei Einrichtungen

Kinder im Alter von zwei bis sechs Jahren. In allen Waldkindergärten bemühte man sich um ein ausgewogenes Geschlechterverhältnis der Kinder, in sechs Waldkindergärten war dies auch gelungen, in fünf Fällen gab es einen Jungenüberschuss, in einem einen Mädchenüberschuss. Der soziale Hintergrund der Eltern wurde von 13 Erzieherinnen beschrieben. In acht Waldkindergärten (P6, P7, P9–P11, P13, P15, P16) waren ein Großteil der Eltern Akademiker oder höher gebildet und/ oder selbständig bzw. freiberuflich tätig. P7, P10 und P13 beschrieben die Eltern der Waldkindergartenkinder als bürgerlich bzw. der Mittelschicht angehörig. P12, P14, P17 und P18 berichteten über einen sehr gemischten sozialen Hintergrund der Eltern.

4.1.2 Qualitative Interviews mit den Erzieherinnen in Waldkindergärten

Schwerpunkt in den Interviews waren insbesondere die Auswirkungen durch den Aufenthalt im Waldkindergarten auf die Gesundheit sowie einzelne Komponenten, die hierfür eine Rolle spielen. Die auf den folgenden Seiten erläuterten 22 Themen der qualitativen Interviews sind in Tab. 10 zusammengefasst, wobei die Punkte a.-v. der Systematik der Gliederung entsprechen.

Tab. 10: Themen der qualitativen Interviews mit den Erzieherinnen in Waldkindergärten.

a. Effekte auf die Gesundheit
b. Körperliches, mentales und soziales Wohlbefinden
c. Soziales Miteinander
d. Thema Ruhe
e. Thema Gesundheit
f. Thema Bewegung
g. Thema Ernährung
h. Ist Gesundheit ein Auswahlkriterium der Eltern für den Waldkindergarten?
i. Sind Kinder nach Eintritt in den Waldkindergarten gesünder?
j. Fehlzeiten der Kinder
k. Welche Erkrankungen führen zu Fehlzeiten?
l. Sozialer Hintergrund
m. Entwicklung ehemaliger Waldkindergartenkinder in der Schule
n. Thema Natur
o. Jahreszeiten
p. Umgang mit "schlechtem" Wetter
q. Umgang mit Kälte, Hitze, Nässe
r. Empfindung von Langeweile
s. Pädagogische Schwerpunkte
t. Tages- bzw. Wochenplan
u. Verletzungen/ Zeckenbisse/ Prävention
v. Unterschiede zum Regelkindergarten

a. Effekte auf die Gesundheit

Die Frage nach den Effekten des Waldkindergartens auf die Gesundheit und speziellen Gesundheitsaspekten war zunächst durch ein typisches pathogenetisches Bild auf die Gesundheit, d.h. in Assoziation mit Krankheit geprägt. Z.B. erklärte P9:

> *„Also hat das, also Gesundheit, da denkt man ja meistens eher immer an Schnupfen oder so was."*

Sie revidierte aber dieses Bild mit einem salutogenetischen Gesundheitsbild, worauf dann im Weiteren ein Schwerpunkt lag:

„Aber Gesundheit ist eben auch ähm Bewegung. Bewegungsfreudigkeit, ähm Körper ähm Fitness. Und ich glaube einfach, unsere Kinder, wenn man das betrachtet. Wenn man sagt so, ihre Bewegungsabläufe sind viel gesünder, ja."

Oder P15:

„Ne, wenn wir jetzt nicht von den klassischen Krankheiten sprechen, sondern ich fühle mich gesund, ich fühle mich stark, ich fühle mich wohl in meinem Körper."

b. körperliches, mentales und soziales Wohlbefinden

Nach der Gesundheitsdefinition der WHO (siehe Kapitel 1.1.1) werden die Dimensionen körperliches, mentales und soziales Wohlbefinden in die Betrachtung von Gesundheit eingeschlossen. Diese drei Dimensionen konnten auch in den Antworten der Erzieherinnen identifiziert werden. P8, P9 und P15 gingen mit ihrer Antwort auf alle drei Dimensionen ein:

„Ähm, ja sowohl auf körperlicher Ebene als auch auf geistiger und seelischer Ebene. ... Also auf allen Ebenen denke ich, dass das einfach nur gesund ist für die Kinder. ... Rundum." (P8)

„Aber gleichzeitig einfach auch, dass die Kinder so ihrem Bewegungsdrang, den sie ja natürlich haben einfach ausleben können. ... Und das Ganze sage ich mal ja sich auf den Körper positiv auswirkt. ... Also sie sind nicht gezwungen irgendwie, äh sich zu verkrampfen oder irgendwie so etwas, sondern können es ausleben. ... Ähm, und die Entwicklung ähm. Ich sag' mal so, wenn sich das Ganze, so auf diese natürliche Art und Weise, ähm positiv auf den Körper auswirkt, ähm, ist man auch ganz offen für andere Dinge. Und kann dann auch viel mehr für sich nutzen. ... Also auch mitbekommen. Und die Konzentration kommt dann zum anderen auch noch, ähm dazu. Also das heißt, wenn ich

mich vorher ausgelebt hab' kann ich mich besser konzentrieren. Kann Dinge aufnehmen. ... Und ich glaube das die Kinder, wenn sie diese Sachen ausleben können auch viel gesünder sind." (P9)

„...es gibt schon Eltern, die durchaus sagen, ok mein Kind war jetzt zwei Jahre im Hauskindergarten (Regelkindergarten, Anmerkung der Verfasserin) oder drei und ich möchte gerne, dass es noch ein Jahr in den Waldkindergarten geht und die Kinder machen einen Entwicklungsschub. Weil die hier anders angesprochen werden, durch die Umgebung, als in einem Hauskindergarten. Da kann man jetzt sagen, wie nennt man das „anders"? Also es spricht andere Potentiale an. Ob das vielleicht nochmal was ausbalanciert, reguliert oder so, ob das im Bereich der psychischen Gesundheit oder Gesundheit z.B. durch motorische Impulse, weil meistens holen die hier richtig motorisch noch was auf, ne. Ähm, dass das so ein Gesundheitsgefühl steigert." (P15)

Schwerpunkte in den Interviews lagen auf der körperlichen Dimension mit Bewegung bzw. Koordination und Einflüssen auf das Immunsystem.

Körperliche Bewegung wurde von drei Vierteln der Erzieherinnen angesprochen (P6–P10, P14–P18) wie z.B. von P14:

„Ja zum einen von der Motorik her, ne einfach Muskeln stärken, Koordinationsfähigkeit, Hand-Fuß, Hand-Auge wie auch immer Koordination. Einfach sich fortbewegen können, auch wenn's schwieriger Untergrund ist."

Der Wald bietet Anregungen zur Bewegung und auch die Möglichkeit diesen Bewegungsdrang auszuleben:

„...und die Bewegungsmöglichkeiten hier einfach anders sind. ... Als in diesen beengten Räumen, wo man halt auch die

Turnhalle mit 50 Kindern nutzen muss. Das ist dann einfach auch Wahnsinn.“ (P10)

Weiterhin unterstrichen nahezu die Hälfte der Erzieherinnen (P6, P9, P13, P14, P16, P18) frische Luft bzw. Sauerstoff als einen Faktor für das körperliche Wohlbefinden. Temperaturreize wurden von zwei Erzieherinnen (P10, P13) genannt.

Sieben Erzieherinnen (P7, P9, P10, P12, P16–P18) beobachteten positive Effekte auf das Immunsystem und geringe Erkrankungsraten unter den Kindern. Diese Effekte wurden erklärt durch

- Vermeidung von Aufenthalt in geschlossenen, warmen Räumen, welche rasches Ausbreiten von Krankheitserregern begünstigen,
- ein durch Temperaturreize gestärktes Immunsystem (vgl. Kneipp, 1890; Uehleke, 2009) und
- Rekonvaleszenz bis zur vollständigen körperlichen Leistungsfähigkeit.

Kinder müssen vollkommen gesund sein, um den Anforderungen im Wald gerecht zu werden. Dazu P10:

„Und ein Kind mit Fieber kann hier nicht mit in den Wald....und (die Kinder) kommen auch erst wieder, wenn die Eltern merken, die Stabilität ist jetzt wieder da.“

Als Auslöser für Einschränkungen des körperlichen Wohlbefindens wurden Lästlinge (Mücken), Schädlinge (Eichenprozessionsspinner) und Vektoren (Zecken) genannt (P8, P12, P17). Hierzu erfolgte in jedem Waldkindergarten intensive Elternarbeit bezüglich z.B. Prävention oder dem Erkennen von Symptomen.

Positive Auswirkungen auf das <u>mentale Wohlbefinden</u> hatten laut Erzieherinnen das Spiel nach aktuellen Interessen im eigenen Tempo ohne Hektik und Reizüberflutung (siehe Abb. 35).

„... wir haben den Vormittag Zeit und können selber das Tempo und somit auch die Langsamkeit ja bestimmen, ne. ...

Und damit auch die Intensität von Prozessen ja steuern. Und ähm, das finde ich ist einfach, wenn die Kinder lernen, dass die das selber eben auch für sich steuern können und da eine gewisse Ruhe auch erleben. Wenn sie sagen, ich kann Prozesse verlangsamen, ich kann jetzt hier intensiv bleiben und forschen und gucken und umdrehen und nochmal nachmessen und so.“ (P15)

Abb. 35: Vorbereitungen für einen Staudamm. Foto: Schäffer 2015.

„Dieses Spiel ohne Reizüberflutung, das macht auf jeden Fall. ... Dieses fünf Stunden alleine an der frischen Luft sein, bei jedem Wetter. ... macht auch, hat auch einen gesundheitlichen Aspekt. Dieses, diese Gelassenheit. Also, wenn sie sich einmal umgucken, wie gelassen die da... Ich glaube, dass tut der Seele so gut. Das Grün, das tut der Seele so gut (lacht).“ (P8)

Weiterhin wurden Aspekte wie Freiheit, Selbstbestimmung und Gelassenheit genannt (P7–P9, P13).

„Ähm ein Großteil auch, dass sie Ruhe und Aktivität auch selber bestimmen und entwickeln können.“ (P7)

Ganzheitliche Aspekte wurden eingebracht durch z.B. eine *„natürliche Sinneswahrnehmung*“ (P17). P15 sah den Ablauf im Waldkindergarten als einen Teil von *„natürlichen Prozessen und Zeitabläufen*“.

Soziales Wohlbefinden wurde vorwiegend durch den engen Kontakt zu den Eltern unterstützt, z.B. über ständige Rückmeldungen zu dem Wetter angepasster Kleidung (P6) oder dem aktuellen Stand zu Verhalten mit Zeckenkontakt (P12). Aspekte zur sozialen Kompetenz unter den Kindern wurden bei der folgenden Betrachtung des sozialen Miteinanders eingehender beantwortet.

c. soziales Miteinander

Zehn der dreizehn Erzieherinnen beschrieben ein hilfsbereites, herzliches soziales Miteinander bzw. enges Verhältnis zwischen den Kindern (P6, P8–P10, P12–P16, P18).

„Also das ist schon auch ein liebevolles Miteinander. Das ist harmonisch und liebevoll.“ (P8)

Dieses Miteinander wurde von P9 und P16 so erklärt:

„Und dieses Erleben der Gruppe ist eigentlich eine Sache, die uns sehr wichtig ist und die Kindern so ein Gutes, ja ein familiäres Gefühl auch entwickeln können hier.“ (P9)

„Die Kinder haben ein ganz starkes Gruppengefühl, weil man geht halt auch bei jedem Wetter durch dick und dünn.“ (P16)

P8 und P18 begründeten dies mit den Ritualen der Zusammenkunft am Morgen und am Mittag:

„Und die Kreise sind uns auch eben sehr wichtig. ... Weil die eben auch Gemeinschaftsgefühl vermitteln und das sind immer so Zeiten im Tagesablauf.“ (P18)

„Dann wird eben geguckt, wer nicht da ist ähm also dann bei der Begrüßung haben wir dann auch gesehen, dass jedes Kind persönlich angesprochen wird auch. Wir haben auch gesehen, wer da ist und dann wer nicht da ist und warum die nicht da sind. Weil die dann auch weiterhin so Bestandteil der Gruppe sind.“ (P8)

Das starke Gruppengefühl ließ sich ebenfalls durch die häufige Organisationsform einer Elterninitiative erklären. Auch spielten viele Kinder am Nachmittag gerne zusammen.

Das soziale Miteinander war geprägt vom alters- (P8, P15, P18) und geschlechts-übergreifenden (P8, P9) Spiel.

„Also geschlechterübergreifend, dass die miteinander spielen. Es kann auch sein, dass sich der älteste Junge mit dem jüngsten Mädchen (am Nachmittag, Anmerkung der Autorin) verabredet.“ (P8)

Wobei die Sprache als zentrales Element für soziale Interaktion im Waldkindergarten von P6, P9, P10 und P13 gesehen wurde.

„Erzählen können die eigentlich alle, alle recht gut. ... Und auch äh Dinge beschreiben sowieso, weil natürlich im Wald müssen die natürlich auch ganz anders ihre Dinge, mit denen sie spielen, beschreiben. ... Damit der Spielpartner überhaupt weiß, was das jetzt ist. Ist das jetzt ein Auto, der Stock. Oder ist der Stock jetzt ein Flugzeug oder ein Zauberstab oder...“ (P9)

Aus diesen Einzelaspekten resultierte dann u.a. die Aufmerksamkeit für die Gruppe:

„Die passen schön aufeinander auf.“ (P16)

„Also es gibt natürlich Kinder, die stärker, das haben. Bewusstsein und Bescheid sagen, wer weint oder so. Aber gestern hatte ich auch eine tolle Situation, da haben wir Fußball

gespielt und dann ist so ein Kleiner, der immer ein bisschen reinläuft, zwar mitspielt, aber noch nicht so wirklich Fußball spielen kann, der saß am Rand und weinte. Da sagte ein großes Kind „Spielstopp" hier weint jemand. Das fand ich total schön, ne, so. ... Und dann haben wir das geregelt und dann konnten wir weiter spielen." (P6)

„Wie lange ist so ein Stock, wie hoch ist das Gewicht, was ich tragen kann. Wie muss ich den in der Hand haben, dass ich den ja, dem anderen nicht an die Ohren haue, ne. ...Das finde ich schon, das sind Dinge, die die Kinder hier auch nebenbei wirklich auch erfahren." (P7)

Neben den Freiräumen gibt es auch strikte Regeln, die befolgt werden müssen, wie z.B. im Umgang mit Stöcken oder Taschenmessern. Die Kinder akzeptieren und befolgen diese Regel zur Unfallprophylaxe und lernen, dass es unvorhersehbare Ereignisse im Wald gibt (Schede, 2000).

d. Ruhe

Das Thema Ruhe wurde nicht explizit in den Interviews von der Autorin abgefragt, da es jedoch von sechs Erzieherinnen (P6–P8, P10, P15, P17) angesprochen wurde und die Gesundheitsaspekte vertieft, wird an dieser Stelle ein Überblick der Aussagen geboten. P6, P8, P10 und P17 berichteten über die geringere Lautstärke bzw. Lärmpegel und eine geringere Reizüberflutung (P8, P10) im Waldkindergarten im Gegensatz zu Regel-kindergärten. Dies führte dazu, dass die Kinder ruhiger und ausgeglichener waren (P6, P8).

„Das tut denen einfach nur so gut. Die ruhen so einfach in sich." (P8)

Die Kinder konnten auch ihre Spiele in Ruhe bzw. störungsfrei entwickeln (P10, P15) (siehe Abb. 36).

Abb. 36: Vertieft im Spiel mit Matsch. Foto: Schäffer 2009.

Sprache wurde von den Kindern als Mittel zur Entschleunigung bzw. Beschleunigung von Prozessen und zur Gestaltung von selbst geschaffenen Räumen eingesetzt.

> *„Und das wird alles kommuniziert. ... Und damit auch die Intensität von Prozessen ja steuern. Und ähm, das finde ich ist einfach, wenn die Kinder lernen, dass die das selber eben auch für sich steuern können und da eine gewissen Ruhe auch erleben. Wenn sie sagen, ich kann Prozesse verlangsamen, ich kann jetzt hier intensiv bleiben und forschen und gucken und umdrehen und nochmal nachmessen und so. Ähm, dass das was ist, was die später einfach total gut gebrauchen können. ... Diese Erfahrungen. Und das denke ich, das ist ein großer Unterschied von Waldkindern zu anderen Kindern."* (P15)

P7 berichtete von dem sogenannten Waldradio, bei dem für wenige Minuten ähnlich einer Meditation nur auf die Geräusche des Waldes gehört wird. P8 nannte unterschiedliche Aspekte wie den friedlichen Nestcharakter im Bauwagen, der zum Spiel bei einer schlechten Wettersituation aufgesucht wurde.

e. Gesundheit

Es liegen elf Aussagen von Erzieherinnen dazu vor, wie das Thema Gesundheit mit den Kindern bearbeitet wurde. Die dominierenden Themen waren Ernährung, Bewegung, Temperaturhaushalt und Hygiene. Die gesunde Ernährung (siehe Abb. 37) wurde von neun Erzieherinnen (P6, P7, P9, P10, P12, P13, P15–P17) mit den Kindern besprochen. Bezüglich gesunder Ernährung deckten sich die Ansichten der Erzieherinnen mit denen der Eltern.

> *„Sondern die haben einfach auch von ihrem Frühstück, was die mit haben, sehr gesunde Sachen mit. Und die Eltern legen auch sehr viel Wert darauf. ... Ich glaube, das ist einfach so. Ich glaube, das ist einfach, das kommt ihnen nochmal zu Gute."* (P9)

Abb. 37: Gemeinsames Frühstück. Foto: Schäffer 2009.

Gesunde Ernährung floss dabei auch über z.B. Süßigkeiten in das Thema Zahnpflege mit ein (P6, P7, P12, P17).

Der Tagesablauf im Waldkindergarten war mit Bewegung verknüpft (siehe unten f) Bewegung). Spezielle Bewegungsangebote hatten P6, P7, P13, P15 und P17 in Bezug auf Gesundheit beschrieben. Diese wurden auch in Verbindung mit dem Temperaturhaushalt bzw. Bekleidung genannt (P7, P10, P14, P15–P17). Insbesondere im Winter war die Wahrung der Körpertemperatur ein wichtiges Thema in den Waldkindergärten. Diese wurde über Bewegung, geeignete Kleidung und von außen zugeführte Wärme erreicht. Das hieß, das Frühstück, bei dem ruhig gesessen wurde, nahmen die Kinder im beheizten Raum ein und tranken dazu warme Getränke. Mit dem Temperaturempfinden und der Entscheidung, Kleidung an- oder abzulegen, war die Feststellung der eigenen Bedürfnisse verbunden.

„Und ich meine, sonst ist beispielsweise auch Gesundheit, dass die darauf achten, ja auf ihren Körper zu hören. In dem sie halt so `Wenn mir wieder kalt ist, muss ich was anziehen, ne´. So dass sie selber ein Gespür dafür kriegen, was brauche ich denn jetzt, ne.“ (P16)

Hygiene bzw. Infektionsprophylaxe wurde von P8 und P14–P16 genannt, dabei wurde das Händewaschen unter den speziellen Voraussetzungen im Wald (siehe Abb. 38 und Abb. 39) von P7 und P16 beschrieben.

„Ähm, die Kinder kennen die Kinderkrankheiten so wie Masern, Scharlach. Sie lernen auch, warum nutzen nicht alle ständig ein Handtuch. ... Ne, so. Das nicht alles übertragen wird, Bakterien und so weiter. Die ganzen Bakterien, die man nicht sehen kann und so. Deswegen trinken wir auch nicht, also zwei Kinder aus einem Becher.“ (P15)

Abb. 38: Händehygiene vor der Frühstückspause, Beispiel 1. Foto: Schäffer 2009.

Abb. 39: Händehygiene, Beispiel 2. Foto: Schäffer 2009.

f. Bewegung

Zehn Erzieherinnen machten Angaben zum Thema Bewegung bzw. zu Bewegungs-angeboten. Der Ablauf im Waldkindergarten war mit einem hohen Aktivitätsniveau verbunden. Die Bewegung durch die tägliche Wegstrecke zu einem Platz im Wald wurde durch unterschiedliche Untergrundstrukturen, das Aufsuchen von Hindernissen oder den Aufbau von Konstruktionen zum Klettern, Balancieren oder Schaukeln am Platz zusätzlich unterstützt.

„Dann gehen wir auch ganz bewusst mit den Kindern über Baumstämme. Ähm oder klettern unten durch oder krabbeln unten durch oder balancieren darüber, wenn es der Stamm denn

auch zulässt und es nicht gefährlich ist. Ähm und wir haben Seile, so Seilkonstruktionen. ... Wo die Kinder dann eben auch nochmal aktiv klettern können und sich bewegen können und ähm Gleichgewichtsübungen machen können.“ (P12)

Dabei wurde von P13 nicht nur die Quantität an Bewegungsangeboten hervorgehoben, sondern auch die Qualität:

„Jedes Kind muss wandern, aber auch der Waldboden ist für die Koordination. Das kann man gar nicht so nachbauen, das ist im Wald natürlich gegeben.“

P18 sah diese positiven Aspekte auch unter präventivem Charakter:

„Und dass das auch alles für die Entwicklung so motivierend ist und die körperliche Entwicklung, ich denke, das ist ja auch, gerade jetzt, weil viele Kinder ja immer auffälliger werden und manche Sachen gar nicht mehr können.“

Was P11 zusammenfasste mit:

„Ja, Prävention ist ja im Prinzip der ganze Waldkindergarten.“

g. Ernährung

Gesunde Ernährung wurde in den Waldkindergärten regelmäßig angesprochen. Zehn Erzieherinnen machten hierzu Angaben. In einigen Waldkindergärten gab es überdies spezielle Angebote. Bei P7 stellte jedes Kind in der regelmäßig stattfindenden sogenannten Fragerunde die Inhalte der eigenen Brotdose vor und weckte damit bei anderen Kindern die Neugier, andere Lebensmittel kennen zu lernen.

„...ich kann erzählen, was ich mit hab' und gucken was hat der andere mit. Macht schon mal neugierig darauf, ne. Also wenn jetzt mal jemand Physalis mit hat oder, ne. Erst mal das

Wort zu finden, zu kennen. ... Zu probieren, ne. Und ja, vielleicht auch mal zu sagen: Hey möchte ich auch mal essen..."(P7)

Bei P10 lief ein ganzes Kochprojekt, wo z.B. aus von den Kindern mitgebrachtem Lieblingsgemüse Suppe über dem Feuer gekocht wurde. Die Vitaminpatenschaft bei P14 erlaubte dem Kindergarten für ein wöchentliches Budget Obst und Gemüse bei einem Einzelwarenhändler einzukaufen, wobei über die Auswahl unter den Kindern wöchentlich demokratisch abgestimmt wurde. Daraus resultierte ein frühes Bewusstsein, bzw. die Vorliebe für gesundes Essen durch die Kinder.

„Beim Mittagstisch ist uns aufgefallen, dass die Kinder Puddings sämtlicher Art eigentlich gar nicht so mögen. ... Die wollen lieber frisches Obst..." (P7)

In Bezug auf die Jahreszeiten gab es Besonderheiten im Waldkindergarten.

„Im Winter, warme Getränke. Was dem Körper gut tut bei unterschiedlichen Temperaturen." (P13)

Der Umgang mit Süßigkeiten bzw. süßem Brotaufstrich wurde unterschiedlich gehandhabt. Hier reichte die Bandbreite von einem strikten Verbot, auch da z.B. Wespen nicht angelockt werden sollten (P15, P18), über genau einen Nachtisch (P7) bis zu gar keinen Vorgaben (P8). Das Frühstück im Rucksack der Kinder war zumeist nach aktuellen Ernährungsempfehlungen von den Eltern zubereitet.

„Die Kinder essen halt eben auch nur, ja gesundes Frühstück. Viel Gemüse und Obst, Butterbrote, keine Milchschnitte, keine Drinks, Yoghurtdrinks. Weil, das geht einfach auch nicht im Wald." (P10)

h. Ist Gesundheit ein Auswahlkriterium der Eltern für den Waldkindergarten?

Auf die Frage, ob für die Eltern die Gesundheit ihrer Kinder ein Auswahlkriterium für den Waldkindergarten war, stimmten alle dreizehn Erzieherinnen überein. Acht (P7, P8, P9, P10, P13, P15, P16, P18) sahen Gesundheit als ein wichtiges Argument für den Waldkindergarten. Als Gründe wurden hierfür neben geringen Infektionsraten (P9) bzw. Abhärtung (P18) auch ganz konkrete Erkrankungen wie Allergien und Aufmerksamkeitsdefizit-/Hyperaktivitätsstörung (ADHS) (P8, P13), Wahrnehmungs-störungen (P13) oder große Bewegungsfreude eines Kindes (P16) angeführt. P13 erläuterte, dass zur Regulierung dieser Störungen der Besuch eines Waldkindergartens teilweise auf die Empfehlung von Kinderärzten zurückging. Aus der Sicht von P8 war die Ruhe im Wald (siehe auch Thema Ruhe) auch ein Aspekt für die Auswahl des Waldkindergartens:

> *„Dass die sich auch davon versprechen, dass die Kinder, ja gesunden können durch einen Aufenthalt im Wald und durch die leise, durch die Lautstärke die leise Stärke (lacht). ... Durch die mangelnde Reizüberflutung."*

P15 setzte sich sehr intensiv mit der Erholungs- und Entspannungsfunktion des Aufenthaltes in der Natur auseinander:

> *„...draußen sein bedeutet für Eltern, für uns Erwachsene oft: sich erholen. ... Neue Kräfte sammeln, entspannen, aufzuhören mit dem Grübeln, den Kopf wieder frei kriegen, sich vielleicht sogar bewegen, durchs Laufen und Rad fahren. Also so, sozusagen die Eintrittskarte des Arbeitslebens, den Druck abzugeben und zu entspannen. ... Das bedeutet für Eltern oft oder für Erwachsene überhaupt: Ich gehe nach draußen. Man kann das jetzt Gesundheit nennen, Entlastung, psychische Entlastung ähm, wie auch immer, ich wüsste nicht wirklich den richtigen Begriff dafür. ... Aber ich glaube, dass wir genau das*

eben auch den Kindern ermöglichen wollen. Nach dem Motto: Ich darf manchmal raus und mein Kind darf jeden Tag raus.“

Für P6, P12, P14, und P17 standen jedoch andere Gründe im Mittelpunkt der Entscheidung der Eltern für den Waldkindergarten wie z.B. die geringe Gruppengröße.

> *„Ja. Ich glaube mit, also mit ein Auswahlkriterium. Also nicht ausschlaggebend. Das glaube ich nicht. Also ich glaube, da ist eher so die Natur ausschlaggebend und der Personalschlüssel hier. Und ich sage mal, wir haben hier so ein kleines Inselchen.“* (P12)

i. Sind die Kinder nach Eintritt in den Kindergarten gesünder?

Die Frage, ob Kinder im Waldkindergarten seltener wegen Krankheit fehlen, wie von Grahn et al. (1997) postuliert, konnte im Rahmen der qualitativen Interviews nicht geklärt werden. Es lagen zur Frage, ob die Kinder nach Eintritt in den Kindergarten gesünder sind als vorher, neun Aussagen vor. Die meisten Erzieherinnen (P6, P7, P8, P12, P15) konnten keine direkten bzw. genauen Angaben machen. Zwei Erzieherinnen (P13, P14) stimmten uneingeschränkt zu, dass Kinder seltener erkrankten und zwei weitere (P10, P12) gaben entsprechende Aussagen der Eltern wieder.

> *„..., als wir die zweite Gruppe gegründet haben, hatten wir auch Kinder aus anderen Kindergärten, die dann zu uns gekommen sind. Wo die Eltern auch ganz deutlich gesagt haben, nee der wird gar nicht mehr krank.“* (P10)

Weiterhin berichtete P10 von der eigenen Abwehrstärkung:

> *„Also ich merk's selber auch, ich bin in den letzten, in den letzten vier Jahren ja höchstens einmal im Jahr erkältet. ... Und ich hab' vorher in einer Kindertagesstätte gearbeitet. ... Da hatte ich früher zehn Erkältungen im Jahr. Und das ist ein ganz deutlicher Unterschied.“*

P14 begründete dies so:

> *„Also die Erkältungen werden weniger und ähm, so klassische Kinderkrankheiten, wie z.B. Scharlach, da hatten wir einen einzigen Fall, der war allerdings auch aus einer Turngruppe oder so was, vom Kinderturnen eingeschleppt und das hat sich bei uns einfach nicht weiter verbreitet. ... Einfach, weil wir uns nicht in der Heizungsluft anhusten."*

Auch im Rahmen dieser Fragestellung wurde von den Erzieherinnen betont, dass der Wald andere Potentiale fördert (P15) als der Regelkindergarten. So lernten die Kinder z.B. auf ihre körperlichen Bedürfnisse zu hören (P8) und Strategien einzusetzen, damit sie erfüllt waren wie z.B. im Rahmen des Temperaturhaushaltes.

j. Fehlzeiten der Kinder

Zum Thema Fehlzeiten lagen die Aussagen von elf Erzieherinnen vor. Dabei gaben P6, P8, P10, P12, P14–P16 an, dass durchschnittlich 0 bis 4 Kinder aus der Gruppe fehlten. Ausfallzeiten wurden von P7 und P18 unspezifisch als eher gering bezeichnet. Dies war neben Krankheit aber häufig durch verlängerte Urlaube oder „Pausentage" begründet. Wenn die Kinder einmal wegen Krankheit zu Hause blieben, dann lag hier die Dimension von ein bis zwei Tagen bis zu einer Woche, damit die Krankheit richtig auskuriert und Rückfälle vermieden wurden.

Es gibt keine Datengrundlage zu durchschnittlichen Ausfallzeiten von Kindern in deutschen Kindergärten. In zwei schwedischen Untersuchungen konnten für Kinder, die unter dem Konzept „I ur och skur" (draußen bei jedem Wetter) betreut wurden, im Gegensatz zu Kindern in Regelkindergärten, signifikant geringere Fehlzeiten nachgewiesen werden (Patrik Grahn, 1997; Söderström & Blennow, 1998).

k. Welche Erkrankungen führen zu Fehlzeiten?

Zur Frage, welche Erkrankungen am häufigsten zu Fehlzeiten der Kinder führten, liegen die Aussagen von acht Erzieherinnen vor. Alle Acht (P6–P8, P12–P15,

P18) gaben grippale Infekte wie Schnupfen, Halsschmerzen und Fieber an, vier Mal wurden Magen-Darm-Infekte (P6, P13–P15) genannt und eine gab an, dass es vereinzelt Windpocken-Infektionen (P7) gab. Von P6 wurde nochmals betont, dass im Gegensatz zum Regelkindergarten auch schon leichtes Unwohlsein der Kinder dazu führe, dass sie zu Hause blieben.

> *„Wenn die sich nicht richtig wohl fühlen, bleiben die zu Hause.“* (P6)

l. Sozialer Hintergrund

Der soziale Hintergrund der Eltern der Waldkindergartenkinder wurde von 13 Erzieherinnen beschrieben. Ein Großteil der Elternhäuser der Waldkindergartenkinder gehörte der gehobenen Mittelschicht mit gehobenem Bildungsniveau an, was mit gesunden Ernährungsgewohnheiten und einem hohen Level an körperlicher Aktivität korreliert (Loss & Leitzmann, 2011). Die Erzieherinnen waren sich ebenfalls dieses Zusammenhangs bewusst:

> *„Aber ich glaub', wir haben da nicht so die Schwierigkeiten. Die Kinder sind eigentlich schon im Vorfeld durch ihre Eltern auch schon so erzogen.“* (P9)

> *„Sagen wir mal so, die haben alle ein Elternhaus. ... Wo das auch schon klar ist. Also bei uns findet man keine, ich weiß nicht, ein richtig ungesundes Frühstück in der Brotdose.“* (P8)

In vier Waldkindergärten (P6, P9–P11) war ein Großteil der Eltern Akademiker und/ oder waren selbständig bzw. freiberuflich (P6, P9) tätig. P7, P10 und P13 beschrieben die Eltern als bürgerlich bzw. der Mittelschicht angehörig. P8, P12 und P14 berichteten von einem sehr gemischten sozialen Hintergrund der Eltern. Das große Engagement bzw. Interesse war jedoch bei allen Eltern bemerkbar, so P8, P11, P13 und P15. Hierzu P15:

> *„Also, es sind schon Eltern, die eine ganz professionelle Entscheidung gemacht haben, ihr Kind hierher zu bringen und das bedeutet auch, dass sie sich für das Thema Erziehung ihrer*

Kinder interessieren. Ähm, das wiederum gibt einen Hinweis darauf, dass es eben durchaus selbst relativ gut ausgebildete Eltern sind.“

P 8 führte als Indikator hierfür die gut besuchten Elternabende an:

„Also von jedem Kind ist mindestens ein Elternteil da. Wenn nicht doppelt.“

Dies war sicherlich auch geprägt durch die Organisationsform als Elterninitiative, die in vielen Waldkindergärten vorherrschte und mit einem hohen Informationsaustausch verbunden war.

„...ja mit einem gewissen Anspruch. Also wir kommunizieren mit den Eltern z.B. pädagogische Inhalte, unser Konzept, Medien, mit denen wir arbeiten, alles per E-Mail in unseren Elternbriefen. Das heißt auch mit diesem Medium müssen wir umgehen können. Wir müssen reden können und das auch verstehen. Und ähm das immer finde ich in einer relativ erwachsenen Sprache auch. So, ne. Und das ist sicher auch ein Medium, was man so in einem Hauskindergarten (entsprechend Regelkindergarten, Anmerkung der Autorin) sicherlich auch nicht so findet. Das hat nichts mit dem Haus zu tun, sondern mit dem Klientel...des Waldkindergartens, natürlich, ne.“ (P15)

Allen Waldkindergärten gemein war, dass es kaum Kinder mit Migrationshintergrund gab. Im Verlauf einer Hospitation wurde das von einer Erzieherin damit begründet, dass diese Eltern ihren Kindern im Kindergarten gerne materiell etwas „bieten“ wollen. Ein Kindergarten mit schöner Ausstattung, bzw. vielen Spielsachen, entsprach jedoch nicht dem Konzept der Waldkindergärten. Weitere Aussagen unterstrichen, dass ein repräsentatives Gesellschaftsabbild durch die Zusammensetzung der Gruppe gewünscht war. Der Besuch durch Kinder z.B. vollzeit berufstätiger oder alleinerziehender Eltern war zum Zeitpunkt der Interviews jedoch durch organisatorische Aspekte schwierig zu bewerkstelligen. Viele Waldkindergärten hatten zur Mittagszeit geschlossen und bei Erkrankungen mussten Kinder bis zur vollständigen Genesung zu Hause bleiben, was erforderte, dass nur ein Elternteil berufstätig war, bzw. flexible Arbeitszeiten hatte oder auf ein breites Netz an alternativen Betreuungsmöglichkeiten zurückgriff. Zusammenfassend kann aus der Befragung somit geschlossen werden, dass ein Großteil der Kinder über einen gehobenen sozioökonomischen Hintergrund verfügte.

m. Entwicklung ehemaliger Waldkindergartenkinder in der Schule

Der positive Zusammenhang von Aufenthalt im Freien und guter Konzentrationsfähigkeit von Vorschülern wurde in zwei schwedischen Studien nachgewiesen (Kytta, 2004; Mårtensson et al., 2009). In der vorliegenden Studie liegen Aussagen von sieben Erzieherinnen zur Entwicklung ehemaliger Waldkindergartenkinder in der Schule vor. Es bestanden zu vielen Ehemaligen langfristige Kontakte (P6, P12, P14). Als Gelegenheiten für Kontakte von ehemaligen Waldkindergartenkindern zum Waldkindergarten wurden Kooperationen mit den Grundschulen (P14), Einladungen zu Festen oder Ferienzeiten genutzt (P6). Alle Erzieherinnen berichteten von positiven Rückmeldungen aus der Grundschule bzw. zum Sozialverhalten der ehemaligen Waldkindergartenkinder.

> *„Also bei denen läuft das jetzt total gut mit der Schule. ... wo die Lehrer total begeistert sind."* (P6)

P7 sah dies differenzierter:

> *„Die schulische Leistung ist eben unterschiedlich."*

Die Kinder konnten sehr gut still sitzen (P8). Die gute Konzentrationsfähigkeit wurde von P10, P12 und P18 hervorgehoben. P18 berichtete,

> *„dass die Kinder offen sind, neugierig. ... Und bereit sind, Lösungsmöglichkeiten zu entwickeln oder andere dazu anzuregen, Lösungsmöglichkeiten selber zu entwickeln."*

P10 ergänzte, dass ehemalige Waldkindergartenkinder

„eine emotionale Stabilität mitbringen. Sprachlich sehr weit sind, sich sehr lange konzentrieren, viel Ausdauer haben, sozial einfach super kompetent sind. ... Das sind so die, was wir von den Schulen immer so zurück gemeldet bekommen. Dass die eben auch mal von sich aus helfen und sagen: Komm ich mach das mal. Oder ähm, ich unterstütze dich und ähm bereit sind auch Aufgaben zu übernehmen und ähm ja damit auch einen ganz anderen Blick auf die Gruppe haben."

Sie konnten sich gut in die neue Gruppe integrieren (P6) und befolgten Anweisungen, da sie die Fähigkeit hatten, die Notwendigkeit von Anweisungen zu verstehen (P8). Weiterhin schulte der Aufenthalt im Waldkindergarten die Lebenskompetenz. Dadurch, dass die Kinder ihre Verpflegung im Rucksack bei sich hatten, mussten sie diese beim gemeinsamen Frühstück auspacken und hinterher auch wieder alles verstauen. Diese Fähigkeiten kamen ihnen in der Schule zu Gute.

„Also, was auch so die Ordnung anbelangt. Die Lehrer sagen uns immer, dass die Kinder sich sortieren können. D. h. wenn die Lehrer sagen, packt bitte die Deutsch–Sachen weg und holt die Mathe-Sachen raus, dass die das dann wirklich umsetzen können. Ne, es gibt da einige, die können ihre Sachen nicht auspacken. Und unsere Kinder können das, weil die das tagtäglich hier lernen mit ihrem Rucksack. Die Sachen entsprechend dem Wetter hier einzupacken und zum Frühstück auszupacken und nach dem Frühstück wieder einzupacken. ... Und an alles zu denken." (P12)

Neben sozialen Aspekten wurde auch das fundierte Wissen in naturwissenschaftlichen Fächern hervorgehoben (P6, P12):

„Natürlich auch ein sehr großes Wissen dann in Sachkunde." (P12)

P6 scherzte:

„Diese Kinder langweilen sich manchmal im Sachkundeunterricht (beide lachen).“

P8 und P12 berichteten, dass eine Vielzahl der Ehemaligen nach der Grundschulzeit auf die Realschule oder das Gymnasium wechselten, was auch mit dem hohen Anteil an Akademikerkindern in Zusammenhang gebracht wurde.

P6 gab an, dass viele Kinder den Wald vermissen, wenn sie in der Schule sind und P8 erläuterte:

„Denen war es oft zu warm. Die Luft war zu schlecht. ... Und zu laut. Also die Pausen waren grauenhaft laut. Und chaotisch. ... So, da sind die nicht drauf vorbereitet, aber man muss sie nicht in einen Hauskindergarten (entsprechend Regelkindergarten, Anmerkung der Autorin) schicken, damit sie frühzeitig an Lärm gewohnt sind. Also das ist wirklich nicht der richtige Weg (lacht).“

Die Kinder nahmen also weiterhin ihre körperlichen Bedürfnisse wahr und konnten ausdrücken, dass es ihnen zu warm, laut und chaotisch war. Das Bedürfnis, weiterhin viel Zeit im Wald zu verbringen, war bei den meisten Ehemaligen ausgeprägt.

Bezogen auf den Besuch der Grundschule konnten die von Häfner (2002) gefundenen Ergebnisse, dass auch der Waldkindergarten eine gute Grundlage für die Vorbereitung auf die Schulzeit bietet, mittels der in dieser Studie geführten qualitativen Interviews bestätigt werden. Von den Grundschulen wurden ehemalige Waldkindergartenkinder gerne aufgenommen, da

„... das Kriterium Wald, schon eher eine positive Konnotation hat, so als andere Kindergärten.“ (P15)

n. Natur

Zur Frage, ob das Thema Natur mit den Kindern nochmals aktiv angesprochen wurde liegen elf Aussagen vor. Die Natur,

„das ist ja unser Lebensraum sozusagen und eigentlich braucht man es gar nicht immer aktiv ansprechen, weil die Kinder das ja einfach wahrnehmen und entdecken." (P18)

Die tägliche, selbstverständliche Wahrnehmung und Beschäftigung mit der Natur wurde von den Erzieherinnen P7–P10, P12, P14, P15, P17 und P18 genannt.

„Also, das ist so dieser tägliche Umgang mit dem, was sie so vorfinden. ... Das ist eigentlich das. Dass man jetzt bestimmte, gezielte Themen macht, machen wir auch. Aber ich glaube, dieses natürliche, also was finde ich da vor und dann in diesen Situationen darauf einzugehen, ist für die Kinder sinnvoller. Als wenn ich versuche, irgendwelche Themen ständig irgendwo versuche äh, in den Kopf rein zu kriegen, ne." (P9)

Vielfach gab es spezielle Projekte mit Naturthemen (P6, P7, P9, P10, P12, P14, P15, P17, P18). Dies konnte durch auf verschiedene Altersklassen ausgerichtete wissenschaftliche Forschungsarbeiten (P15) (siehe Abb. 40), Ernährungsketten (Froschlaich, Fische, Fischreiher) (P15), Lebenskreisläufe (Brütende Meisen, Igel-Aufzuchtstation, tote Maus) (P15), kreatives Gestalten mit Naturmaterialien (P10) oder aber auch Rollenspiele (P15) erfolgen.

Abb. 40: Dokumentation der Beobachtungen. Foto: Schäffer 2014.

„Wie hängen die Fledermäuse. Da haben sich die Kinder dann in den Pilz (ein Klettergerüst, Anmerkung der Autorin) gehängt wie Fledermäuse, Kopf nach unten, ne. Und wie ist das, wenn die Flügel sich ausbreiten wie ein Skelett. Finger in Anführungszeichen, wo die Flügel drüber gespannt sind, also die sind dem Menschen ähnlich. Ja und solche Dinge sind dran, wenn der Alltag es nahe legt…" (P15)

In einigen Waldkindergärten (P7, P8, P14, P16) begleiteten Bestimmungsbücher für Pflanzen und Tiere den Weg der Gruppe durch den Wald, sodass sofort vor Ort auf Fundstücke bzw. Fragen der Kinder eingegangen werden konnte. Naturschutz wurde über Themen wie Amphibienschutz (Kröten über Straßen tragen) (P7), Bäume und Pflanzen nicht mutwillig zu zerstören (P8) oder das Einsammeln von Müll (P9) thematisiert.

o. Jahreszeiten

Die Jahreszeiten „kann man im Wald einfach nicht ausschließen" (P16). Sie wurden „hautnah" (P15) über die fünf Sinne erlebt wie z.B. das Hören von Vogelstimmen (P7), das Riechen der Blüten (P10) das Schmecken von Holunderblüten im Pfannkuchenteig (P15), das Fühlen von Temperatur (P9–P11, P15), das Sehen von Knospen (P10) oder unterschiedlichen Lichtverhältnissen (P15, P16). Weiterhin gehörten Veränderungen in Flora und Fauna (P6, P7, P9, P10, P12, P15, P16, P18) „automatisch" (P7) zum Alltag im Waldkindergarten. Teilweise wurden die Jahreszeiten mit entsprechenden Festen begrüßt oder ausgetrieben (P11, P14, P18). In allen Waldkindergärten wurden jedoch von den Kindern gemachte Beobachtungen oder Erlebnisse bezüglich der Jahreszeiten aufgegriffen und über Bücher (P6, P8, P16), Lieder (P8, P16) oder ganze Projekte (P6, P18) thematisiert.

p. Umgang mit „schlechtem" Wetter

Zum Verhalten bei „schlechtem" Wetter, d.h. extremer Kälte, langen Regenperioden, Gewitter oder Sturm liegen 13 Aussagen vor. Im

Waldkindergarten war dem Wetter angemessene Kleidung obligatorisch. Es galt das Motto: Es gibt kein schlechtes Wetter, es gibt nur schlechte Kleidung:

> *„Aber sonst schlechtes Wetter, das gibt es ja eigentlich nicht so richtig."* (P15)

Explizit erwähnt wurde angemessene Kleidung von P9 und P11. P13 sowie P15 unterstrichen zusätzlich die starke Steigerung der Funktionalität in den letzten Jahren. Es herrschte eine positive Grundeinstellung zum Regen.

> *„Vor kurzem, gab es doch diese ätzenden drei Komplett-Regentage, wo man meinte es hört gar nicht mehr auf, da kam dann der WDR und rief an und meinte er müsste noch einen Bericht über das Wetter machen. Alles klagt über diesen Regen, bis auf bei Ihnen. Da habe ich gesagt, die Kinder feiern den Regen. ... Und dann kamen die auch mit der Kamera sofort morgens, für eine Stunde haben die hier drauf gehalten und das ist alles. Die Kinder freuen sich total. Die springen in die Pfützen und gucken, ob das Wasser nicht noch höher spritzen kann. ... So ist es einfach nur herzerfrischend (lachen beide) und ja, es regnet ja gar nicht."* (P15)

Knapp die Hälfte der Einrichtungen verfügte u.a. als Schutz vor „schlechtem" Wetter über ein eigenes feststehendes Gebäude (P5, P7, P11–P13, P17, P18), ein weiteres Drittel hatte Ausweichmöglichkeiten in andere feste Räumlichkeiten (P6, P8 und P14–P16). Die anderen Einrichtungen hatten Ausweichmöglichkeiten wie eine Bücherei (P6), einen Raum einer karitativen Einrichtung (P8, P15, P16) oder einen Bauernhof (P14). Zwei Einrichtungen (P9, P10) schlossen bei extremen Ereignissen wie dem Sturm Kyrill (Januar 2007) und starten eine Telefonkette unter den Eltern.

q. Umgang mit Kälte, Hitze, Nässe

Die elf Erzieherinnen, zu denen Aussagen bezüglich der Klagen über Kälte, Hitze oder Nässe vorliegen, berichteten zumeist, dass die Reaktionen der Kinder sehr individuell sind (P6–P10, P13). Dies war zurückzuführen auf die Konstitution, das Alter bzw. die Tagesform des jeweiligen Kindes. Viele der Aussagen waren geprägt durch den extrem kalten Winter 2008/2009. Von längeren Kälteperioden berichteten P15 mit Temperaturen bis zu -15° und P8 von bis zu -17°. Hierdurch wurde ein Aufenthalt in geschlossenen Räumen zumindest zeitweise erforderlich, was jedoch von den Kindern auch sehr geschätzt wurde.

> *„Also wir machen kein Überlebenstraining. Wir möchten nicht nur irgendwie über den Winter kommen, sondern wir gucken, dass wir uns das wirklich auch behaglich machen.“* (P8)

> *„Das ist auch oft so die Weihnachtszeit. Wo man gemütlich im Kerzenlicht was macht…“* (P18)

> *„Ja und dann ist der Tag auch ganz kurzweilig. Also da ist es ja relativ eng. Aber dadurch, dass die Kinder so viel Bewegung haben, können die sich ganz gut so für einen Tag auf engem Raum einschränken. … Also im grünen Bauwagen spielen die manchmal mit acht bis zwölf Kindern auf engstem Raum. … Und das ist friedlich. Das ist einfach toll. Dann haben die Bauwagen auch so einen Nestcharakter.“* (P8)

Mit zunehmendem Alter war die Reaktion der Kinder auf Kälte stärkere Bewegung, das ist bei jüngeren Kindern anders,

> *„da ist auch eben der Effekt, (…) wenn denen kalt ist, dass die sich nicht mehr bewegen.“* (P10)

Von Seiten der Erzieherinnen waren Reaktionen auf die Kälte ein vermehrtes Angebot an Bewegungsspielen (P10), die Einnahme des Frühstücks in einer eigenen oder fremden beheizten Unterkunft (P8, P10) und die Unterteilung der Gruppe mit Möglichkeiten von Unternehmungen mit hoher körperlicher Aktivität (Schlitten fahren) oder einem Tag im beheizten Bauwagen (P14, P15). Außerdem wurde für einzelne Kinder die Empfehlung ausgesprochen, während einer extremen Kälteperiode zu Hause zu bleiben (P8). Hitze wurde mit Aufenthalt im

Schatten oder dem Ablegen von Kleidungsstücken begegnet. Regen (s.o. „schlechtes“ Wetter) hatte für viele Kinder Anreizcharakter (P6, P10),

> *„weil Wasser doch immer so ein Magnet ist.“* (P16)

r. Empfindung von Langeweile

Zur Frage, ob die Kinder Langeweile im Wald empfinden, liegen Aussagen von elf Erzieherinnen vor. Acht (P6–10, P14–16) gaben an, dass dies selten vorkomme, insbesondere, wenn der beste Freund bzw. beste Freundin nicht da war (P7, P8). P10 beobachtete, dass dies mit der Entwicklung der Kinder zu erklären sei. Dass

> *„sie nicht so genau wissen, was sie machen sollen, ...und dann geht's weiter in die nächste Entwicklungsstufe“.*

P10, P12 und P15 akzeptierten das Gefühl von Langeweile bei den Kindern und P12 und P15 sahen Langeweile als Schlüssel für neue Kreativität.

> *„Ich denke aber, Langeweile gehört zum Leben dazu. Ist manchmal super-nützlich, weil man kann super-tolle Ideen dann auch entwickeln, die die Kinder dann nur aus der Langeweile heraus haben.“* (P12)

P13 war der Meinung, dass:

> *„wenn man ordentliche Impulse gibt, dann entsteht keine Langeweile“.*

Auch Auszeiten der Kinder (P9) oder dass sie sagten:

> *„ich möchte mich mal ausruhen und lege mich mal auf die Isomatte und träume mal vor mich hin“* (P12)

wurden positiv aufgenommen.

s. Pädagogische Schwerpunkte

Es liegen Aussagen von 14 Erzieherinnen zu den pädagogischen Schwerpunkten in ihren Waldkindergärten vor. Wald als Lebensraum bzw. der sorgsame Umgang mit der Natur wurde angesprochen (P5, P8, P9, P14, P16, P17). Ein stets wichtiges Thema in vielen Waldkindergärten war das Sozialverhalten bzw. soziale und emotionale Kompetenz der Kinder (P8, P9, P12, P16–P18). Das Lernen im direkten Erleben im Waldkindergarten betonten P8, P10 und P14. Das Lernen in Sinnzusammenhängen, wie es durch die Projektarbeit gefördert wurde (P15, P17, P18), ist im Gesetz zur frühen Bildung und Förderung von Kindern (Kinderbildungsgesetz - KiBiz) des Landes NRW (P10, P17, P18) verankert. Der Waldkindergarten war ein Ort, in dem Kompetenz (P7, P16) und Geborgenheit vermittelt wurden.

Viele Waldkindergärten arbeiteten nach dem situationsorientierten Ansatz nach Krenz (2010), bzw. dem lebensbezogenen Ansatz nach Huppertz (2008).

> *„Der situationsorientierte Ansatz gibt Kindern die Möglichkeit, individuelle Erfahrungen und Erlebnisse zu verarbeiten und zu verstehen, bedeutsame Fragen zu beantworten und Zusammenhänge zu begreifen, um aus der Bewältigung erlebter Situationen und Ereignisse (Erfahrungen) individuelle und soziale Kompetenzen auf- und auszubauen."*
> (Krenz, 2008)

Im situationsorientierten Ansatz haben zwei Schwerpunkte besondere Priorität. Dies sind die Situationsanalyse und die Projektarbeit. Lebensbedingungen und Situationen von Kindern und Familien werden in Form einer Situationsanalyse herausgearbeitet, um daraus den Handlungsbedarf abzuleiten. Die Projekte können im Zeitrahmen von Tagen bis Monaten liegen und *„sind mit den Kindern gemeinsam gefundene Handlungs- und Erfahrungsaktivitäten aus den direkten Erlebniswelten der Kinder*" (Krenz, 2010). Projekte sind nicht ergebnis-, sondern prozessorientiert (Krenz, 2010).

Die Theorie hinter den Ansätzen nach Krenz und Huppertz ist, dass eine stärkere Authentizität, Verankerung und auch Begeisterung der Erzieherinnen spürbar ist, wenn aus einem aktuellen Bezug ein Projekt erwächst.

> *„Bestimmte Dinge werden dann erklärt, wenn sie gerade dran sind. ... Also, so wie der Feuersalamander, das war der erste Feuersalamander, den wir jetzt gesehen haben, wo es hier kalt war, hatten wir die Frage: ‚Wo sind noch die Molche im Winter?', ‚Wo sind die Frösche im Winter?' Wir haben Froschlaich hier vorne gesammelt. Also nicht gesammelt, rausgenommen, in der Hand gehalten. Und so: ‚Warum legen die ihre Eier im Wasser?' Also diese Dinge alle. Und dann, wenn sie dran sind und auch in der Nähe sind. ... Also, so wenn jetzt Gänse hier rüber fliegen oder einen Fischreiher gibt es, der steht immer da, so, dann haben wir hier mal alle wie ein Fischreiher gestanden und uns alle auf Fische gestürzt und ‚Fressen die auch Froschlaich?', und solche Fragen kommen dann. ... Ja, auch. Oder vor kurzem wurde hier eine tote Maus gefunden. ‚Warum ist die Maus tot?', ‚Wo hat die gewohnt?', ‚Wo lebt die eigentlich?', ‚Ich suche mal das Loch!', und ähm, dann haben sie die Maus beerdigt. Am Tag vorher wurden hier am Fluss im kleinen Bach da zwei kleine Skelette gefunden, wie wir dann rausgefunden haben. Sofort: ‚Ich brauch mal eine Lupe!', und los ging's. ‚Was war das?', ‚Kann das ein Frosch sein oder war das ein Molch?' Dann haben wir so rumgeraten und zusammengelegt und so. Das war sehr spannend. Und am nächsten Tag, als die Maus gefunden war, war sofort die Frage ‚Wo hat die Maus ihr Skelett?', ‚Warum sieht man das nicht?', ‚Ich will das sehen!', ‚Können wir das sichtbar machen?' Und so, ne. Und dann gab es die Fraktion, die sagte, die Maus zu beerdigen wäre richtiger, als die Maus zu sezieren. Ich hab' dann gesagt: ‚Ok, wir packen die in sechs Wochen wieder aus.'*

Haben wir dann aber nicht gemacht. Und dann wurde die Maus beerdigt. Dann hatten wir eine Mausbeerdigung gemacht." (P14)

Kommunikation bzw. Sprachförderung (P6, P10, P16, P18) war im Waldkindergarten ganz eng mit Phantasie und Kreativität verbunden (P10, P18). Bewegung und motorische Fähigkeiten wurden von P10–P12 genannt. P8 nannte an erster Stelle das Spielen ohne Reizüberflutung, P12 stellte jedoch auch die Medienkompetenz, die anhand von Fotos, Videos und dem Umgang mit dem Laptop geschult wurde, heraus. Die individuelle Förderung von Kindern wurde von P6 und P12 genannt, hierunter war auch die Beobachtung nach dem Leuvener Modell zu sehen:

„Es ist ein bisschen aufwendig, aber ich finde es sehr schön, weil wir die Kinder ähm doch auch sehr intensiv beobachten können. Ne, emotionales Wohlbefinden oder wie engagiert ist das Kind bei dem, was es tut? Ähm, wo können wir ansetzen, um ihm zu helfen, mehr Spaß zu kriegen..." (P12)

Mittels des Leuvener Modells werden Engagement und Wohlbefinden jedes einzelnen Kindes bei P12 und P13 erfasst.

t. Tages- oder Wochenplan

Es liegen die Aussagen von 13 Erzieherinnen zum Tages- oder Wochenplan in den Waldkindergärten vor. Der Ablauf eines Tages im Waldkindergarten ist im Kapitel 1.2.2 beschrieben. In allen Waldkindergärten wurden tägliche Rituale durchgeführt.

„Also, es gibt auf jeden Fall Rituale, die wir hier total wichtig finden für die Kinder." (P6)

Insbesondere sind dies die Zusammenkünfte am Morgen und zum Abschied, die sogenannten „Morgen- und Abschlusskreise".

„Und die Kreise sind uns auch eben sehr wichtig." (P18)

Die Rituale boten den Kindern täglich gleiche Strukturen und damit Orientierung. Dies konnte beim Abweichen von diesen Strukturen dazu führen, dass sie von den Kindern eingefordert wurden, wie von P15 berichtet:

> *„Also, es ist oft so, wenn wir irgendwohin einen Ausflug machen. ...und dann ‚Hey, wir haben noch gar nicht das Begrüßungslied gesungen' ... Also die warten auf bestimmte Marken, die ihnen ganz offensichtlich auch Sicherheit geben, so."*

Trotz der engen Bindung an die Rituale war der sonstige Ablauf in den Waldkindergärten durch Flexibilität gekennzeichnet. Dies wurde begründet mit äußeren Begebenheiten wie dem Wetter oder dem Antreffen interessanter Situationen.

> *„Was zeigen uns die Kinder, was sie brauchen? Dementsprechend bereiten wir uns darauf auch vor. ... Aber das wird natürlich alles immer sehr flexibel und eben auch dem Tempo der Kinder angepasst, eben auch eingesetzt. ... Und nicht so, ich will heute „das" machen, also mache ich das auch. Ne, es wird immer auch geguckt, wie passt das gerade zu der Situation, zu dem Wald, wo wir sind."* (P10)

Weiterhin mochte man so den aktuellen Bedürfnissen der Kinder gerecht werden. Dieser Flexibilität lag eine Planung zugrunde.

> *„Es kann aber auch sein, dass wir dann unterwegs, weiß ich nicht, die Waldarbeiter mit den Drückepferden sehen, und dann ist das das Thema. ... Also wir sind da flexibel. Also grundsätzlich ist es jetzt nicht, dass wir jetzt ausschließlich nur unterwegs sind, ohne auch nur parallel dazu einen Plan zu haben. ... Gedanklich zumindest. Ob wir den einhalten können, ist eine andere Sache."* (P8)

Die Flexibilität wurde ebenfalls durch Projektarbeit (P6–P8, P15, P18) aufgegriffen. In zwei Waldkindergärten wurde vom monatlichen Besuch in der Bücherei berichtet (P8, P11).

u. Verletzungen/ Zeckenstiche/ Prävention

Zum Vorkommen und der Prävention von Verletzungen liegen zwölf Aussagen vor. Verletzungen waren im Waldkindergarten trotz der mannigfaltigen Gefahren laut den Erzieherinnen (P9, P12–P14, P16, P18) unterrepräsentiert, was von P16 wie folgt begründet wurde:

> *„Also Verletzungen erstaunlich wenig, ne, obwohl man ja meint, dass hier viel, viel mehr Gefahren sind, aber die Kinder ja auch eigenverantwortlich damit umgehen und sie wirklich auch nur das tun, was sie sich zutrauen. Ich finde auch, dass die ihre Grenzen besser kennen, ne. Dass die sich nicht überschätzen."* (P16)

Die Einschätzung von Fähigkeiten und die Geschicklichkeit wurden laut P9 durch den Aufenthalt im Wald erworben:

> *„Es ist halt so, dass die durch das im Wald laufen so trainiert werden. ... Dass die so anders Acht geben, von sich aus. ... Das heißt, die heben die Füße anders. Auch wenn wir das Kind die erste Woche hier haben, die fallen alle Nase lang hin."*

Auf die Frage, welche Verletzungen bisher vorgekommen waren, wurden neben kleineren Schürfwunden, Schnittwunden (P6, P10, P15), Knochenbrüche (P8, P16), Beulen (P7), Platzwunden (P10) und Quetschungen (P15) genannt. Zur Prävention von Verletzungen wurden verschiedene Maßnahmen eingesetzt. Dies waren vorwiegend allgemeine Regeln, bzw. solche zum Schnitzen oder Klettern. Weiterhin gab es Regeln für die Handhabung von Stöcken, wie z.B. Stöcke nicht in Augenhöhe zu halten oder Regeln für Werkzeuge wie Messer, Sägen oder Bohrer (siehe Tab. 11).

Tab. 11: Prävention von Verletzungen in den untersuchten Waldkindergärten.

	P6	P7	P8	P9	P10	P12	P13	P14	P15	P16	P17	P18	Anzahl Nennungen
Absprache von Regeln (allgemein)	x	x			x				x	x		x	6
Regeln bezüglich Schnitzen	x	x	x		x			x	x	x		x	8
Regeln bezüglich Klettern		x	x						x	x		x	5
Regel bezüglich Umgang mit Stöcken				x				x		x		x	4

Die Erzieherinnen berichteten, dass diese klaren Regeln von den Kindern eingehalten wurden.

Kinder und Erzieherinnen in Waldkindergärten sind einem erhöhten Risiko für **Zeckenstiche** und damit verbundenen Infektionen ausgesetzt (siehe Kapitel 1.2.1). Zur Prävention von Zeckenstichen liegen zwölf Aussagen vor. Verfügbare Schutzmaßnahmen zur Verhinderung von vektorassoziierten Infektionserkrankungen basierten hauptsächlich auf persönlichen Maßnahmen (siehe Kapitel 1.2.1). Die Erzieherinnen setzten dabei vorwiegend auf die Elternaufklärung und die Reduktion der exponierten Hautflächen bzw. den Schutz mit Repellentien. Einen genauen Überblick hierzu liefert Tab. 12.

Tab. 12: Präventionsmaßnahmen von Zeckenstichen in den besuchten Waldkindergärten.

	P6	P7	P8	P9	P10	P12	P13	P14	P15	P16	P17	P18	Anzahl Nennungen
Langärmlige Kleidung	x	x	x			x	x	x	x	x	x		9
Socken über die Hosenbeine	x	x				x		x	x				5
Kopfbedeckung	x	x				x		x	x				5
Elternaufklärung	x	x		x		x		x		x	x	x	7
Absuchen/ Kontrollieren	x	x						x	x	x	x	x	6
Repellentien		x		x		x					x		4
Besonderes Augenmerk auf Kinder, die bevorzugt befallen werden	x		x			x			x	x			4
Wäsche abschütteln	x												1

P10 beschrieb ihren Wald als „relativ Zecken-frei“, so dass hier auch keine Schutzmaßnahmen ergriffen wurden. Verschiedene Erzieherinnen gaben an, dass es Kinder gab, die bevorzugt von Zecken befallen wurden (siehe Tab. 12). P17 sah im Risiko für Zeckenstiche und damit verbundenen Infektionen einen Nachteil für den Besuch eines Waldkindergartens.

„Ist ein Nachteil auch mit den Zecken. Also das sehe ich auch als schwierig an, weil da auch schon Kinder erkrankt sind und das ist schon ein bisschen weniger schön.“ (P17)

P17 berichtete, dass dies dazu geführt habe, dass ein Kind nach einer zweiten Borreliose-Infektion den Kindergarten gewechselt habe.

Neben Verletzungen und Zecken wurde ebenfalls das Risiko eines Fuchsbandwurms oder dem Verzehr giftiger Früchte angesprochen. Daher war bei P7, P8 und P15 das Essen von Früchten oder Pflanzen aus dem Wald grundsätzlich verboten.

„…in der Gruppe ähm kann ich die Verantwortung eben auch frei und eben aus Gründen des Fuchsbandwurms eben nicht geben. Und das dann eben die Verwechslung mit giftigen Dingen schon mal schneller einhergehen kann. … So ist klar, dass wir gar nichts aus dem Wald essen.“ (P7)

v. Unterschiede zum Regelkindergarten

Es liegen zwölf Aussagen von Erzieherinnen zu Unterschieden zum Regelkindergarten vor, die diese aus ihrer Arbeit in beiden Einrichtungen beschreiben. Die Kinder wurden als motorisch fitter, ausdauernder und geschickter (P14–P18) beschrieben. Sie wirkten ruhiger und ausgeglichener (P6, P8), was P17 dafür anführte, dass insbesondere die Eltern von sehr ruhigen und zurückhaltenden Kindern oder aber auch von eher unruhigen, impulsiven Kindern den Waldkindergarten auswählten. Aggressionen zwischen den Kindern waren reduziert (P6) und falls diese auftraten, ließen sie sich besser durch die Kinder selber lösen (P12). Insgesamt war das Sozialverhalten sehr ausgeprägt (P7, P8, P12, P17, P18) und die Kinder kümmerten sich als Gruppe umeinander (P7). Dazu passten auch Großgruppenspiele, die mit der gesamten Gruppe entwickelt wurden, ohne von Erzieherinnen initiiert zu sein (P7) wie z.B. einen Staudamm zu bauen (P18).

> *„Und gerade auch diese Großgruppenspiele. Ähm, wir haben da vorne am Weg so einen kleinen, äh kleines Rinnsal. Da kommt der Schnee raus, da läuft das Wasser den Weg runter. ... Und dann haben die eine Stelle im Wald, da fließt das rein und dann machen die sich immer so eine kleine Rinne frei und ja, da spielen dann auf einmal alle Kinder. Die einen, bauen einen Staudamm, die anderen gucken, dass Wasser kommt, die anderen machen da was zu, da ist jeder mit dabei, keiner wird ausgeschlossen und jeder hat was zu tun. ... Und das war uns aufgefallen als Erzieherinnen. Oder es gab mal so Tonspiele. Einer hat den Ton angegeben und alle haben mitgemacht. ...Also das hat man so selten in den anderen Kindergärten."* (P18)

Die so entwickelten Spiele wiesen eine hohe Kreativität und Phantasie auf (P7–P9, P14, P16, P18), auch da es kaum vorgefertigtes Spielzeug im Wald gab (P7, P16). Durch diesen „Mangel“ an Spielzeug waren die Kinder zur verbalen Auseinandersetzung gezwungen, was zu ausgeprägten sprachlichen Fähigkeiten führte (P7–P9, P15, P16).

Die Kinder wurden als flexibel beschrieben, die das Beste aus jeder Situation machten (P8, P9, P16). P8 umschrieb dies auch mit „*Chaoskompetenz*“.

Konzentration und Neugierde rundeten das Bild eines Kindes im Waldkindergarten ab (P9, P10, P12, P17, P18).

> *„Wir waren jetzt im Freispiel-Museum in Burg Prüm, das ist so ein Burg-Museum und die Kinder haben da so eine Museums-Führung gemacht und die Leitung sagte: `Was habt ihr für tolle, wissbegierige, neugierige Kinder. Wie toll können die konzentriert und wie lange können die konzentriert zuhören so.´ Das ist nicht die Regel. Und das ist auch das, was wir von den Grundschulen an Rückmeldungen bekommen."* (P12)

Neben Konzentration und Neugierde zeigten die Kinder, dass sie selbständig Ordnung halten können (P9, P12 und P16), was als gute Grundlage für die

Grundschule diente. Das Interesse an naturwissenschaftlichen Fächern (P12) und die intensive Beziehung zum Wald lernten die Kinder in ihrer Kindergartenzeit, nahmen sie jedoch auch in ihr weiteres Leben mit.

P13 nannte einen organisatorischen Unterschied zum Regelkindergarten. Dokumentationen und andere Büroarbeiten mussten von den Erzieherinnen in diesem Waldkindergarten nach dem normalen Kindergartenalltag in einem speziellen Büroraum erledigt werden.

Die Erzieherinnen zeigten starke Begeisterung für den Waldkindergarten und das Verhalten der Kinder und sprachen daher in Superlativen:

- „Das fand ich unglaublich.“ (P6),
- „Das sind immer noch solche Momente, die mich tief beeindrucken. … Und das ist nicht jeden Tag so, klar. Aber das passiert immer wieder. … Das sind immer noch so die Dinge, die ich ganz faszinierend finde (lacht).“ (P7)
- „Die haben ganz schnell Ideen, was man machen könnte (lacht) und so. Das ist so witzig. Und also dieses Spielen im Wald. … Das tut denen einfach nur so gut. Die ruhen so einfach in sich.“ (P8)
- „Und dann waren dann die Kinder mit dabei. Alle. … Und die haben alle zugehört. … Es hat keiner irgendwie was anderes gemacht. Es haben alle zugehört. Die waren nicht abgelenkt. Es waren doch Leute am Bauwagen, die haben was vorm Bauwagenplatz gemacht. Sind vorbei gefahren, ein Flugzeug flog, es war vollkommen egal.“ (P9)
- „Ich glaub´ dass die Waldkindergartenkinder phantasievoller sind, dass die kreativer im Nutzen von vorgegebenen Materialien sind, ähm ich will ja jetzt nicht pauschalieren oder so was, aber ich denk´, dass die einfach motorisch fitter sind. … Gesünder, knackiger, ausdauernder.“ (P14)
- „Ähm, also besondere Stärke, auch jetzt nochmal im Unterschied zum Hauskindergarten (Regelkindergarten, Anmerkung der Verfasserin) finde ich, dass unglaublich die Bewegungsinteressen und Bewegungsmöglichkeiten besonders groß sind, weil, also wie man heute auch sehen konnte, die Kinder wollen balancieren und klettern und rutschen aus und lernen auch zu fallen. Wir kollern die Wiese runter, die rutschen auf dem Hintern auf einem kleinen

Lehmhügel rum, wenn es schön geregnet hat, oder die versuchen den Hang hoch und rutschen immer wieder ab und versuchen ihre ganze Kraft einzusetzen um eben doch da hoch zu kommen, ne." (P15)

Kinder und Erzieherinnen nehmen den Waldkindergarten als positives Gegenkonzept zum Regelkindergarten wahr, ohne diesen in abwertender Weise darzustellen:

„Aber ich habe jetzt auch nicht den direkten Vergleich zum Regelkindergarten." (P17) „Wobei man aber nicht sagen kann, dass die Kinder aus den Regelkindergärten das nicht können, ne." (P16)

„Aber ich finde, es kommt halt immer auf das einzelne Kind an. Man kann das nie so richtig vergleichen. Aber die Rückmeldungen haben wir bekommen." (P18)

Die Zufriedenheit der Erzieherinnen im Waldkindergarten war sehr hoch, sodass über eine geringe Fluktuation berichtet wurde (siehe Tab. 8).

Zusammenfassung

Die Interviews im Rahmen jeweils eines Hospitationstages mit dreizehn Erzieherinnen der Waldkindergärten wurden zwischen Februar 2009 und Juni 2009 geführt. Sie beinhalteten insbesondere den Alltag im Waldkindergarten und seine Bezüge zu körperlichem, mentalen und sozialem Wohlbefinden. Die Ergebnisse sind in Tab. 13 zusammengefasst.

Tab. 13: Zusammenfassung der qualitativen Intervierws mit den Erzieherinnen in Waldkindergärten.

Thema	Aussagen der Interviewten	Interviewpartner
a. Effekte auf die Gesundheit	ganzheitliche Sicht: körperliches, mentales und soziales Wohlbefinden	P8, P9, P15
b. Körperliches Wohlbefinden	Anregungen für Bewegung bzw. Koordination durch vielfältige und natürliche Möglichkeiten des Waldes	P6–P10, P14–P18
	Bewegungsdrang der Kinder wird unterstützt	P10
	niedrige Erkrankungsraten	P7, P9, P10, P12, P16–P18
	werden zurückgeführt auf frische Luft	P6, P9, P13, P14, P16, P18
	werden zurückgeführt auf Temperaturunterschiede	P10, P13
	sowie weitere meteorologische Einflüsse und die Rekonvaleszenz erkrankter Kinder bis zur vollständigen körperlichen Leistungsfähigkeit	P10
	Einschränkungen durch Lästlinge, Schädlinge und Vektoren	P8, P12, P17
b. Mentales Wohlbefinden	Freiheit, Selbstbestimmung und Gelassenheit	P7, P8, P9, P13, P15, P17
	Spiel nach aktuellen Interessen ohne Reizüberflutung	P8, P15
	Kinder zeigen in Situationen des Zuhörens eine ausgeprägte Konzentrationsfähigkeit	P9, P10, P12, P17, P18
b. Soziales Wohlbefinden	unterstützt und gefördert durch enges Verhältnis zwischen Eltern, Kindern und Erzieherinnen	P6, P12

d. Ruhe	nicht explizit erfragt, von sechs Erzieherinnen genannt	P6–P8, P10, P15, P17
	geringere Lautstärke bzw. niedrigerer Lärmpegel	P6, P8, P10, P17
	geringere Reizüberflutung	P8, P10
	Sprache wird in diesem Zusammenhang als Mittel zur Entschleunigung von Prozessen und zur Gestaltung von selbst geschaffenen Räumen angeführt	P15
	Spiele können in Ruhe bzw. störungsfrei entwickelt werden	P10, P15
e. Gesundheit	Ernährung	P6, P7, P9, P10, P12, P13, P15–P17
	inklusive Zahnpflege	P6, P7, P12, P17
	Bewegung	P6, P7, P13, P15, P17
	Temperaturhaushalt	P7, P10, P14, P15–P17
	Hygiene	P8, P14–P16
f. Bewegung	täglich thematisiert: Alltag im Waldkindergarten mit einem hohen Aktivitätsniveau verbunden	P11–P15, P18
	Aktivität wird durch Wegstrecke zu einem Platz im Wald mit unterschiedlichen Untergrundstrukturen, das Aufsuchen von Hindernissen oder dem Aufbau von Konstruktionen zum Klettern, Balancieren oder Schaukeln zusätzlich unterstützt	P12, P13
	Bewegung unter dem Aspekt der Prävention	P11, P18
g. Ernährung	Blick in die Brotdose beim gemeinsamen Frühstück	P7
	Ergänzung der Frühstückspause durch warme Getränke wie Tee oder Brühe im Winter	P13
	Kochprojekte	P10
	Vitaminpatenschaften durch den Einzelhandel	P14
h. Gesundheit als Auswahl-kriterium	geringe Infektionsraten bzw. Abhärtung	P9 bzw. P18
	konkrete Erkrankungen wie Allergien und Aufmerksamkeitsdefizit-/Hyperaktivitätsstörung (ADHS),	P8, P13
	Wahrnehmungsstörungen oder	P13
	sehr bewegungsfreudige Kinder	P16
	Empfehlung zum Besuch eines Waldkindergartens durch Pädiater zur Regulierung dieser Erkrankungen bzw. Einschränkungen	P13
	andere Kriterien wie geringere Gruppengröße werden als vorrangiges Auswahlkriterium der Eltern angeführt	P6, P12, P14, P17
i. Nach Eintritt in den Kindergarten gesünder?	Ja: laut Angaben der Erzieherinnen	P13, P14 bzw.
	bzw. der Eltern	P10, P12
	keine konkreten Aussagen	P6, P7, P8, P12, P15
j. Fehlzeiten	keine konkreten Aussagen	
k. Erkrankungen, die zu Fehlzeiten führen	grippale Infekte wie Schnupfen, Halsschmerzen und Fieber	P6–P8, P12–P15, P18
	Magen-Darm-Infekte	P6, P13–P15
	schon leichtes Unwohlsein der Kinder führt dazu, dass sie zu Hause blieben, um den Anforderungen im Wald gewachsen zu sein	P6

l. Sozialer Hintergrund	normales Gesellschaftsabbild	Alle
	gemischte soziale Hintergrund der Eltern auch in der Realität	P8, P12, P14
	vorwiegend gehobene Mittelschicht mit gehobenem Bildungsniveau:	P6, P9, P11 bzw.
	Großteil der Eltern Akademiker und/ oder selbständig bzw. freiberuflich	P6, P9
	Eltern bürgerlich bzw. der Mittelschicht angehörend	P7, P10, P13
	ausgeprägtes Interesse und viel Engagement korrelieren mit der Organisationsform der Waldkindergärten (Elterninitiative)	P8, P11, P13, P15
m. Entwicklung ehemaliger Waldkinder-gartenkinder	positive Rückmeldungen aus den Grundschulen auch zum Sozialverhalten	P6, P8, P10, P12, P18
	differenziertes Bild über schulische Leistungen	P7
	aufmerksame Schüler mit einer guten Konzentrationsfähigkeit	P10, P12, P18
	gute sprachliche Ausdrucksfähigkeit	P10
	ausdifferenzierte Problemlösungsstrategien	P18
	Fähigkeit der Kinder, Ordnung in ihren Unterlagen zu halten	P12
	fundiertes Wissen zu naturwissenschaftlichen Themen	P6, P12
	Kinder nehmen körperliche Bedürfnisse wahr und können ausdrücken, dass ihnen zu warm, laut oder chaotisch ist	P8
n. Natur	tägliche, selbstverständliche Wahrnehmung und Beschäftigung mit der Natur	P7–P10, P12, P14, P15, P17, P18
	spezielle Projekte z.B. wissenschaftliche Forschungsarbeiten,	P15
	Ernährungsketten,	P15
	Lebenskreisläufe,	P15
	kreatives Gestalten mit Naturmaterialien	P10
	oder Rollenspiele	P15
o. Jahreszeiten	Veränderungen in Flora und Fauna gehören zum Alltag im Waldkindergarten	P6, P7, P9, P10, P12, P15, P16, P18
	Beobachtungen oder Erlebnisse hierzu thematisiert z.B. über Bücher, Lieder oder ganze Projekte	P6, P8, P10, P18
p. Umgang mit „schlechtem“ Wetter	positive Grundeinstellung	P15
	angemessene Kleidung	P9, P11, P13, P15
	Hälfte der Einrichtungen verfügt u.a. aus Sicherheitsgründen über ein eigenes feststehendes Gebäude	P5, P7, P11–P13, P17, P18
	Ausweichmöglichkeiten in anderen privaten oder öffentlichen Räumlichkeiten bei extremen Wetterereignissen	P6, P8, P14–P16
	kurzfristige Schließung der Einrichtung bei extremen Wetterereignissen	P9, P10
q. Umgang mit Kälte, Hitze oder Nässe	individuell zu betrachten (zurückzuführen auf die Konstitution, das Alter bzw. die Tagesform des Kindes)	P6–P10, P13
Kälte	vermehrtes Angebot für hohe körperlicher Aktivität (wie z.B. Schlitten fahren) oder	P10, P14, P15
	Angebote im beheizten Bauwagen	P8, P10, P18
	Empfehlung für kleinere Kinder in extrem langen und kalten Wintern zu Hause zu bleiben	P8
Hitze	Aufenthalt im Schatten oder	P8
	Ablegen von Kleidungsstücken	P10, P14
	Klimatischer Vorteil im Wald	P6, P13
Regen	bietet Anreizcharakter für viele Kinder	P6, P10, P16

r. Empfindung von Langeweile	selten zu beobachten	P6–10, P14–P16
	positiv als Schlüssel für neue Kreativität bewertet	P12, P15
s. Pädagogische Schwerpunkte	sorgsamer Umgang mit der Natur	P5, P8, P9, P14, P16, P17
	soziale und emotionale Kompetenz	P8, P9, P12, P16, P17, P18
	Lernen im direkten Erleben	P8, P10, P14
	Lernen in Sinnzusammenhängen	P15, P17, P18
	Kommunikation bzw. Sprachförderung	P6, P10, P16, P18
	Phantasie und Kreativität	P10, P18
	Bewegung und motorische Fähigkeiten	P10–P12
	individuelle Förderung von Kindern	P6, P12
	Spielen ohne Reizüberflutung	P8
	Medienkompetenz	P12
t. Tages- bzw. Wochenpläne	vermitteln Struktur	P7, P8, P14, P15, P18
	enge Bindung an Rituale	P6–P18
	Zusammenkünfte am Morgen und zum Abschied, die sogenannten „Morgen- und Abschlusskreise"	P6, P15, P18
	Ablauf in den Waldkindergärten durch Flexibilität gekennzeichnet (äußere Begebenheiten wie Wetter oder Antreffen interessanter Situationen)	P6–P8, P10, P15, P18
u. Verletzungen	Unterrepräsentiert, da die Kinder gut ihre eigenen Fähigkeiten einschätzen können	P9, P12–P14, P16, P18
	kleinere Schürf- und Schnittwunden	P6, P10, P15
	vereinzelt, Knochenbrüche,	P8, P16
	Beulen,	P7
	Platzwunden und	P10
	Quetschungen	P15
u. Maßnahmen zur Prävention	allgemeine Regeln, bzw. solche zur Handhabung von Werkzeugen (sieh Tab. 11)	
Zeckenstiche	persönlichen Maßnahmen induziert durch Elternaufklärung: Reduktion der exponierten Hautfläche bzw. Schutz mit Repellentien (siehe Tab. 12)	
Fuchsbandwurm	Regel: kein Verzehr von im Wald gepflückten Früchten	P7, P8, P15
Verzehr giftiger Früchte	Regel: kein Verzehr von im Wald gepflückten Früchten	P7, P8, P15
v. Unterschiede zum Regelkindergarten	Kinder, die motorisch fitter, ausdauernder und geschickter sind	P14–P18
	Kinder wirken ruhiger und ausgeglichener und auch Aggressionen zwischen den Kindern sind reduziert	P6, P8
	Sozialverhalten sowie Gruppengefühl sind sehr ausgeprägt	P7, P8, P12, P17, P18
	in Großgruppen entwickelte Spiele weisen eine hohe Kreativität und Phantasie auf	P7–P9, P14, P16, P18
	wegen nur weniger vorgefertigten Spielzeuge	P7, P16
	vielfältige verbale Auseinandersetzungen zur Beschreibung der Materialien, was ausgeprägte sprachliche Fähigkeiten fördert	P7–P9, P15, P16
	Kinder flexibel und neugierig, die auch die Fähigkeit mitbringen, sich gut auf Vorträge und Erzählungen konzentrieren zu können	P9, P10, P12, P17, P18
	Kinder können selbständig Ordnung halten	P9, P12, P16
	Organisation: Dokumentationen und andere Büroarbeiten werden von Erzieherinnen nach dem normalen Kindergartenalltag in einem speziellen Büroraum erledigt	P13
	starke Begeisterung der Erzieherinnen für diese Kindergartenform und den Alltag im Waldkindergarten	P6–P9, P14, P15, P18

Die qualitativen Interviews boten wesentliche Einblicke in den Alltag in Waldkindergärten und die Ansichten der Erzieherinnen. Das Hauptaugenmerk lag hierbei auf den Synergien von Naturerfahrung und Gesundheit. Orientiert an die Gesundheitsdefinition der WHO wurde dabei das **körperliche, mentale und soziale Wohlbefinden** der Kinder in Waldkindergärten näher erkundet. Im Allgemeinen wird von abnehmender körperlicher Aktivität bei Kindern berichtet (z.B. Basterfield et al. 2011). In der Entwicklung von Kindern fällt Außenräumen deswegen eine besondere Bedeutung zu, da sie Möglichkeiten bieten, das Bedürfnis nach körperlicher Aktivität und Gesundheit von Kindern zu stillen (Kuh et al., 2013). Diese Aussage wurde durch die Erzieherinnen hervorgehoben. Ein großes Potential der Waldkindergärten sind die vielfältigen Anreize der Natur und auch die Angebote der Erzieherinnen, wodurch körperliche Aktivität fest mit dem Alltag im Waldkindergarten verknüpft ist.

Bei regelmäßigem Aufenthalt im Wald werden Einschränkungen des körperlichen Wohlbefindens durch Lästlinge, Schädlinge und Vektoren genannt. Eine ernst zu nehmende Gefahr für die Erzieherinnen und Kinder geht dabei von vektorbasierten Erkrankungen und hier insbesondere von Zecken aus (Boeckmann & Joyner, 2014). Deshalb erfolgt eine engmaschige Elternaufklärung, die die Reduktion der exponierten Hautfläche bzw. den Schutz mit Repellentien zum Ziel hat.

Positive Effekte von freiem, unstrukturiertem Spiel in Grünräumen lassen sich nicht nur für den Faktor Bewegung belegen, sondern auch auf die soziale, emotionale und kognitive Entwicklung beziehen (Burdette & Whittaker, 2005). Berman et al. (2008) zeigten, dass Aufmerksamkeit und Gedächtnis von einem Spaziergang in natürlicher Umgebung profitieren. Hierzu berichteten die Erzieherinnen, dass die Kinder sich sehr gut konzentrieren und auch zuhören können, sowie in der Lage sind, sich auf eine Aufgabe zu fokussieren.

Erschöpfte emotionale und kognitive Ressourcen lassen sich nach der *Attention Restoration Theory* (ART) durch den Aufenthalt im Grünen regenerieren (Kaplan, 1995). Natürliche Umgebungen mit aufmerksamkeitsbindenden Szenen wie Wolken oder Blättern fokussieren die Aufmerksamkeit, ohne anzustrengen. Hierzu berichteten die Erzieherinnen von den Freispielzeiten im Waldkindergarten, die von aktuellen Interessen und einem Spiel ohne Reizüberflutung geprägt sind.

Grüne Umgebungen führen zu vermehrten Sozialkontakten und einem Ausbau von sozialen Fähigkeiten (Knight, 2009; Maas et al., 2009; Wilson et al., 2010), eine Aussage, die die Erzieherinnen unterstützten und durch ein enges Verhältnis zwischen Eltern, Kindern und Erzieherinnen mit teilweise familienähnlichen Strukturen umschrieben.

Saftiges Grün von ausladenden Baumkronen vermittelt u.a. Gefühle von **Ruhe** und Entspannung (Kistemann et al., 2014). Insbesondere körperliche Aktivität im Grünen fördert Entspannung und Stressbewältigung, da sich hier zwei positive Faktoren verstärken (Hansmann et al., 2007). Dieser Zusammenhang wurde von der Autorin in den qualitativen Interviews nicht explizit erfragt, aber von knapp der Hälfte der Erzieherinnen spontan beschrieben.

Die Vermittlung des Themas **Gesundheit** im Waldkindergarten orientiert sich im Allgemeinen an den Themen, die auch im Regelkindergarten bearbeitet werden (Ernährung inklusive Zahnpflege und Bewegung) (Geene, Kliche & Borkowski, 2015). Darüber hinaus sind Toilettenhygiene und Händewaschen durch andere Herausforderungen als in einem Hauskindergarten geprägt. Insbesondere in kalten Wintern ist der Temperaturhaushalt auch ein Thema, dass neben angepasster Kleidung über besondere körperliche Aktivität und den temporären Rückzug in beheizte Räume vermittelt wird.

Die Vermutung der Autorin, dass **Gesundheit ein Auswahlkriterium** der Eltern für den Waldkindergarten sei, konnte von den Erzieherinnen nicht bestätigt werden. Vereinzelt berichteten sie von der Empfehlung eines Pädiaters. In Großbritannien kann hingegen bei bestimmten Indikationen sogar eine „Überweisung" in einen Waldkindergarten bzw. Carefarm-Projekt durch offizielle Stellen erfolgen (Schäffer & Kraftl, 2017).

Zu geringen **Infektionsraten** und diesbezüglichen **Fehlzeiten** in Waldkindergärten, wie in einer schwedischen Studie berichtet (Grahn et al., 1997), konnten die Erzieherinnen keine konkreten Angaben liefern.

Zur **Entwicklung von Waldkindergartenkindern** existieren zwei Abschlussarbeiten. Plum (2011) berichtet in ihrer psychologischen Diplomarbeit über keine signifikanten Unterschiede von Wald- zu Regelkindergartenkindern. Häfner (2002) beschreibt phantasievollere und kreativere Kinder sowie gleiche oder bessere Bewertungen durch Lehrer, wenn die Kinder einen Waldkindergarten besucht hatten. Erzieherinnen der vorliegenden Studie berichteten von Rückmeldungen der Grundschulen über aufmerksame Schüler mit einer guten Konzentrations- und guten sprachlichen Ausdrucksfähigkeit sowie einem ausgeprägten Sozialverhalten.

Naturerfahrungen werden laut Bögeholz & Rüther (2005) sehr individuell wahrgenommen und durch Emotionen und Bewertungen geprägt. Durch die tägliche, selbstverständliche Wahrnehmung und Beschäftigung mit der **Natur** im Waldkindergarten werden soziale und kulturelle Bezugsysteme vorbereitet, die in ein umweltpädagogisch fundiertes Konzept münden (Gebauer 2007).

Die Vermutung der Autorin, dass es Phasen im Waldkindergarten gebe, die durch die **Empfindung von Langeweile** geprägt sind, wurde von den Erzieherinnen so nicht bestätigt. Sie bewerteten die seltenen Phasen der Langeweile als positiv und als Schlüssel für neue Kreativität. Die Kompetenz, mit wenig vorgefertigtem Material zufrieden zu agieren, wird durch das Konzept der *Spielzeugfreiheit* aufgegriffen. Hier werden Lebenskompetenzen wie Kommunikation und Selbstbewusstsein gestärkt, was den Umgang mit Schwierigkeiten im späteren Leben erleichtert und auch präventiv in Bezug auf Suchtgefahren wirkt (Schubert & Strick, 2006).

Zu Verletzungsraten in Waldkindergärten im Vergleich zu Regelkindergärten existieren keine Daten. Kinder in Waldkindergärten haben jedoch ein 2,8-mal so hohes Risiko für einen Zeckenstich und ein 4,6-mal so hohes Risiko, an einer Borreliose zu erkranken (Weisshaar et al., 2006). Erzieherinnen in der vorliegenden Studie berichteten von wenigen Verletzungen, und dass die Kinder gut auf dementsprechende Sicherheitsanweisungen zur Prävention von Verletzungen und Zeckenstichen reagieren.

Im **Unterschied zum Regelkindergarten** halten sich Kinder im Waldkindergarten größtenteils draußen auf, und je länger Kinder sich draußen aufhalten, desto größer ist ihre körperliche Aktivität (Baranowski et al. 1993, Burdette & Whitaker 2005b, Lovell 2009; Hume et al. 2005; Wheeler et al. 2010). Erzieherinnen berichten von körperlich fitten und ausgeglichenen Kindern mit einem ausgeprägtes Sozialverhalten. Hier haben die ausgeprägten sprachlichen Fähigkeiten im Waldkindergarten (Häfner 2002) wahrscheinlich einen Anteil. Durch Waldtage erlebten Schulkinder eine größere Selbständigkeit und einen kooperativeren Umgang miteinander (Kamber, 1999). Die befragten Erzieherinnen berichteten von harmonischen Großgruppenspielen, die sie so in Regelkindergärten nicht beobachtet hätten.

4.2 Naturerfahrungen und Gesundheit von Grundschülern

In diesem Kapitel werden die Ergebnisse der Untersuchungen in den Grundschulen beschrieben. Als Grundlage für die Beschreibung der Gesundheit dienen die Konzepte des Kapitels 1.1.1. Naturerfahrungen wurden über qualitative Interviews mit Grundschülern erfragt. An der Untersuchung nahmen insgesamt 365 Kindern aus zehn Orten teil, davon waren 101 Grundschüler ehemalige Waldkindergartenkinder. Weiterhin wurden die Grundschüler aus dem Pretest eingeschlossen. Es folgt eine Stichprobenbeschreibung sowie die Ergebnisse aus

- dem Motorischen Test für NRW,
- den Quantitativen Interviews mittels KINDL-R und
- den Qualitativen Interviews mit den Grundschülern.

4.2.1 Stichprobenbeschreibung

In dieser Studie lag das Erkenntnisinteresse auf Langzeiteffekten von regelmäßigen Naturerfahrungen. Daher wurden für die vergleichende Betrachtung Grundschüler ausgewählt, die einen Waldkindergarten („Fallgruppe“) besucht hatten sowie deren Mitschüler, die einen Regelkindergarten („Kontrollgruppe“) besucht hatten.

Die Datenerhebung erfolgte auf unterschiedliche Weise. In acht Fällen wurden die Untersuchungen in den Grundschulen in persönlicher Anwesenheit der Studienleiterin von einem geschulten Team durchgeführt. Eine dieser Grundschulen war die Grundschule des Pretests. Der Studienleiterin standen zwischen einem und vier Mitarbeitern bzw. Mitarbeiterinnen für die Durchführung des motorischen Tests zu Verfügung. Das Personal wurde vor der Durchführung geschult und instruiert und verfügte über pädagogische und/ oder sportliche Expertise (siehe Abb. 41 und Abb. 42).

Abb. 41: Beispiel eines Starts des 6-Minuten-Laufs. Foto: Schäffer 2009.

Abb. 42: Verlauf eines 6- Minuten-Laufs (links im Bild Studienleiterin und Mitarbeiter). Foto: Schäffer 2009.

In einem Ort lehnten die Grundschulen eine Durchführung von motorischen Tests ab, da die Stadt jährlich motorische Tests an allen Grundschulen durchführte. Deshalb wurde Verbindung mit der Stadt aufgenommen, um diese Ergebnisse der motorischen Tests zu erhalten. Dazu wurde mit mehreren Grundschulen kooperiert, diese leiteten Einverständniserklärungen zur Aushändigung der Ergebnisse des motorischen Tests, Fragebögen zu persönlichen Angaben sowie den Fragebogen KINDL-R an ihre Grundschüler bzw. deren Eltern weiter.

In einem weiteren Ort wurden die oben genannten Aufgaben sowie die Erläuterungen zu ausgewählten motorischen Tests, an kooperierende Waldkindergärten gesendet, die es an ehemalige Kinder bzw. deren Eltern zur eigenständigen Durchführung weiterleiteten.

Im Folgenden sollen Merkmale und Zusammensetzung der untersuchten Personengruppe beschrieben werden.

An den Untersuchungen im Rahmen dieser Studie, d.h. dem Motorik-Test NRW und dem KINDL-R, nahmen insgesamt 365 Kinder teil. Von 358 Kindern lagen Angaben zum Besuch eines Kindergartens vor. Abb. 43 stellt die Verteilung der Kinder nach besuchtem Kindergarten (ehemalige Waldkindergartenkinder (EW) und ehemalige Regelkindergartenkindern (ER)) und Geschlecht dar. Es nahmen rund 2,5mal so viele ER wie EW teil.

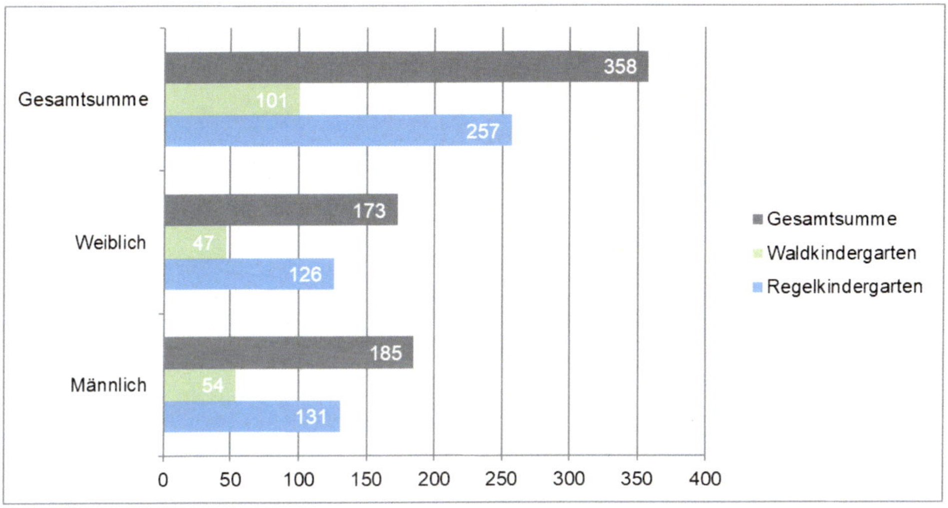

Abb. 43: Anzahl der Teilnehmer Motorik-Test NRW und KINDL-R mit besuchtem Kindergarten und Geschlecht.

Die Verteilung des Geschlechts bei den untersuchten Kindern war

- EW 48,3% Mädchen und 51,7% Jungen, und
- ER 43,45% Mädchen und 56,6% Jungen.

In beiden Gruppen wurden somit etwas mehr Jungen untersucht.

Für die Beschreibung des Alters lagen die Daten von 247 ER- und 101 EW-Kindern vor. Das durchschnittliche Alter von

- ER lag bei 7,67 Jahren [Standardabweichung (SD) 1,51; Min 4; Max 11] von
- EW bei 7,85 Jahren [SD 1,34; Min 4; Max 11] bzw. bei

Anhand des 95%-Konfidenzintervalls

- ER (Untere Grenze 7,5, obere Grenze 7,9) bzw.
- EW (Untere Grenze 7,6; obere Grenze 8,1)

ließ sich kein signifikanter Unterschied für das Alter der ER und EW feststellen (siehe Abb. 44). Das bedeutet, dass sich sowohl hinsichtlich Geschlecht als auch Alter Fall- und Kontrollgruppe nicht signifikant unterscheiden.

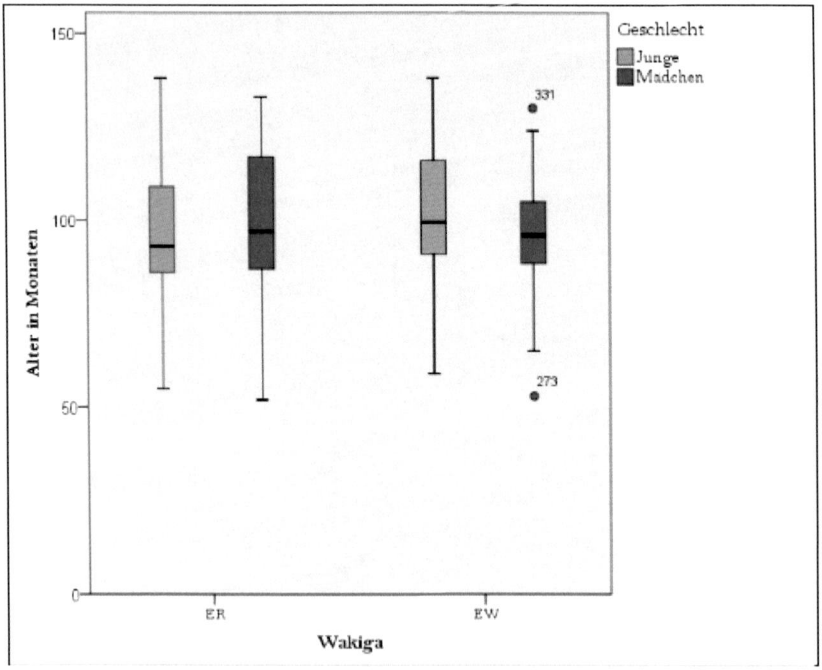

Abb. 44: Boxplots der Altersverteilung aufgespalten nach Jungen und Mädchen in Waldkindergärten (EW) und Regelkindergärten (ER).

Die Zuordnung des BMI erfolgte in fünf Klassen („ausgeprägtes Untergewicht“, „Untergewicht“, „Normalgewicht“, „Übergewicht“ und „Adipositas“) und ist, unterschieden nach ehemals besuchtem Kindergarten, in Tab. 14 dargestellt. Die Verteilung von normalgewichtigen Kindern war in beiden Gruppen nahezu gleich. Untergewichtige Grundschüler waren häufiger in der Gruppe der ehemaligen Waldkindergartenkinder zu finden. Übergewichtige Kinder waren unter den EW weniger vertreten als bei den ER. Adipöse Kinder waren in der Gruppe der EW gar nicht vertreten. Im Vergleich der Daten mit der KiGGS-Studie (Kurth & Schaffrath Rosario, 2007) lassen sich Unterschiede feststellen in den Anteilen der Normalgewichtigen (KiGGS vs. EW vs. ER: 76,9% vs. 85,3% vs. 85,2%). Diese Differenz von 7,3 bzw. 7,4 Prozentpunkten von den KiGGS-Daten zur eignen Erhebung ist im KiGGS in der Gruppe der Übergewichtigen (9,0% vs. 3,3% vs. 5,3%) und Adipösen (6,4% vs. 0% vs. 4,7%) zu finden. D.h. in der eigenen Erhebung nahmen mehr normalgewichtige Kinder und weniger übergewichtige und adipöse Kinder teil, als aus der Gesamtbevölkerung zu vermuten gewesen wäre.

Tab. 14: Verteilung des BMI in % nach besuchtem Kindergarten.

	Kinder ehemals (in%)	
Zuordnung BMI	Waldkindergarten (EW) n=101	Regelkindergarten (ER)
ausgeprägtes Untergewicht	1,1	3,1
Untergewicht	10,1	1,6
Normalgewicht	85,3	85,2
Übergewicht	3,3	5,3
Adipositas	0,0	4,7

In Tab. 15 sind die Angaben aus Tab. 14 zusätzlich geschlechtsdifferenziert dargestellt. Je größer die Kreise dargestellt sind, desto mehr Kinder sind abgebildet. Es zeigt sich, dass die Geschlechtsverteilung annähernd gleich verteilt ist, mit jeweils einem etwas höheren Jungenanteil. Bei den EW war eine stärkere Tendenz zum Normalgewicht erkennbar, da in der Zuordnung „ausgeprägtes Untergewicht“ nur ein Junge vertreten war, in der Zuordnung „Adipositas“ gar kein Kind aus der Gruppe der EW.

Tab. 15: Darstellung des BMI der untersuchten Kinder, nach besuchtem Kindergarten und Geschlecht.

Zuordnung BMI	Kinder ehemals: Waldkindergarten		Kinder ehemals: Regelkindergarten	
	♂	♀	♂	♀
ausgeprägtes Untergewicht	1,1%		0,5%	2,6%
Untergewicht	4,5%	5,6%	1,1%	0,5%
Normalgewicht	44,9%	40,4%	48,7%	36,5%
Übergewicht	1,1%	2,2%	3,7%	1,6%
Adipositas			2,6%	2,1%
Summe (100%)	51,7%	48,3%	56,6%	43,4%

Geschlecht
- ■ ♀
- ■ ♂

Anzahl
- 1
- 50
- 100
- ≥ 150

4.2.2 Vergleich der eigenen Daten mit den Ergebnissen der KiGGS-Studie

In diesem Kapitel sollen die Daten der eigenen Erhebung (EE) mit denen aus der Studie zur Gesundheit von Kindern und Jugendlichen in Deutschland (KiGGS) verglichen werden, um zu überprüfen, ob eine Repräsentativität der eigenen Daten vorliegt. Daher erfolgen in diesem Kapitel keine Unterscheidung in EW und ER. Die KiGGS-Daten wurden in die eigene Datenbank integriert.

Motorischer Test

Der *Motorische Test für NRW* wurde in leicht abgewandelter Form ebenfalls in der KiGGS-Studie durchgeführt (Bös et al., 2009; Opper et al., 2007). Fünf der acht Testaufgaben entsprachen der EE. In Tab. 16 sind die Ergebnisse der fünf Testaufgaben *Liegestütz* (LS), *Standweitsprung* (SWS), *Seitliches Hin- & Herspringen* (SHH), *Balancieren* (BAL) und *Rumpftiefbeuge* (RTB) in fünf altersadjustierten Leistungsklassen dargestellt. Die Leistungsklasse 1 „stark unterdurchschnittlich“ wurde von allen Grundschülern in allen Testaufgaben deutlich überschritten. Leistungsklasse 2 entspricht „unterdurchschnittlich“, 3 „durchschnittlich“, 4 „überdurchschnittlich“ und 5 „stark überdurchschnittlich“. Die einzelnen erreichten Leistungsklassen der Testaufgaben werden für die EE und KiGGS dargestellt. Alle Ergebnisse werden für Jungen und Mädchen getrennt ausgewiesen, um mögliche Geschlechtsunterschiede erkennen zu können. Alle Kinder waren 6–11 Jahre alt. Es lagen für die EE Datensätze von 147–271 und für die KiGGS-Erhebung Datensätze von 3.887–4.504 Probanden vor. Für die EE konnte das n jeweils für Alter und Geschlecht dargestellt werden, für die KiGGS-Daten lagen keine detaillierten Informationen zur Anzahl der Kinder nach Alter oder Geschlecht vor. An der EE nahmen durchschnittlich 110 oder 57,9% männliche und 80 oder 42,1% weibliche Probanden teil. Von der KiGGS-Erhebung wurden durchschnittlich 4.365 Probanden eingeschlossen, nähere Angaben zur Verteilung auf Alter und Geschlecht lagen nicht vor. Insgesamt lag somit ein n=4.555 vor, mit 4,2% Teilnehmern aus der EE.

Für die deskriptive Statistik wurde die Anzahl der Probanden (n), das arithmetische Mittel (MW) und die Standardabweichung (SD) dargestellt und in altersadjustierte Leistungsklassen (LK) übertragen und jeweils für Jungen (m) und Mädchen (w) aufgeführt.

Tab. 16: Motorischer Test im Vergleich: Eigene Erhebung und KiGGS, angegeben werden Anzahl der Probanden (n), Mittelwert männlich (MW m), Standardabweichung männlich (SD m) und Leistungsklasse männlich (LK m) sowie die entsprechenden Werte für die weiblichen Probanden (MWw, SDw, LKw).

	Eigene Erhebung							KiGGS						
Alter in Jahren	6	7	8	9	10	11	Summe	6	7	8	9	10	11	Summe
	Liegestütz (LS)													
n	8	32	14	23	14	0	91							
MW m	13,9	13,8	16,1	16,8	16,1			8	10	10,7	11,1	12,2	12,4	
SD m	3,6	3,7	4,8	3,6	6,2			3	3,3	3,2	3,2	3,6	3,5	
LK m	5	5	5	5	5			3	3	3	3	3	3	
n	8	18	17	6	9	1	59							
MW w	14,1	14,2	14,7	16,3	16,1	24		8,3	9,5	10,6	10,8	11,5	11,5	
SD w	4,2	3,7	5,4	4,5	5,7			2,8	3,7	3,2	3,5	3,1	3,6	
LK w	5	5	5	5	5	5		3	3	3	3	3	2	
n gesamt							150							3.887
	Standweitsprung (SWS)													
n	14	69	28	26	16	0	153							
MW m	113	116	130	141	140			113	123	131	138	144	155	
SD m	13,7	18,7	14,2	20,9	44,6			17,8	17,6	16,8	18,8	22,7	19,3	
LK m	3	3	3	3	2			3	3	3	3	3	3	
n	10	52	33	10	12	1	118							
MW w	102	110	114	142	139	140		110	117	126	126	135	146	
SD w	17,8	15,4	14,9	20,4	25,8			16,1	16,9	17,4	18,8	18,6	23,9	
LK w	3	3	2	4	3	3		4	3	4	3	3	3	
n gesamt							271							4.504
	Seitliches Hin- und Herspringen (SHH)													
n	8	32	17	23	15	0	95							
MW m	24,2	25,2	32,7	40,6	35,5			15,1	17,4	20,3	22,9	25,3	31,2	
SD m	5,6	8,3	7,8	5,4	10,3			4,4	4,2	6,0	6,2	6,4	5,9	
LK m	5	5	5	5	5			3	3	3	3	2	3	
n	8	22	19	9	10	1	69							
MW w	22,1	29,3	33,4	40,0	37,7	46,0		15,8	18,6	22,5	23,8	26,5	31,5	
SD w	4,6	5,5	6,3	3,7	5,6	0		4,7	4,5	5,5	6,5	5,7	5,3	
LK w	5	5	5	5	5	5		4	3	3	3	2	3	
n gesamt							164							4.471
	Balancieren (BAL)													
n	7	30	14	23	14	0	88							
MW m	24,4	33,2	35,9	40,6	38,2			20,1	23,8	26,4	29,8	32,5	32,6	
SD m	3,6	7,4	9,0	5,4	12,5			8,5	9,1	8,5	9,5	9,9	8,4	
LK m	4	5	5	5	5			3	3	3	3	4	3	
n	8	18	15	8	9	1	59							
MW w	35,3	36,4	38,7	44,3	41,9	43,0		23,8	26,9	30,2	30,5	33,0	34,1	
SD w	7,7	8,4	8,4	5,4	7,1			10,1	9,7	8,3	10,4	8,1	9,3	
LK w	5	5	5	5	5	5		3	3		3	3	3	
n gesamt							147							4.502
	Rumpftiefbeuge (RTB)													
n	9	60	21	20	14	0	124							
Mm	-3,2	-1,5	-1,2	0,3	0,3			-0,4	-2,1	-2,1	-3,2	-3,0	-3,2	
SD m	7,2	5,9	6,5	8,2	12,6			5,9	6,3	6,3	7,0	8,0	6,3	
LK m	3	3	3	4	4			4	3	3		3	3	
n	8	46	21	9	10	1	95							
M w	-2,5	0,8	3,7	1,7	-2,3	4		2,8	1,4	2,2	0,9	-0,7	-0,6	
SD w	5,5	6,2	6,2	5,2	11,8			5,7	6,8	6,2	6,9	6,9	6,7	
LK w	2	3	4	3	2	4		3	3	3	3	2	2	
n gesamt							219							4.464

Aus Tab. 16 wurden aus den Leistungsklassen für Jungen (LK m) und Mädchen (LK w) jeweils ein Durchschnittswert für EE und die KiGGS-Untersuchung gebildet. Diese Durchschnittswerte der Leistungsklassen sind in der Abb. 45 vergleichend dargestellt.

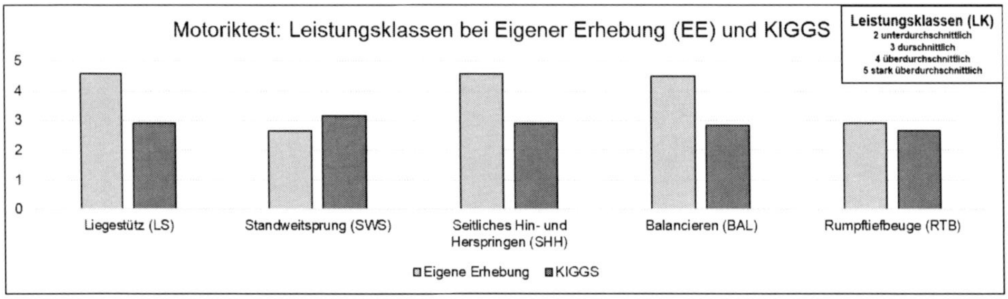

Abb. 45: Motoriktest: Übersicht der durchschnittlichen Leistungsklassen für männliche und weibliche Probanden für die eigene Erhebung (EE) bzw. den KIGGS-Datensatz für die Aufgaben Liegestütz (LS), Standweitsprung (SWS), Seitliches Hin- & Herspringen (SHH), Balancieren rückwärts (BAL) und Rumpftiefbeuge (RTB).

Abb. 45 zeigt das bessere Abschneiden der Probanden der EE in den Aufgaben LS, SHH und BAL jeweils für beide Geschlechter. Für eine tiefergehende analytische Statistik stehen aufgrund der kategoriellen Variablen keine geeigneten Testverfahren zur Verfügung.

Quantitative Interviews mittels KINDL-R

Die quantitativen Interviews mittels KINDL-R wurden ebenfalls in der KiGGS-Studie (Ravens-Sieberer, Ellert & Erhart, 2007a) durchgeführt. Da in der KiGGS-Studie der KINDL-R jedoch nur in der Kid-Version bei Kindern im Alter ab 11 Jahren zur Verfügung stand, wurden diese Datensätze herangezogen.

Aus der KiGGS-Studie konnten 1.029 Fälle zur Auswertung eingeschlossen werden. Dies waren ausschließlich Kinder im Alter von 11 Jahren, davon 529 oder 51,4% männlich und 500 oder 48,6% weiblich. In der eigenen Erhebung (EE) gab es 4 Kinder im Alter von 11 Jahren, von daher wurden die Kinder mit einem Alter von 10 Jahren hinzugezogen. Von den insgesamt 49 Kindern der EE waren 25 Jungen (51,0%) und 24 Mädchen (48,9%). Insgesamt lag somit aus beiden Studien ein n=1.077 vor, davon kamen 4,5% der Teilnehmer aus der EE.

Der KINDL-R Fragebogen erfasst in sechs Dimensionen (*Körperliches Wohlbefinden*, *Psychisches Wohlbefinden*, *Selbstwert*, *Familie*, *Freunde* und *Schule*) sowie in der übergeordneten Dimension *Total quality of life* die gesundheitsbezogene Lebensqualität. Die Messwerte werden auf einer Skala von 0 bis 100 Punkten dargestellt, wobei höhere Werte auf eine bessere gesundheitsbezogene Lebensqualität hinweisen. Tab. 17 zeigt die vorliegenden Referenzwerte aus der KiGGS-Erhebung.

Tab. 17: Mittlere Skalenwerte des KINDL-R aus den Eigenangaben der 11- bis 13-Jährigen.

	Total		Körperliches Wohlbefinden		Psychisches Wohlbefinden		Selbstwert		Familie		Freunde		Schule	
	MW	95%-KI	MW	95%-KI	MW	95%-KI	MW	95%-KI	MW	95%-KI	MW	95%-KI	MW	95%-KI
Jungen	75,3	(74,7-75,9)	76,3	(75,4-77,1)	83,1	(82,5-83,7)	57,6	(56,4-58,7)	83,9	(83,2-84,6)	81,0	(80,2-81,8)	70,1	(69,0-71,2)
Mädchen	73,8	(73,1-74,5)	71,6	(70,7-72,6)	82,6	(81,8-83,5)	54,5	(53,5-55,6)	84,0	(83,1-84,8)	79,5	(78,5-80,5)	70,7	(69,6-71,8)
Gesamt	74,6	(74,1-75,0)	74,0	(73,4-74,6)	82,9	(82,4-83,4)	56,1	(55,2-56,9)	83,9	(83,3-84,5)	80,3	(79,6-80,9)	70,4	(69,5-71,3)

In Abb. 46 werden die Skalenwerte der EE und der KiGGS-Studie verglichen. Es zeigt sich eine Überlegenheit der EE in den Dimensionen *Körperliches Wohlbefinden*, *Selbstwert* und *Schule* für beide Geschlechter sowie für die Dimensionen *Psychisches Wohlbefinden* und *Familie* für die Mädchen der EE.

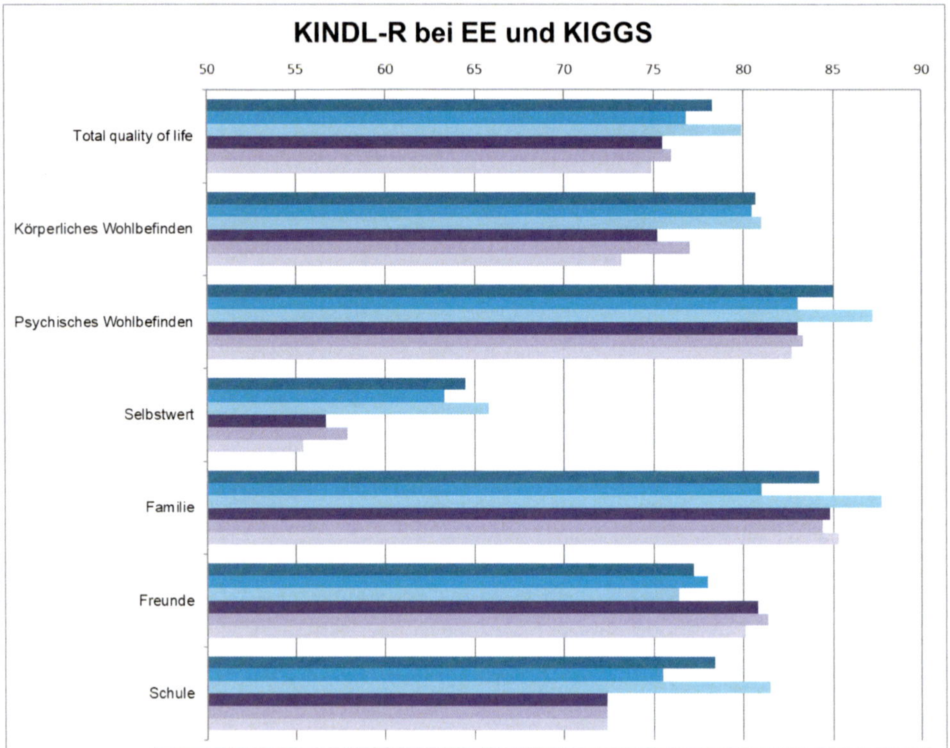

	Schule	Freunde	Familie	Selbstwert	Psychisches Wohlbefinden	Körperliches Wohlbefinden	Total quality of life
EE Gesamt	78,4	77,2	84,2	64,5	85	80,7	78,3
EE Jungen	75,5	78	81	63,3	83	80,5	76,8
EE Mädchen	81,5	76,4	87,7	65,8	87,2	81	79,9
KiGGS Gesamt	72,4	80,8	84,8	56,7	83	75,2	75,5
KiGGS Jungen	72,4	81,4	84,4	57,9	83,3	77	76
KiGGS Mädchen	72,4	80,1	85,3	55,4	82,7	73,2	74,9

Abb. 46: KINDL-R: Vergleich der Mittelwerte der eigenen Erhebung (EE) und der KiGGS-Studie.

In SPSS 22 erfolgte eine statistische Analyse der Skalenwerte der EE und der KiGGS. In Tab. 18 werden die Ergebnisse dargestellt.

Tab. 18: Übersicht eigene Erhebung (EE) und KiGGS für den Motorischen Test.

		n	MW	SD	Median	Min	Max	95% -KI	p
	Total quality of life								
Gesamt	EE	48	78,3	11,5	79,2	46,9	100	75,0-81,8	0,098
	KiGGS	1028	75,5	9,5	76	41,7	97,9	74,9-76,0	
Jungen	EE	25	76,8	9,9	78,1	46,9	90,9	72,6-81,2	0,697
	KiGGS	528	76	9,1	77,1	42,7	97,9	75,3-76,9	
Mädchen	EE	23	79,9	13	80,2	51	100	74,3-85,6	0,08
	KiGGS	500	74,9	9,9	76	41,7	97,9	74,0-75,7	
	Körperliches Wohlbefinden								
Gesamt	EE	47	80,7	16,8	87,5	31,3	100	75,8-85,6	0,031
	KiGGS	1020	75,2	16,3	75	18,8	100	74,2-76,2	
Jungen	EE	24	80,5	17,6	84,4	31,3	100	73,0-87,9	0,36
	KiGGS	522	77	15,4	81,3	25	100	75,8-78,5	
Mädchen	EE	23	81	16,2	87,5	43,8	100	74,0-88,0	0,034
	KiGGS	498	73,2	16,9	75	18,8	100	71,7-74,7	
	Psychisches Wohlbefinden								
Gesamt	EE	48	85	11,8	87,5	50	100	81,9-88,8	0,258
	KiGGS	1023	83	11,3	87,5	18,8	100	82,4-83,8	
Jungen	EE	25	83	11,3	84,4	50	100	78,9-88,3	0,9
	KiGGS	523	83,3	10,7	87,5	25	100	82,4-84,3	
Mädchen	EE	23	87,2	12,1	87,5	50	100	82,0-92,5	0,098
	KiGGS	500	82,7	11,9	87,5	18,8	100	81,8-83,9	
	Selbstwert								
Gesamt	EE	48	64,5	19,6	62,5	6,25	100	58,4-70,0	0,01
	KiGGS	1020	56,7	18,8	56,3	0	100	55,5-57,9	
Jungen	EE	25	63,3	15,4	62,5	37,5	93,8	56,2-69,3	0,105
	KiGGS	523	57,9	19,3	56,3	0	100	56,2-59,6	
Mädchen	EE	23	65,8	23,6	68,8	6,3	100	55,6-76,0	0,049
	KiGGS	498	55,4	18,2	56,3	6,3	100	53,8-57,0	
	Familie								
Gesamt	EE	48	84,2	16,5	87,5	0	100	79,4-89,2	0,815
	KiGGS	1023	84,8	12,4	87,5	25	100	84,1-85,6	
Jungen	EE	25	81	20,5	87,5	0	100	72,2-89,9	0,422
	KiGGS	523	84,4	12,4	87,5	37,5	100	83,3-85,5	
Mädchen	EE	23	87,7	9,9	87,5	68,8	100	83,5-92,0	0,252
	KiGGS	500	85,3	12,4	87,5	25	100	84,2-86,4	
	Freunde								
Gesamt	EE	48	77,2	16,6	81,3	25	100	72,3-82,2	0,152
	KiGGS	1020	80,8	14,6	81,3	0	100	79,9-81,7	
Jungen	EE	25	78	11,3	75	56,3	100	73,3-83,0	0,159
	KiGGS	522	81,4	14	81,3	12,5	100	80,2-82,7	
Mädchen	EE	23	76,4	21,1	81,3	25	100	67,2-85,5	0,411
	KiGGS	498	80,1	15,2	81,3	0	100	78,7-81,4	
	Schule								
Gesamt	EE	48	78,4	16,8	81,3	18,8	100	73,5-83,4	0,019
	KiGGS	1023	72,4	16,8	75	0	100	71,2-73,3	
Jungen	EE	25	75,5	16,9	75	18,8	100	68,2-82,8	0,379
	KiGGS	526	72,4	16,8	75	0	100	70,9-73,9	
Mädchen	EE	23	81,5	16,4	87,5	50	100	74,4-88,6	0,015
	KiGGS	497	72,4	17	75	12,5	100	70,7-73,7	

Tab. 18 zeigt die Ergebnisse der Grundschüler für die sechs Dimensionen sowie die übergeordnete Dimension, aufgeteilt jeweils nach EE und KiGGS, gesamt und in Jungen und Mädchen separat ausgewiesen. MW zeigt das arithmetische Mittel der Leistungsklassen und SD die Standardabweichung. Weiterhin wird der Median, das Minimum (Min) und Maximum (Max) im Rahmen der deskriptiven Statistik aufgeführt. Für die analytische Statistik erfolgte die Berechnung des 95%-Konfidenzintervall (95%-KI) und des t-Tests (p). Alle Angaben wurden auf eine, im t-Test auf drei Nachkommastellen gerundet.

Die ungerichtete Hypothese lautete, dass sich die gesundheitsbezogene Lebensqualität der EE und der KiGGS nicht unterschied. Sowohl bei der gemeinsamen Betrachtung als auch bei der geschlechtsspezifischen Betrachtung ließ sich kein statistisch signifikanter Unterschied zwischen der EE und der KiGGS feststellen. Aufgrund des gefundenen Konfidenzintervalls konnte die ungerichtete Hypothese verifiziert werden. Die gesundheitsbezogene Lebensqualität der EE und von der KiGGS unterschied sich nicht signifikant im Vergleich der Mittelwerte.

Aus den Ergebnissen der Stichprobe lässt sich aufgrund der Stichprobe der Altersklasse der 10 und 11-jährigen Kinder ableiten, dass die eigene Erhebung (EE) nicht signifikant von der Grundgesamtheit der erhobenen Daten der KiGGS-Studie abwich. Insofern kann der Gesamtdatensatz der eigenen Erhebung als Stichprobe des KiGGS-Datensatzes interpretiert werden.

4.2.3 Motorischer Test

Die Seele wird vom Pflastertreten krumm. Mit Bäumen kann man wie mit Brüdern reden und tauscht bei ihnen seine Seele um. Die Wälder schweigen. Doch sie sind nicht stumm. Und wer auch kommen mag, sie trösten jeden.

Erich Kästner

Der Motorische Test für NRW bildet motorische Leistungen in den Dimensionen Ausdauer, Kraft, Schnelligkeit, Koordination und Beweglichkeit durch acht Testaufgaben ab (Erläuterungen der Testaufgaben in Kapitel 3.2.3 bzw. Anhang F). Für die statistische Auswertung der einzelnen Testaufgaben liegen Daten von 138 bis 224 Grundschülern (siehe Tab. 19) vor, die zwischen Dezember 2008 und Juni 2010 erhoben wurden. In Abb. 47 sind die Ergebnisse der acht Testaufgaben in fünf bzw. vier altersadjustierten Leistungsklassen dargestellt. Die Leistungsklasse 1 „stark unterdurchschnittlich" wurde von allen Grundschülern in allen Testaufgaben deutlich überschritten und ist aus diesem Grund nicht abgebildet. Leistungsklasse 2 entspricht „unterdurchschnittlich", 3 „durchschnittlich", 4 „überdurchschnittlich" und 5 „stark überdurchschnittlich". Die einzelnen erreichten Leistungsklassen der Testaufgaben werden für die EW und die ER gezeigt. Alle Ergebnisse werden für Jungen und Mädchen getrennt ausgewiesen, um mögliche Geschlechtsunterschiede zu erkennen.

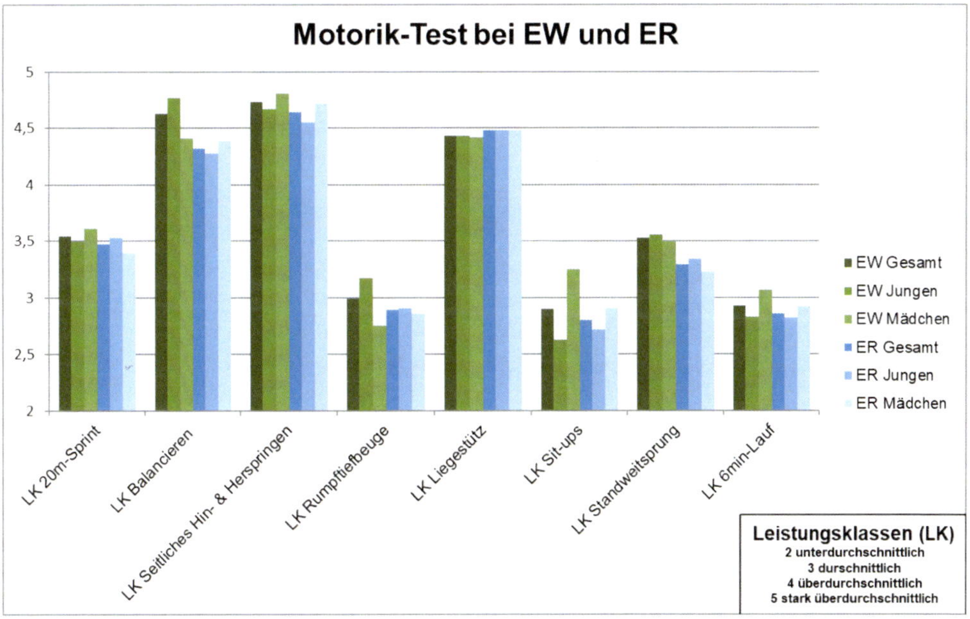

Abb. 47: Motorik-Test bei ehemaligen Wald- (EW) und ehemaligen Regelkindergartenkindern (ER) nach Leistungsklassen (LK).

In den Testaufgaben *Rumpftiefbeuge*, *Sit-ups* und *6min-Lauf* waren die Leistungen jeweils knapp unter der Leistungsklasse 3 „durchschnittlich“ bzw. wurden von einem Teil der EW leicht überschritten. Die Aufgaben *20m-Sprint* und *Standweitsprung* wurden von allen Grundschülern deutlich über der Leistungsklasse 3 „durchschnittlich“ absolviert. Die Testaufgaben *Balancieren* (siehe Abb. 48 und Abb. 49), *Seitliches Hin- & Herspringen* und *Liegestütz* wurden von allen Grundschülern in der Leistungsklasse 4 „überdurchschnittlich“ mit Tendenz 5 „stark überdurchschnittlich“ absolviert.

Abb. 48: Balancierbalken in 3, 4, 5 und 6 cm für die Testaufgabe „Balancieren rückwärts“. Foto: Schäffer 2009.

Abb. 49: Durchführung der Testaufgabe „Balancieren rückwärts“. Foto: Schäffer 2009.

Es sollte überprüft werden, ob die Ergebnisse der EW und der ER im *Motorischen Test für NRW* gleich sind. Die H0 lautet: „Es gibt keinen Unterschied im *Motorischen Test* für EW und ER.“ Die H1 lautet: „Es gibt einen Unterschied im *Motorischen Test* für EW und ER. Die Leistungen der EW sind in höheren Leistungsklassen angesiedelt."

Tab. 19 zeigt die Ergebnisse der Teilnehmer der einzelnen Testaufgaben, aufgeteilt jeweils nach EW und ER gesamt sowie für Jungen und Mädchen jeweils separat ausgewiesen. MW zeigt das arithmetische Mittel der Leistungsklassen und SD die Standardabweichung. Weiterhin wird der Median, das Minimum (Min) und Maximum (Max) im Rahmen der deskriptiven Statistik aufgeführt. Für die analytische Statistik erfolgte die Berechnung des 95%-Konfidenzintervalls (95%-KI) und des t-Tests (p). Alle Angaben wurden auf eine Nachkommastelle, im t-Test auf drei Nachkommastellen gerundet. In den für beide Geschlechter betrachteten Tests zeigte sich der Mittelwert über alle Tests, mit Ausnahme des Liegestützes, höhere Werte für die EW als für die ER. Im Median konnte für Mädchen für die Aufgaben *20m-Sprint*, *Sit-ups* und *Standweitsprung* eine bessere Leistungsklasse ermittelt werden.

Beim Vergleich der Mittelwerte mittels t-Test bei unabhängigen Stichproben konnte in keiner Testaufgabe ein signifikanter Unterschied bei den ER und EW gefunden werden, was auch am Konfidenzintervall erkennbar ist. Unter Berücksichtigung eines Signifikanzniveaus von 5% muss die H1-Hyptothese verworfen und die H0 Hypothese angenommen werden: Es gibt im gesamten *Motorischen Test für NRW*, sowohl für die gesamte Stichproben der EW und der ER als auch aufgeteilt nach Mädchen und Jungen, keinen signifikanten Unterschied der Leistungsklassen.

Tab. 19: Deskriptive und analytische Statistik zum Motorischen Test für NRW für die Leistungsklassen (LK) der acht Aufgaben für ehemalige Waldkindergartenkinder (EW) und ehemalige Regelkindergartenkinder (ER).

		n	MW	SD	Median	Min	Max	95% -KI	p
	LK 20m-Sprint								
Gesamt	EW	68	3,54	1,29	4	1	5	3,23-3,86	0,7
	ER	154	3,47	1,15	4	1	5	3,29-3,66	
Jungen	EW	40	3,5	1,26	4	1	5	3,10-3,90	0,906
	ER	89	3,53	1,19	4	1	5	3,28-3,78	
Mädchen	EW	28	3,61	1,34	4	1	5	3,09-4,13	0,476
	ER	65	3,4	1,1	3	1	5	3,13-3,67	
	LK Balancieren								
Gesamt	EW	57	4,63	0,75	5	2	5	4,43-4,83	0,063
	ER	81	4,32	1,08	5	1	5	4,08-4,56	
Jungen	EW	35	4,77	0,6	5	2	5	3,95-4,61	0,26
	ER	50	4,28	1,18	5	1	5	3,95-4,61	
Mädchen	EW	22	4,41	0,91	5	2	5	4,01-4,81	0,931
	ER	31	4,39	0,92	5	2	5	4,05-4,72	
	LK Seitliches Hin- & Herspringen								
Gesamt	EW	62	4,73	0,71	5	1	5	4,55-4,9	0,495
	ER	80	4,64	0,83	5	1	5	4,45-4,82	
Jungen	EW	36	4,67	0,86	5	1	5	4,38-4,96	0,562
	ER	49	4,55	0,96	5	1	5	4,28-4,83	
Mädchen	EW	26	4,81	0,4	5	4	5	4,65-4,97	0,794
	ER	31	4,72	0,56	5	3	5	4,57-4,98	
	LK Rumpftiefbeuge								
Gesamt	EW	73	2,99	1,32	3	1	5	2,68-3,29	0,603
	ER	153	2,89	1,31	3	1	5	2,68-3,1	
Jungen	EW	41	3,17	1,34	3	1	5	2,63-3,19	0,303
	ER	88	2,91	1,32	3	1	5	2,63-3,19	
Mädchen	EW	32	2,75	1,27	3	1	5	2,29-3,21	0,688
	ER	65	2,86	1,3	3	1	5	2,54-3,18	
	LK Liegestütz								
Gesamt	EW	63	4,43	1	5	1	5	4,18-4,68	0,743
	ER	81	4,48	0,91	5	2	5	4,28-4,68	
Jungen	EW	37	4,43	0,96	5	1	5	4,11-4,75	0,812
	ER	50	4,48	0,86	5	2	5	4,23-4,73	
Mädchen	EW	26	4,42	1,07	5	2	5	3,99-4,85	0,826
	ER	31	4,48	1	5	2	5	4,12-4,85	
	LK Sit-ups								
Gesamt	EW	73	2,9	1,31	3	1	5	2,6-3,21	0,556
	ER	153	2,8	1,18	3	1	5	2,61-2,99	
Jungen	EW	41	2,63	1,3	3	1	5	2,22-3,04	0,726
	ER	89	2,72	1,23	3	1	5	2,46-2,98	
Mädchen	EW	32	3,25	1,27	3,5	1	5	2,79-3,71	0,197
	ER	64	2,91	1,09	3	1	5	2,63-3,18	
	LK Standweitsprung								
Gesamt	EW	73	3,53	1,26	4	1	5	3,24-3,83	0,175
	ER	153	3,29	1,2	3	1	5	3,1-3,49	
Jungen	EW	41	3,56	1,26	4	1	5	3,16-3,96	0,358
	ER	88	3,34	1,24	3	1	5	3,08-3,6	
Mädchen	EW	32	3,5	1,27	4	1	5	3,04-3,96	0,315
	ER	65	3,23	1,14	3	1	5	2,95-3,51	
	LK 6min-Lauf								
Gesamt	EW	69	2,93	1,59	3	1	5	2,54-3,31	0,739
	ER	152	2,86	1,23	3	1	5	2,66-3,06	
Jungen	EW	41	2,83	1,5	3	1	5	2,36-3,30	0,962
	ER	87	2,82	1,32	3	1	5	2,54-3,10	
Mädchen	EW	28	3,07	1,74	3	1	5	2,4-3,75	0,625
	ER	65	2,92	1,12	3	1	5	2,64-3,20	

Zusammenfassung

Der *Motorische Test für NRW* bildet motorische Leistungen in den Dimensionen Ausdauer, Kraft, Schnelligkeit, Koordination und Beweglichkeit durch acht Testaufgaben ab:

- *20m-Sprint,*
- *Balancieren rückwärts,*
- *Seitliches Hin-& Herspringen,*
- *Rumpftiefbeuge,*
- *Liegestütz,*
- *Sit-ups,*
- *Standweitsprung,*
- *6-Minuten-Lauf.*

Für die einzelnen Testaufgaben liegen Ergebnisse von 138 bis 224 Grundschülern vor. Die Ergebnisse wurden in fünf altersadjustierten Leistungsklassen von 1 „stark unterdurchschnittlich" bis 5 „stark überdurchschnittlich" eingeteilt.

Im Bereich *Rumpftiefbeuge*, *Sit-ups* und *6min-Lauf* wurden von allen untersuchten Kindern unterdurchschnittliche (LK 2) bis durchschnittliche (LK 3) Leistungen mit der Tendenz zu durchschnittlich erreicht. Leistungen im Bereich *20m-Sprint* und *Standweitsprung* lagen zwischen durchschnittlich (LK 3) und überdurchschnittlich (LK 4).

Im Vergleich der eigenen Erhebung mit dem KiGGS Datensatz zeigte sich eine Überlegenheit in den Aufgaben *Liegestütz*, *Balancieren* und *Seitliches Hin- & Herspringen* jeweils für beide Geschlechter, d.h. Kraft, Schnelligkeit und Koordination waren in der eigenen Erhebung um ca. zwei Leistungsklassen besser als in der KiGGS bzw. stark überdurchschnittlich.

Bei allen untersuchten Grundschülern zeigten sich überdurchschnittliche Leistungen im Bereich *Balancieren*, *Seitliches Hin- & Herspringen* und *Liegestütz*. Im Bereich *Balancieren*, *Seitliches Hin- & Herspringen* und *Standweitsprung* kann eine Überlegenheit der ehemaligen Waldkindergartenkinder konstant erkannt werden, statistisch signifikant ist dieser Unterschied aber nicht.

4.2.4 Quantitative Interviews mittels KINDL-R

Zwischen Dezember 2008 und Juni 2010 füllten 132 Kinder (96 ER, 36 EW) den quantitativen Fragebogen KINDL-R in der Kiddy-Version (4-7 Jahre) und 204 Kinder (144 ER, 60 EW) in der Kid-Version (8-11 Jahre) aus. Die Auswertung erfolgte mit dem dafür vorgesehenen Tool (Ravens-Sieberer et al., 2007a). Alle Ergebnisse wurden für Jungen und Mädchen getrennt ausgewiesen, um mögliche Geschlechtsunterschiede erkennen zu können. Die Messwerte wurden auf einer Skala von 0 bis 100 Punkten dargestellt, wobei höhere Werte auf eine bessere gesundheitsbezogene Lebensqualität hinweisen.

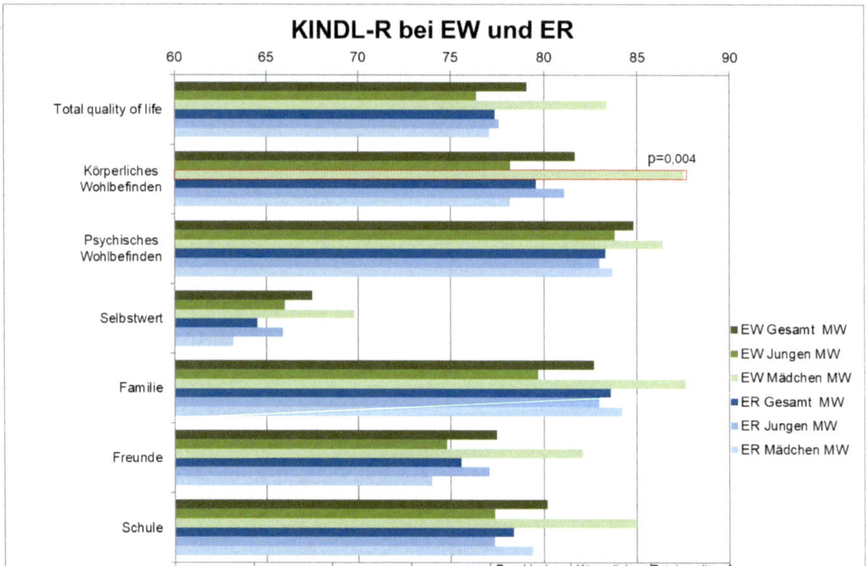

	Schule	Freunde	Familie	Selbstwert	Psychisches Wohlbefinden	Körperliches Wohlbefinden	Total quality of life
EW Gesamt MW	80,2	77,5	82,7	67,5	84,8	81,7	79,1
EW Jungen MW	77,4	74,8	79,7	66	83,8	78,2	76,4
EW Mädchen MW	85	82,1	87,6	69,8	86,4	87,5	83,4
ER Gesamt MW	78,4	75,6	83,6	64,5	83,3	79,6	77,4
ER Jungen MW	77,4	77,1	83	65,9	83	81,1	77,6
ER Mädchen MW	79,4	74	84,2	63,2	83,7	78,2	77,1

Abb. 50: Vergleich der Mittelwerte des KINDL-R bei ehemaligen Waldkindergartenkindern (EW) und ehemaligen Regelkindergartenkindern (ER).

In Abb. 50 werden die Ergebnisse des KINDL-R Fragebogens für die sechs Dimensionen der gesundheitsbezogenen Lebensqualität (*körperliches Wohlbefinden*, *psychisches Wohlbefinden*, *Selbstwert*, *Familie*, *Freunde* und *Schule*) sowie die übergeordnete Dimension (*Total quality of life*) dargestellt. Die ungerichtete Hypothese lautet, dass sich die gesundheitsbezogene Lebensqualität von ER und EW unterscheidet.

Da ein metrischer Datensatz vorliegt, konnten t-Test die Mittelwerte der ehemaligen Regelkindergartenkinder und der ehemaligen Waldkindergartenkinder verglichen werden (Bortz & Döring, 2010). Bei den ehemaligen Kindergartenkindern handelt es sich um unabhängige Stichproben. Es wird von einer Varianzhomogenität ausgegangen, deswegen wird der Levene-Test ignoriert (Kuckartz et al., 2010).

Werden alle Kinder gemeinsam betrachtet, so lässt sich kein signifikanter Unterschied zwischen den EW und ER feststellen. Bei der geschlechtsspezifischen Betrachtung liegen die Ergebnisse der weiblichen ehemaligen Waldkindergartenkinder alle Dimensionen über denen der anderen Grundschüler. Bei den Jungen zeigen sich keine signifikanten Unterschiede.

Tab. 20 zeigt die Ergebnisse der Grundschüler für die sechs Dimensionen sowie die übergeordnete Dimension, aufgeteilt jeweils nach EW und ER, gesamt und in Jungen und Mädchen separat ausgewiesen. MW zeigt das arithmetische Mittel der Leistungsklassen und SD die Standardabweichung. Weiterhin wird der Median, das Minimum (Min) und Maximum (Max) im Rahmen der deskriptiven Statistik aufgeführt. Für die analytische Statistik erfolgte die Berechnung des 95%-Konfidenzintervall (95%-KI) und des t-Tests (p). Alle Angaben wurden auf eine, im t-Test auf drei Nachkommastellen gerundet.

Aufgrund des gefundenen Konfidenzintervalls zeigte sich, dass die nähere Betrachtung mittels t-Test insbesondere für Mädchen von Interesse schien. Im Bereich *Körperliches Wohlbefinden* kann die ungerichtete Hypothese für Mädchen angenommen werden. Sie profitieren in dieser Dimension signifikant (p=0,04 siehe Abb. 50 bzw. Tab. 20) vom Besuch eines Waldkindergartens im Vergleich der Mittelwerte. Die übergeordnete Dimension *Total quality of life* ist für Mädchen mit p=0,08 knapp nicht signifikant. Für alle anderen Dimensionen und die Betrachtung sowohl für Jungen als auch für beide Geschlechter muss die ungerichtete Hypothese, verworfen werden. Die gesundheitsbezogene Lebensqualität von ER und EW unterscheidet sich in allen anderen Dimensionen nicht signifikant im Vergleich der Mittelwerte.

Da sich für die Beschreibung der Ergebnisse nach Altersklassen keine signifikanten Ergebnisse zeigten, wird an dieser Stelle auf eine Darstellung verzichtet.

Tab. 20: Deskriptive und analytische Statistik zum KINDL-R, angegeben werden Anzahl der Probanden (n), Mittelwert (MW), Standardabweichung (SD), Median, Minimum (Min), Maximum (Max) und das 95%-Konfidenzintervall (95%-KI).

		n	MW	SD	Median	Min	Max	95% -KI	p
	Total quality of life								
Gesamt	EW	60	79,1	10,9	81,9	46,9	97,9	75,6-79,1	0,308
	ER	144	77,4	10,5	78,1	42,7	100	76,2-81,9	
Jungen	EW	37	76,4	11,3	80,2	46,9	89,6	72,6-80,1	0,578
	ER	72	77,6	9,7	78,1	42,7	97,9	75,3-79,9	
Mädchen	EW	23	83,4	8,8	83,3	65,6	97,9	79,6-87,1	0,008
	ER	72	77,1	11,3	78,1	44,8	100	74,5-79,8	
	Körperliches Wohlbefinden								
Gesamt	EW	59	81,7	16,4	81,3	18,8	100	77,4-86,0	0,414
	ER	144	79,6	15,3	81,3	31,3	100	77,1-82,1	
Jungen	EW	37	78,2	18,1	81,3	18,8	100	72,2-84,3	0,406
	ER	72	81,1	14,2	81,3	31,3	100	77,7-84,4	
Mädchen	EW	22	87,5	11,2	87,5	56,3	100	82,5-92,5	0,004
	ER	72	78,2	16,1	81,3	37,5	100	74,4-82,0	
	Psychisches Wohlbefinden								
Gesamt	EW	60	84,8	13,5	87,5	43,8	100	81,3-88,3	0,480
	ER	145	83,3	12,6	87,5	43,8	100	81,3-85,4	
Jungen	EW	37	83,8	13,2	87,5	43,8	100	79,4-88,2	0,774
	ER	73	83,0	11,4	87,5	50,0	100	80,4-85,7	
Mädchen	EW	23	86,4	14,2	87,5	43,8	100	80,3-92,5	0,419
	ER	72	83,7	13,8	87,5	43,8	100	80,4-86,9	
	Selbstwert								
Gesamt	EW	59	67,5	16,8	68,8	31,3	100	63,1-71,9	0,284
	ER	144	64,5	19,5	68,8	6,3	100	61,3-67,5	
Jungen	EW	37	66,0	17,1	68,8	31,3	100	60,2-71,7	0,981
	ER	72	65,9	18,6	68,8	12,5	93,8	61,5-70,2	
Mädchen	EW	23	69,8	16,6	75,0	37,5	100	62,7-77,0	0,122
	ER	72	63,2	20,4	65,6	6,3	100	58,4-68,0	
	Familie								
Gesamt	EW	59	82,7	18,2	87,5	0,0	100	77,9-87,4	0,725
	ER	144	83,6	12,8	87,5	43,8	100	81,5-85,7	
Jungen	EW	36	79,7	21,1	87,5	0,0	100	72,7-86,8	0,397
	ER	72	83,0	13,5	87,5	43,8	100	79,8-86,2	
Mädchen	EW	22	87,6	10,7	87,5	62,5	100	82,9-92,3	0,211
	ER	72	84,2	12,2	87,5	50,0	100	81,3-87,0	
	Freunde								
Gesamt	EW	59	77,5	17,2	81,3	25,0	100	73,1-82,0	0,467
	ER	144	75,6	18,4	78,1	0,0	100	72,5-78,6	
Jungen	EW	37	74,8	18,1	81,3	25,0	100	68,8-80,9	0,513
	ER	72	77,1	14,4	75,0	25,0	100	73,7-80,5	
Mädchen	EW	22	82,1	14,9	84,4	50,0	100	75,5-88,7	0,053
	ER	72	74,0	21,7	81,3	0,0	100	69,0-79,1	
	Schule								
Gesamt	EW	59	80,2	16,8	81,3	18,8	100	75,8-84,6	0,504
	ER	144	78,4	17,4	81,3	25,0	100	75,6-81,3	
Jungen	EW	37	77,4	18,7	75,0	18,8	100	71,1-83,6	0,986
	ER	72	77,4	16,1	81,3	37,5	100	73,7-81,2	
Mädchen	EW	22	85,0	12,0	87,5	62,5	100	79,6-90,3	0,108
	ER	72	79,4	18,7	84,4	25,0	100	75,0-83,8	

Zusammenfassung

Neben den körperlichen Dimensionen ist es auch wichtig zu erfassen, wie sich eine Person fühlt oder mit anderen Menschen bzw. ihrem Alltag zurechtkommt (Bullinger & Ravens-Sieberer 1995; Bullinger 1997). Der KINDL-R (Ravens-Sieberer & Bullinger, 1998) ist ein mehrdimensionales Konstrukt, welcher körperliche, emotionale, mentale, soziale und verhaltensbezogene Komponenten des Wohlbefindens und der Funktionsfähigkeit für Kinder abbildet.

Für die quantitativen Befragungen liegen die Ergebnisse von 132 Kindern (96 ER, 36 EW) in der Kiddy-Version (4-7 Jahre) sowie von 204 Kindern (144 ER, 60 EW) in der Kid-Version (8-11 Jahre) für Jungen und Mädchen getrennt vor. Die Messwerte liegen zwischen 0 und 100 Punkten, wobei höhere Werte auf eine bessere gesundheitsbezogene Lebensqualität hinweisen. Die Ergebnisse des KINDL-R Fragebogens sind für sieben Dimensionen der gesundheitsbezogenen Lebensqualität dargestellt:

- *Total quality of life,*
- *Körperliches Wohlbefinden,*
- *Psychisches Wohlbefinden,*
- *Selbstwert,*
- *Familie,*
- *Freunde* und
- *Schule.*

Im Vergleich des in dieser Studie erhobenen Gesamtdatensatzes (n=336) mit dem KiGGS-Datensatz zeigten sich keine statistisch signifikanten Unterschiede für die gesundheitsbezogene Lebensqualität. Insofern kann der Gesamtdatensatz aus EW und ER als Stichprobe des KiGGS-Datensatzes interpretiert werden.

Verschiedene Studien belegen positive gesundheitliche Effekte für den Waldkindergarten. Sie sehen den Waldkindergarten als Quelle für Gesundheitsförderung im Setting Kindertagesstätte (Lier 2007), oder direkt als Therapeutische Landschaft (Kruse, 2013) bzw. sehen Naturerfahrung als ganzheitliche Ressource für die kindliche Entwicklungsförderung (Raith & Lude,

2014). In allen genannten Publikationen erfolgen diese Untersuchungen jedoch nicht genderspezifisch. In der hier vorliegenden Studie haben die Mädchen EW durchgehend die höchsten Werte im KINDL-R. Die statistische Analyse mittels t-Test zeigt, dass Mädchen EW im Bereich *Körperliches Wohlbefinden* den Mädchen ER signifikant überlegen sind. Für alle anderen Dimensionen der gesundheitsbezogenen Lebensqualität zeigte sich kein signifikanter Unterschied. Das bedeutet, dass Mädchen insbesondere auf der Dimension des körperlichen Wohlbefindens vom Besuch eines Waldkindergartens profitieren.

4.2.5 Qualitative Interviews

Zwischen Dezember 2008 und Juni 2010 wurden Interviews mit dreizehn Kindern (davon 5 weiblich, 8 männlich) geführt. Davon waren fünf Kinder ehemals im Waldkindergarten. Vier Kinder nahmen am Pretest teil, wovon ein Kind (PP1) im Schulgarten engagiert war. Zur eindeutigen Kennzeichnung sind die Pretest-Probanden mit PP abgekürzt, die Probanden, die ehemals einen Waldkindergarten besucht haben mit PEW und die Probanden, die einen Regelkindergarten besucht haben mit PER codiert (siehe Tab. 21).

Tab. 21: Übersicht Geschlecht und Kindergarten (rot: weiblich, blau: männlich, grün: ehemals Waldkindergarten, weiß: ehemals Regelkindergarten).

	1	2	3	4	5	6	7	8	9	10	11	12	13
Proband	PP1	PP2	PP3	PP4	P19	P20	P21	P22	P23	P24	P25	P26	P27
Geschlecht	w	m	m	w	w	w	m	m	m	m	w	m	m
ehemals Waldkindergarten					x		x	x		x		x	

Die Interviews aus dem Pretest wurden eingeschlossen, da die Fragen kaum verändert wurden. So wurde z.B. die Frage „Was weißt Du über die Natur?" zusätzlich weitergehend spezifiziert mit den Fragen „Was weißt Du über den Wald?" bzw. „Was weißt Du über den Garten?". Die Grundschüler aus dem Pretest hatten alle einen Regelkindergarten besucht, eine Grundschülerin engagierte sich jedoch stark im Schulgartenprojekt, so dass diese den Kindern mit regelmäßiger Naturerfahrung, d.h. den ehemaligen Waldkindergartenkindern zugeordnet wurde. Zur einfachen Lesbarkeit werden auch in diesem Kapitel ehemalige Waldkindergartenkinder mit EW und ehemalige Regelkindergartenkinder mit ER codiert.

Schwerpunkt der Interviews waren insbesondere die Ideen der Grundschüler zu Natur und Gesundheit und ihre Verbindungen. Außerdem interessierte, wie die Kindergartenzeit erlebt wurde. Die auf den folgenden Seiten erläuterten neun Themen der qualitativen Interviews sind in Tab. 22 aufgeführt.

Tab. 22: Themen der qualitativen Interviews mit den Grundschülern.

	Grundschüler
a)	Thema Gesundheit
b)	Thema Krankheit
c)	Verbindung Gesundheit/ Natur
d)	Draußen Spielen
e)	Fahrrad fahren
f)	Garten
g)	Wald
h)	Tiere benennen
i)	Erinnerungen an den Kindergarten

a. Gesundheit

Auf die Frage, was den Grundschülern zum Thema Gesundheit einfalle, liegen 13 Aussagen vor. Fast die Hälfte der Kinder (PP1, PP3, PEW19, PER20, PEW21, PEW22) assoziierten gesunde Ernährung mit Gesundheit. Drei EW (PP1, PEW19, PEW22) assoziierten eine aktive Lebensweise mit Gesundheit. Bei drei Kindern wurden Krankheiten bzw. eine Verletzung zur Erklärung von Gesundheit hinzugezogen (PP4, PER25, PEW 24). Zwei Kinder konnten nichts zum Thema Gesundheit sagen. PP1 hatte eine ganzheitliche Sichtweise und bezog Körper, Geist und Psyche in das Thema Gesundheit mit ein:

„Und wenn man fit ist, heißt das also, man ist gut drauf und kann gut nachdenken und so.“

Zwei Grundschüler erklärten Gesundheit als Abwesenheit von Krankheit (PP4, PER27) bzw. die Wiederherstellung von Gesundheit. PEW24 assoziierte eine kürzlich durchgeführte Operation mit Gesundheit.

b. Krankheit

Zum Thema Krankheit liegen 13 Aussagen vor, wobei vier Kinder (PP4, PER20, PEW21, PEW22) nichts sagen konnten. Zwei Mädchen gaben Trigger für Krankheiten an (EW: schlechte Luft, bzw. viele Süßigkeiten, PP1: Unterkühlung, Bakterien). Zwei Jungen (PP3, PP4) verbanden Krankheit mit bestimmtem Verhalten. PEW5 sagte:

„Ja, also im Bett liegen und Kamillentee trinken."

Für viele Kinder (PER23, PEW24, PER25, PEW26, PER27) war Krankheit unangenehm, *„es ist ein doofes Gefühl"* (PER25). Für PER23 und PER27 war es ebenfalls unangenehm in der Schule zu fehlen. PEW24 und PEW26 erinnerten sich an die letzte eigene Erkrankung bzw. von Bruder/ bester Freundin.

c. Verbindungen Natur/ Gesundheit

Größtenteils wurden die Verbindungen von Natur und Gesundheit von den 13 befragten Kindern in einen positiven Zusammenhang gebracht. Dazu zählten frische Luft bzw. Sauerstoff (PEW19, PEW21, PER27), Sport (PEW22) inklusive Schwitzen (PER23) und der Aufenthalt (PEW19) bzw. die Entspannung (PEW26) in der Natur.

„Z.B. es gibt ja diese Krankheit, wo man immer so ein Piepen im Ohr hat. ... Da haben viele auch schon gesagt, im Wald mit den Vögeln, da, da entspannen die sich vielmehr und so." (PEW26)

Viel unbehandeltes Gemüse (PP1) und Heilkräuter bzw. heilende Pflanzen (PP4, PEW26) wurden im Zusammenhang von Natur und Gesundheit genannt. PEW26 wies jedoch explizit auf den Fingerhut hin, der eine Heilpflanze sei, die auch giftig sein könne. PEW24 ging nur auf die negative Wirkung von giftigen Pflanzen ein. PP3 nannte als weiteres Beispiel Infektionen, die durch Tiere übertragen werden können. Keine Verbindung zwischen Natur und Gesundheit konnten PP2, PER20 und PER25 benennen.

d. Draußen Spielen

Alle neun Kinder, die eine Aussage gemacht haben, gaben an, in der vergangenen Woche zumindest einmal draußen gespielt zu haben. Vier EW sowie drei Kinder ER taten dies fast täglich, wohingegen zwei Kinder (ER) dies nur einmal in der vorangegangenen Woche gemacht hatten.

e. Fahrrad fahren

Es liegen zwölf Aussagen zum Fahrradfahren vor. Alle 13 Kinder besaßen ein Fahrrad. Elf Kinder konnten Angaben zu ihrem Fahrverhalten in den letzten Tagen bzw. in der letzten Woche machen. Hier zeigte sich die regelmäßige Nutzung des Fahrrads zwischen dreimal pro Woche bis täglich bei allen Kindern.

f. Garten

Es liegen Aussagen von 13 Kindern zum Garten vor. Alle Kinder hatten Zugang zu einem eigenen oder gemeinschaftlich genutzten Garten. Sieben Kinder sahen den Garten als Spiel-, Aktivitäts-, bzw. Sozialraum an:

„Da spielen wir ganz oft drin.“ (PEW21)

Schlagworte wie Teich, Blumen, Gras, Rasen, Sträucher, Bäume, Swimming Pool, Terrasse wurden von fünf Kindern genannt. Drei Kinder verbanden den Garten mit Arbeit:

„Ähm, im Garten arbeiten. Das mache ich eigentlich jeden Tag. Wir haben jetzt am Samstag die Taufe von meinem Bruder und da müssen wir noch einiges im Garten machen.“ (PER27)

Drei Kinder (PP2-PP4) sahen den Garten als Quelle für Obst bzw. Gemüse an. Von einem Mädchen wurde der Garten als Ort des Wohlbefindens beschrieben:

„Also da, immer wenn ich da bin, dann kriege ich frische Luft und so und dann fühle ich mich wohl. Also da drin ist es

dann immer so gemütlich. Und wenn noch die Sonne scheint und die Tulpen und so, die sind alles, die sind alle so schön.“ (PP1)

Ein Garten wurde ebenso als Sozialraum für eine innige Beziehung zu Vater oder Großmutter gesehen. PP1 berichtete von einem gemeinsamen Besuch des Botanischen Gartens mit dem Vater und PER23 pflanzte gemeinsam mit der Großmutter.

g. Wald

Elf Kinder (nicht PP3, PER20) assoziierten Bäume mit dem Wald. PP2, PP3, PEW19, PER20, PEW22, PER23, PEW24 und PEW26 dachten an verschiedene Tiere.

„Ja, z.B. das Wildschwein oder so, was nur in der Nacht raus kommt. ... Meistens oder Rehe. Das Eichhörnchen. Nüsse verstecken für den Winter und dass die die wieder finden. Also dass die sich das ganz gut merken können.“ (PEW19)

Oder im Gespräch der Autorin mit PP2 (ER, männlich):

„Da ist, da gibt's Rehe und Hündchen glaub ich, oder... „

„Hündchen?“

„Wölfe! Und Tigers.“

„Tigers, aha?“

„Löwen.“

„Löwen?“

„Vielleicht auch Schlangen.“

Bei vier Kindern war die Erinnerung an den Wald an ein konkretes Erlebnis verknüpft. PP1 berichtete von einer Klassenfahrt, PP3 vom Besuch einer Burg mit einem Spaziergang durch das Gebirge, PP4 hatte mit seinen Großeltern einen

Waldspaziergang gemacht und war dabei auf umgestürzten Bäumen geklettert und PER20 hatte einen Fuchs im Unterholz gehört.

PP1, PP4 und PEW19 dachten an die Photosynthese:

„*...der Wald, die Bäume geben uns Sauer- nein, Nährstoffe ab. Und was wir ausatmen, atmen die ein und was die ausatmen, atmen wir ein.*" (PP1)

Für PP1 und PEW26 war der sorgsame Umgang mit der Natur, bzw. der Unrat, der in der Natur entsorgt wurde, ein Thema:

„*Äh, äh man sollte äh z.B. gut damit umgehen, wie man mit anderen auch gut umgeht und jetzt nicht z.B. Müll rum liegen lassen und die Umwelt verschmutzen. Das kann ich schon gar nicht leiden.*" (PEW26)

PP4 und PEW21 dachten an das Klettern auf Bäumen. PER20 und PEW22 dachten an die Ruhe im Wald, bzw. PER25 die „letzte Ruhe" auf einem Waldfriedhof.

„*Das da manche Leute auch begraben werden, wenn die den Wald ganz gerne mögen.*"

h. Tiere

Die Grundschüler wurden nach der Fragestellung zu Wald und Garten nochmals gesondert interviewt, welche Tiere sie kennen. Hierzu liegen 13 Aussagen vor. Drei (PP1, PP4, PER23) von 13 Kindern sagten, dass sie *alle* Tiere kennen. Bei Nachfrage waren dies dann 1-17 Tiere bzw. Tiere und Tierarten. Die Anzahl der genannten Tiere ist in Abb. 51 dargestellt.

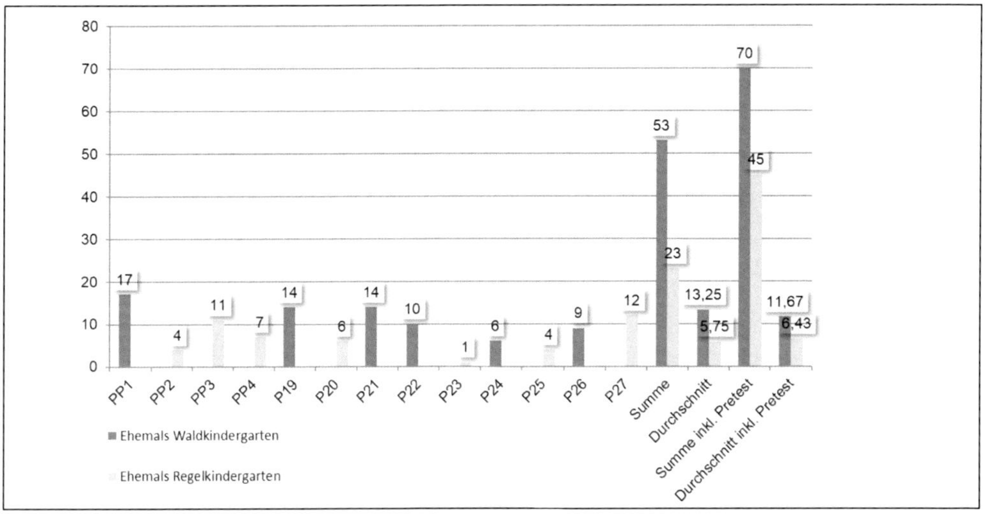

Abb. 51: Qualitative Interviews mit Grundschülern. Anzahl der genannten Tiere, bzw. Tierarten.

EW nennen häufiger Arten und auch Unterarten von Tieren (PEW19, PEW21, PEW22, PEW24, PEW26):

„Mmh, Möwe, also Lachmöwe oder sowas." (PEW19)

Im Gegensatz dazu das Beispiel von PER25:

„Äh, Hund, Katze, Maus, Vögel und ja."

i. Erinnerungen an die Kindergartenzeit

Es liegen 13 Aussagen von Kindern zu ihren Erinnerungen an die Kindergartenzeit vor. Fünf Kinder besuchten einen Waldkindergarten. PEW26 erzählte:

„Der war wunderbar. Meine beste Zeit des Lebens."

Drei Kinder (PP2, PER20, PER23) berichteten von einem speziellen Freund, mit dem sie gespielt hatten. Die Erzieherinnen wurden von PP4 aufgezählt und von PER27 in nette und unfreundliche Erzieherinnen eingeteilt. EW berichteten nicht von ihren Erzieherinnen. Ihnen blieb eher die Gemeinschaft und die

Zusammenkunft von Morgenkreis bzw. Abschlusskreis in Erinnerung (PEW21, PEW22) (siehe Abb. 52).

Abb. 52: Morgenkreis im Waldkindergarten. Foto: Schäffer 2009.

PEW26 berichtete:

> *„dass man Gleichberechtigen soll. Und ja man hat, man hat einfach gelernt, wieder zu schätzen, die anderen.“*

Etwas über Pflanzen und/ oder Tiere gelernt zu haben bzw. damit in Kontakt gekommen zu sein berichteten PP1 und drei weitere Kinder (PEW19, PEW21, PEW26).

Spielen wurde von 8 Kindern (PP1, PP2, PER20, PEW21, PEW22, PEW23, PER25, PER27) erwähnt, davon zwei aus dem Waldkindergarten. Malen, Basteln, bzw. Schneiden wurde nur von PP1, PP4 und PER20 erwähnt. Das Aufsuchen von verschiedenen Plätzen wurde von drei Waldkindergartenkindern erläutert (PEW22, PEW24, PEW26).

Zusammenfassung

Zwischen Dezember 2008 und Juni 2010 wurden zusätzlich Interviews mit dreizehn Kindern (n=weiblich 5, männlich 8) geführt. Davon waren fünf Kinder ehemals im Waldkindergarten (EW) und acht ehemals im Regelkindergarten (ER). Vier Kinder nahmen am Pretest teil, wovon ein Kind (PP1) im Schulgarten engagiert war, welches zu den EW gezählt wurde (genauere Beschreibung der Probanden in Tab. 21, S. 126). Schwerpunkte der Interviews waren insbesondere die Ideen der Grundschüler zu Natur und Gesundheit und die Verbindungen der beiden Themen. Außerdem interessierte, wie die Kindergartenzeit erlebt wurde. Die Ergebnisse sind in Tab. 23 zusammengefasst.

Tab. 23: Zusammenfassung der qualitativen Interviews mit den Grundschülern.

Thema	Aussagen	Ehemals Waldkindergarten (EW)	Aussagen	Ehemals Regelkindergarten (ER)
a. Gesundheit	gesunde Ernährung	PP1, P19, P21, P22	äquivalent zu EW (") (PP3, P20)	
	aktive Lebensweise	PP1, P19, P22		
			Abwesenheit von Krankheit	PP4, P27
			Zähne putzen	PP3
	sich "wohl fühlen"	P26		
b. Krankheit	Trigger: Unterkühlung, Bakterien	PP1		
	Trigger: keine frische Luft, Süßigkeiten	P19		
	Krankheit unangenehm	P24, P26	"	P23, P25, P27
			unangenehm in der Schule zu fehlen	P23, P27
	Erinnerung an letzte eigene Krankheit, bzw. von nahestehender Person	P24, P26		
c. Verbindung von Natur / Gesundheit	frische Luft bzw. Sauerstoff	P19, P21	"	P27
	Sport	P22	Sport inklusive Schwitzen	P23
	Aufenthalt bzw. Entspannung und	P19		
	Symptomlinderung (Tinnituts) in der Natur	P26		
	unbehandeltes Gemüse	PP1		
	Heilkräuter bzw. heilende Pflanzen	P26	"	PP4, P27
	Cave: giftige Heilpflanzen	P24, P26		
			Infektionen, die durch Tiere übertragen werden	PP3
			Kennen keine Verbindung	PP2; P20, P25
d. Draußen spielen	täglich oder fast täglich	PP1, P19; P22; P24, P26	"	P20, P25, P27
			1x / Woche im Fußballverein	P23
e. Fahrrad fahren	besitzen ein Fahrrad, nutzen dies mehrfach in der Woche	PP1, P19, P21, P22, P24, P26	"	PP3, PP4, P20, P23, P25, P27
f. Garten	Zugang zu einem (eigenen oder gemeinschaftlichen) Garten	PP1, P19; P22; P24; P26	"	PP2, PP3, PP4, P20, P23, P25, P27
	Ort des Wohlbefindens	PP1, P26		
	innige soziale Beziehungen zum Vater	PP1	Großmutter	P23
	Pflanzen und Ernten von eigenem Obst oder Gemüse	P26	"	PP2, PP3, PP4, P23
	Tiere, Teich mit Fischen, Ziegen, Vögel, Schmetterlinge	PP21, PP22	"	P20, P26
	Aktivitäten wie Arbeit, Spiel	P21, P24, P26	"	PP2, PP3, P25, P27
g. Wald	Bäume	PP1, P19; P22; P24; P26	"	PP2, PP4, P23, P25, P27
	Tiere	P19; P22; P24; P26	"	PP2, PP3, P20, P23
	Photosynthese	PP1, P19	"	PP4
	Umweltschutz	PP1, P26		
	Klettern auf Bäumen	P21	"	PP4
	Ruhe	P22	"	P20
			Waldfriedhof	P25
h. Tiere benennen	Gesamtzahl: 70 Durchschnitt pro Kind: 11, 67	Näheres siehe Abb. 51	Gesamtzahl: 45 Durchschnitt pro Kind: 6,43	Näheres siehe Abb. 51
i. Erinnerungen an den Kindergarten	Freunde	P24	"	PP2, P20, P23
	Gemeinschaft	P21, P22, P26		
	Aktivitäten und spezielle Spielangebote, wie Puppenecke, Riesenrutsche	PP1, P21, P22, P24, P26	"	PP2, PP3, P20, P23, P25, P27
			Erzieherinnen	PP4, P27
	explizit genannt: "schön",	P19, P21, P22		
	"gut",	P24		
	"wunderbar"	P26	"Spaß"	P23
	etwas gelernt	P19		

In den qualitativen Interviews lassen sich Unterschiede in den Aussagen zur Wahrnehmung von Gesundheit und Krankheit, der Verbindung von Natur und Gesundheit sowie den Erinnerungen an den Kindergarten belegen.

Gesundheit war für die ER durch schulisches Wissen zu gesunder Ernährung und Zähneputzen geprägt, weiterhin gaben sie pathogenetisch orientierte Definitionen zu Gesundheit an. Das Bild zu Gesundheit war bei den EW neben der gesunden Ernährung auch noch durch salutogenetische Faktoren wie körperliche Aktivität und „sich wohl fühlen“ geprägt.

Für beide Gruppen war **Krankheit** unangenehm, für die ER insbesondere, da sie in der Schule fehlten. Ihre Aussagen lassen sich in die *präoperationale Phase* (Lohaus & Ball, 2006), in der weitestgehend nur eigene unmittelbare Erfahrungen oder Symptome beachtet werden, einordnen. EW gingen über diese Phase hinaus und berichteten empathisch über eigene Erkrankungen oder die von nahestehenden Personen. Die Aussagen lassen sich der *konkret-operationalen* Phase (Lohaus & Ball, 2006) zuordnen, in der realistischere Erklärungskonzepte zunehmend angewendet werden und auch die Empfindungen und Erfahrungen anderer Personen in eigene Konzepte integriert werden. EW nannten weiterhin Auslöser für Krankheiten und setzten somit aktuelles gesundheitsbezogenes Verhalten im Sinne der Prävention für die zukünftige Gesundheit in Beziehung.

Als **Verbindung von Natur und Gesundheit** wurde von EW und ER frische Luft, Sport und heilende Pflanzen genannt. Als gesundheitliche Gefahren der Natur wurden von den EW giftige Pflanzen, und von den ER Infektionen, die durch Tiere übertragen werden, benannt. Darüber hinaus berichteten die EW noch von Möglichkeiten der Entspannung und Symptomlinderung durch den Aufenthalt in der Natur. So wird von ihnen auch der Garten als ein Ort des Wohlbefindens tituliert. Durch ihre Aussagen lassen sich die EW eher dem biozentrisch-naturaffinen Konzept (Gebauer, 2007) zuordnen, welches neben einem starken Interesse an Naturphänomenen durch großes Wissen und positive Affekte bezüglich der Natur gekennzeichnet ist. Im Gegensatz hierzu ist bei den ER eine Tendenz zum anthropozentrisch-naturaffinen Konzept (Gebauer, 2007) zu beobachten. Sie weisen weitestgehend negative Gefühle und nur ein geringes Interesse an der Natur auf. Die Rolle des Menschen wird mit Kontrolle, Beherrschung und Nutzung der Natur verknüpft. Die Zuweisung zu den beiden genannten Konzepten lässt sich auch durch das Interesse bzw. Wissen zur Natur veranschaulichen. Das Wissen wurde über die Frage nach Tieren, die die Kinder benennen können, erfragt. Hier konnten EW differenziertere Antworten geben und auch durchschnittlich mehr Tiere benennen (EW: 11,67 gegenüber ER: 6,43).

Die **Erinnerungen an den Kindergarten** waren für beide Gruppen geprägt von Freunden und speziellen Aktivitäten, die so nur im Kindergarten möglich waren. EW nannten mehr positive Konnotationen zum Kindergarten als ER. Für EW war die Tatsache etwas gelernt zu haben, und die Gemeinschaft eine wichtige Erinnerung an die Kindergartenzeit. Hier berichteten mehrere EW von den Zusammenkünften im Morgen- bzw. Abschlusskreis, ein Ritual, dass so auch in Regelkindergärten durchgeführt wird, sich jedoch nicht so fest in die Erinnerung der ER einprägte.

4.3 Triangulation

Gegenstand der vorliegenden Arbeit ist die Untersuchung der Synergien aus Naturerfahrung und Gesundheit am Beispiel der Waldkindergärten aus einer salutogenetischen und gesundheitsgeographischen Perspektive.

Für einen umfassenden Überblick zur Verbindung von Naturerfahrung und Gesundheit wurden zunächst als theoretische Untermauerung zum einen Bezüge des Waldes zur Gesundheit und zum anderen Naturerfahrung und Gesundheit aus dem Blickwinkel des körperlichen, mentalen und sozialen Wohlbefindens, der Gesundheitsdefinition der Weltgesundheitsorganisation folgend, dargestellt. In der eigenen Erhebung wurde dann aus einer Innenansicht mit Experteninterviews in Waldkindergärten (Teil 1) und der quantitativen und qualitativen Erhebung von Gesundheitsparametern bei Grundschülern (Teil 2) eine umfassende Untersuchung zu Ansichten und Auswirkungen von Naturerfahrung und Gesundheit durchgeführt. Für die Triangulation wurden die Ergebnisse der Teile 1 und 2 thematisch verschnitten. Alle Ergebnisse sind am Ende des Kapitels in der Tab. 24 zusammengefasst. Für die eingangs formulierten Forschungsfragen (Kapitel 1.3) können wesentliche Erkenntnisse gezogen werden.

Am Ende des Kapitels werden Limitationen und Positionalität behandelt.

4.3.1 Gesundheit durch Waldkindergärten

Gibt es quantitativ und/ oder qualitativ messbare (langfristige) gesundheitliche Effekte durch die regelmäßige Naturerfahrung im Waldkindergarten?

Für die Beantwortung der Fragestellung werden die Effekte der regelmäßigen Naturerfahrung im Waldkindergarten in Bezug auf Gesundheit untergliedert in körperliches, mentales und soziales Wohlbefinden.

In Bezug auf das **körperliche Wohlbefinden** konnte im Vergleich der eigenen erhobenen Daten mit den KiGGS-Daten gezeigt werden, dass die eigenen Daten in den Aufgaben *Standweitsprung* und *Rumpftiefbeuge* entsprechend der KiGGS-Daten durchschnittlich (LK 3) waren. Für die Aufgaben *Liegestütz*, *Balancieren* und *Seitliches Hin- & Herspringen* konnten die Kinder EE jedoch jeweils überdurchschnittliche Leistungsklassen (LK 4) erreichen. Insbesondere bei Aufgaben, in denen es um Kraft, Schnelligkeit und Koordination ging, waren die Kinder der eigenen Erhebung den durchschnittlichen Leistungen der nationalen KiGGS-Erhebung um eine bis zwei Leistungsklassen überlegen (siehe Abb. 53).

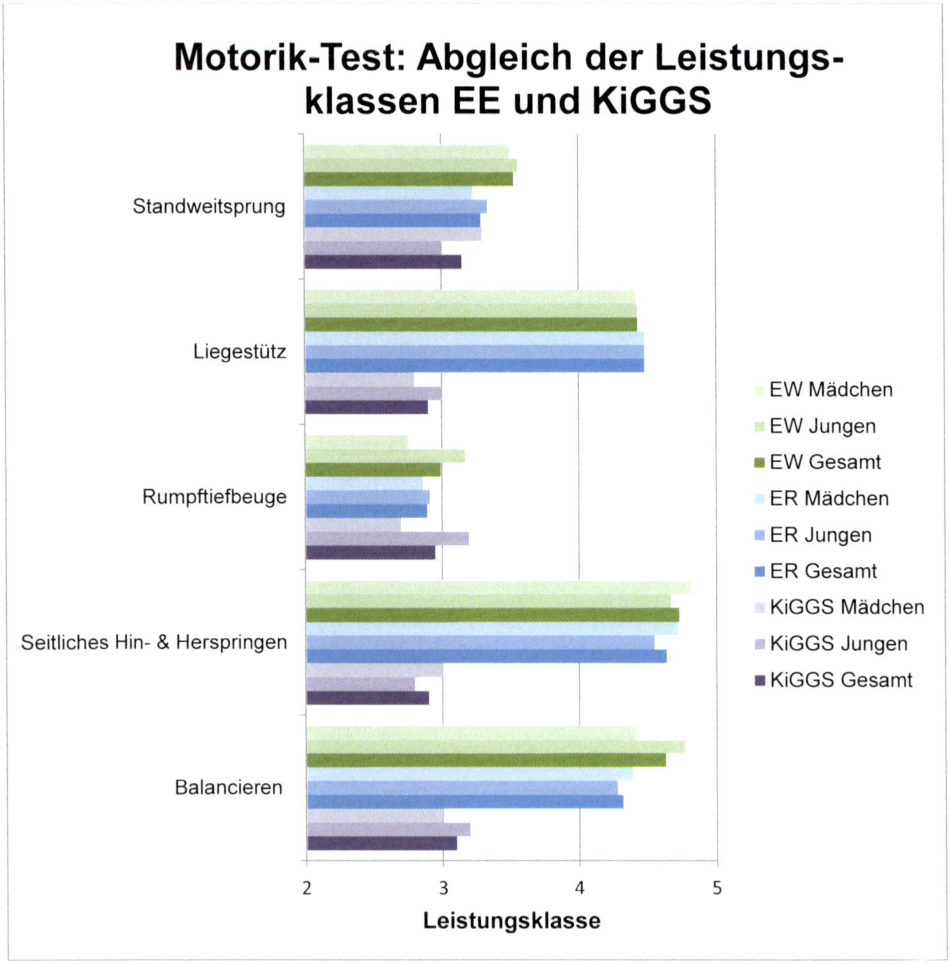

Abb. 53: Motorik Test: Vergleich der eigenen Erhebung (EW, ER) und der KiGGS-Studie.

Im KINDL-R zeigten sich für die Mädchen, die ehemals einen Waldkindergarten besucht hatten, statistisch signifikant bessere Werte als für alle anderen untersuchten Kinder in Bezug auf das körperliche Wohlbefinden (in Abb. 54 rot markiert). Sie profitieren somit insbesondere in diesem Bereich vom Besuch eines Waldkindergartens.

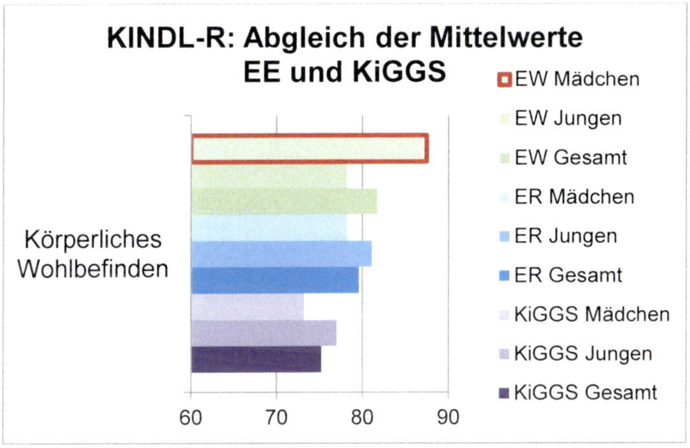

Abb. 54: KINDL-R: Abgleich der Mittelwerte zum körperlichen Wohlbefinden.

Von den Erzieherinnen der Waldkindergärten wurde am häufigsten und an erster Stelle eine aktive Lebensweise mit ausgeprägten Einflüssen auf die Bewegungs- bzw. Koordinationsfähigkeiten und Kondition der Kinder in Bezug auf das körperliche Wohlbefinden genannt. Der Alltag im Waldkindergarten war durch mannigfaltige Anregungen für körperliche Aktivitäten gekennzeichnet, was durch weitere Angebote unterstützt wurde.

Abb. 55: Bewegungsspiel um nicht zu frieren. Foto: Schäffer 2009.

Wurden Waldkindergartenkinder, die nun die Grundschule besuchten, zu Gesundheit befragt, gaben sie ebenfalls eine aktive Lebensweise an. Bei ihnen waren die Themen Bewegung und Aktivität (siehe Abb. 55) fest verankert, was sich ebenfalls in den Ergebnissen des *Motorik-Tests für NRW* zeigte. Bei den Übungen *Rumpftiefbeuge*, *Sit-ups*, *6min-Lauf* und *Standweitsprung* zeigten sich tendenziell durchschnittliche Ergebnisse (Leistungsklasse 3) für alle untersuchten Grundschüler. Im Bereich *Balancieren*, *Seitliches Hin- und Herspringen* und *Liegestütz* zeigten alle Grundschüler überdurchschnittliche Leistungen (LK 4), tendentiell waren die ehemaligen Waldkindergartenkinder überlegen, statistisch war dies aber nicht signifikant.

Weiterhin werden positive Einflüsse auf das Immunsystem von Kindern und Erzieherinnen beschrieben durch

- die Vermeidung von Aufenthalten in geschlossenen, warmen Räumen, welche rasches Ausbreiten von Krankheitserregern begünstigen,
- ein durch Temperaturreize gestärktes Immunsystem (Abb. 55) und
- Rekonvaleszenz bis zur vollständigen körperlichen Leistungsfähigkeit, so dass auch hierdurch Ansteckungen vermieden werden.

Ernährung war ebenfalls ein wichtiges Thema im Waldkindergarten. Die Umsetzung in den einzelnen Waldkindergärten erfolgte individuell mit Projekten oder z.B. mit regelmäßigen gemeinsamen Einkäufen und Verzehr von Obst und Gemüse. In den qualitativen Interviews mit den Grundschülern wurde bei der Frage der Bedeutung von Gesundheit „gesunde Ernährung“ an erster Stelle genannt.

Einschränkungen des körperlichen Wohlbefindens können aber nach den Ausführungen der Erzieherinnen im Waldkindergarten durch Lästlinge, Schädlinge und Vektoren verursacht werden.

In Bezug auf das **mentale Wohlbefinden** zeigten die Mädchen der Waldkindergärten im KINDL-R die höchsten Werte für die Dimensionen *Psychisches Wohlbefinden* und *Selbstwert* (siehe Abb. 56). Die Unterschiede zum Regelkindergarten waren statistisch jedoch nicht signifikant.

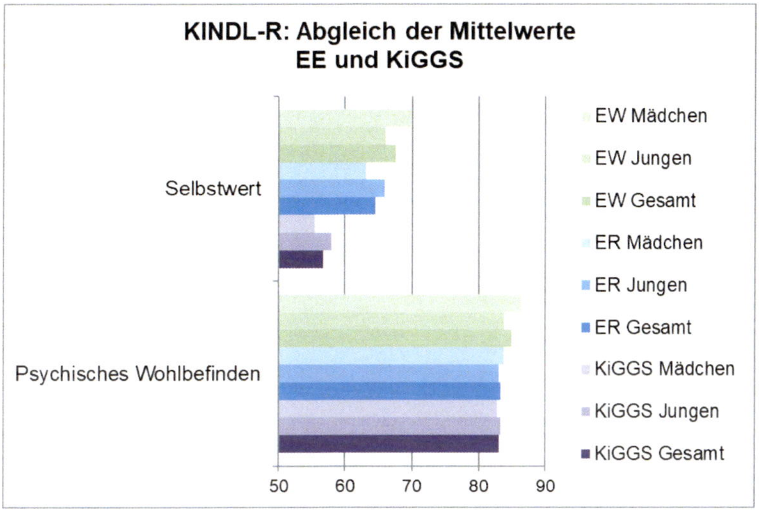

Abb. 56: KINDL-R: Abgleich der Mittelwerte zum Selbstwert und zum psychischen Wohlbefinden.

Die Erzieherinnen beschrieben mentales Wohlbefinden durch Gefühle der Freiheit und Selbstbestimmung der Kinder. Dies galt insbesondere für die Zeiten des Freispiels im Waldkindergarten. Dies wurde durch die Aussage einer Erzieherin: *„Das Grün, das tut der Seele so gut ...“* (P8) besonders markant zusammengefasst. Im spielerischen Ausleben aktueller Interessen ohne Reizüberflutungen durch z.B. hohe Lärmpegel zeigten die Kinder ihrer Meinung nach ein Verhalten, das mit Gelassenheit beschrieben wurde. Dadurch, dass die Kinder sich körperlich „ausgetobt“ hatten, war ihre Konzentrationsfähigkeit beim Zuhören ausgeprägt. Die Empfindung von Langeweile schien von den Erzieherinnen positiv besetzt zu sein. Langeweile wurde nicht strikt vermieden, stattdessen wurde ihr Raum gelassen und sie wurde als Schlüssel für neue Kreativität gesehen. Das Thema Ruhe ist ebenfalls dem mentalen Wohlbefinden zuzuordnen. Einerseits herrschten niedrige Lärmpegel im Waldkindergarten, andererseits war auch der Alltag durch einen ruhigen Ablauf geprägt. Kindern wurde auch „ihre“ persönliche Zeit gegeben, um z.B. in der Hängematte zu liegen und das Spiel von Licht und Schatten des Blätterdachs zu beobachten.

Die Kinder selbst beschrieben ihre Zeit im Waldkindergarten mit Attributen wie „*schön*“, „*gut*“, „*wunderbar*“, „*die beste Zeit meines Lebens*“, was ihre hohe Zufriedenheit mit der Kindergartenzeit im Waldkindergarten widerspiegelt. Ein Kind nannte auch naturwissenschaftliche Zusammenhänge, die es gelernt hatte.

Im KINDL-R zeigten die Mädchen des Waldkindergartens die höchsten Werte in Bezug auf das **soziale Wohlbefinden**. Diese sind dargestellt durch die Dimensionen *Familie*, *Freunde* und *Schule*. Die Unterschiede zum Regelkindergarten waren statistisch jedoch nicht signifikant (siehe Abb. 57).

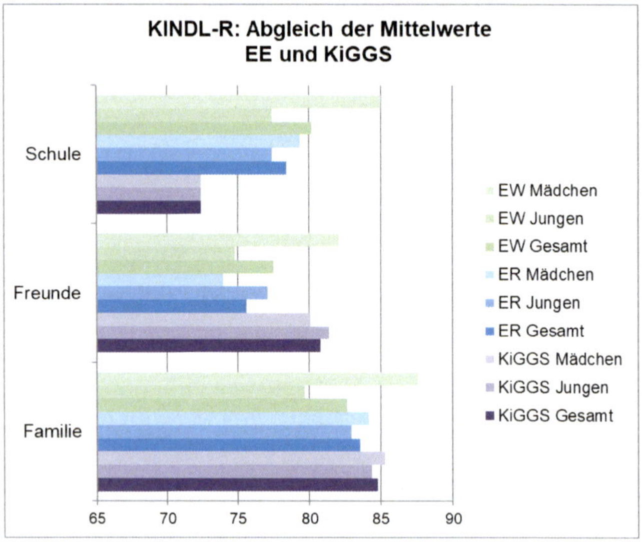

Abb. 57: KINDL-R: Abgleich der Mittelwerte zu Schule, Freunden und Familie.

Die Erzieherinnen im Waldkindergarten beschrieben das soziale Wohlbefinden durch ein enges Verhältnis von Eltern, Kindern und Erzieherinnen, welches durch Hilfsbereitschaft und Herzlichkeit gekennzeichnet war. Diese teilweise familienähnlichen Strukturen führten zu einem starken Gemeinschaftsgefühl (siehe Abb. 58).

Abb. 58: Drei Freundinnen im Wald. Foto: Schäffer 2009

Hierbei wurden von mehreren Erzieherinnen die Rituale der Zusammenkunft am Morgen und am Mittag als prägend herausgestellt. Diese sogenannten „Kreise“ boten den Kindern Struktur im Tagesablauf. Am Morgen wurde hierbei, z.B. neben dem Ablauf des Tages, auch geschaut, ob alle Kinder da waren und wenn nicht, warum diese fehlten. So blieben auch solche Kinder Teil der Gruppe, die an diesem Tag nicht anwesend sein konnten. Beim gemeinsamen Weg zum Platz im Wald wurde an bestimmten Wartepunkten auf die gesamte Gruppe gewartet. Sprache wurde immer wieder als zentrales Element für soziale Interaktion genannt. Durch Sprache waren die Kinder in der Lage, eigene „Räume“ zu schaffen, die durch Kreativität im Spielprozess entstanden.

Wurden Grundschüler zu ihren Erinnerungen an die Kindergartenzeit befragt, wurden von den Grundschülern aus dem Waldkindergarten die gemeinschaftlichen Zusammenkünfte im Morgenkreis hervorgehoben. Im Regelkindergarten waren vorwiegend einzelne Freunde und Erzieherinnen (positive und negative Erinnerungen) beschrieben. In Fragen, in denen es um den Garten ging, wurde dieser auch als sozialer Raum beschrieben.

4.3.2 Wahrnehmung gesundheitsrelevanter Themen in Waldkindergärten

Welche Ansichten gibt es zu den Themen Bewegung, Ernährung, Gesundheit, Natur und Ruhe, aus dem Blickwinkel der Erzieherinnen im Waldkindergarten bzw. von Grundschülern, die ehemals einen Waldkindergarten besucht hatten?

Bewegung wurde durch den Alltag im Waldkindergarten von den Erzieherinnen täglich thematisiert. Verschiedene Bodenbeschaffenheiten, Bäume zum Klettern oder Balancieren oder Steine in Bachläufen boten Anreizcharakter (siehe Abb. 59) für Bewegung. Weiterhin wurden teilweise am Platz im Wald zusätzlich noch Konstruktionen mit z.B. Hängematten, Seilen oder Slacklines aufgebaut. Viele Grundschüler spielten auch nach ihrer Zeit im Waldkindergarten weiterhin täglich bzw. fast täglich draußen. Alle befragten Kinder hatten und nutzten ein Fahrrad und waren gerne im Garten mit Spielen oder Gartenarbeit aktiv.

Abb. 59: Klettern am Hang. Foto: Schäffer 2009.

Das Thema gesunde **Ernährung** wurde im Waldkindergarten über individuelle Strategien bearbeitet. So gab es, z.B. beim gemeinsamen Frühstück, den Blick in jede Brotdose. So lernten Kinder auch andere Lebensmittel kennen und von Seiten der Erzieherinnen konnte ein besonders gesundes Frühstück lobend erwähnt werden. Weiterhin gab es die sogenannte Vitaminpatenschaft, bei der für ein wöchentliches Budget gemeinsam Obst und Gemüse in einem Laden eingekauft wurde. Bei kälterer Witterung wurde in allen Waldkindergärten Wert auf warme Getränke gelegt, um den Temperaturhaushalt der Kinder zu unterstützten. Brühe oder Tee wurden entweder für die gesamte Gruppe im Bollerwagen mitgenommen oder von jedem Kind einzeln in einer Thermoskanne im Rucksack mitgebracht. Weiterhin wurde das Frühstück, d.h. eine Zeit des Ruhigsitzens, an besonders kalten Tagen auch im beheizten Bauwagen bzw. Raum eingenommen. In den qualitativen Interviews mit den Grundschülern wurde gesunde Ernährung an erster Stelle genannt, wenn die Frage nach Gesundheit gestellt wurde.

Der pathogenetische Blick auf die **Gesundheit** (d.h. in Assoziation mit Krankheit) stand bei den Erzieherinnen im Hintergrund. Sie betonten ein salutogenetisches Gesundheitsbild, d.h. positiv assoziierte Aspekte wie die Wirkung auf den Körper, die Bewegung und die Fitness sowie gesundheitliches Wohlbefinden, als Umschreibung von Gesundheit. Thematisch wurde von Seiten der Erzieherinnen Gesundheit im Waldkindergarten über die Themen Bewegung, Ernährung, Temperaturhaushalt und Hygiene vermittelt. Bewegung und Ernährung wurden in den vorangegangen Punkten abgehandelt. Auch der Temperaturhaushalt wurde mit der Wärmeregulation bei kalter Witterung schon angesprochen. Hier ist die spezielle Kleidung im Waldkindergarten zusätzlich zu erwähnen. Zum einen weist sie eine spezielle Funktionalität auf, d.h. sie ist wasserdicht und atmungsaktiv, und zum anderen wird Kleidung nach dem Zwiebel-Prinzip getragen, d.h. es werden mehrere dünnere und dickere Bekleidungsschichten getragen, die je nach Bedarf an- oder abgelegt werden können. Zur Zeckenprophylaxe wurde in den Waldkindergärten auch im Sommer langärmlige Bekleidung empfohlen, welche durch das kühle, feuchte Waldklima gut toleriert wurde. Hygiene wurde über verschiedene Strategien zum Händewaschen vor dem gemeinsamen Frühstück und dem Toilettengang bearbeitet. Händewaschen im

Wald wurde z.B. mit einem eigenen feuchten Waschlappen im Rucksack, Feuchttüchern, Wasserkanister mit wohltemperiertem Wasser und Seife oder Waschkreide durchgeführt. Der Toilettengang wurde entweder auf einer vorhandenen Toilette oder mit Schaufel an verabredeten Plätzen im Wald, bzw. Windeln bei jüngeren Kindern erledigt. Weitere hygienische Aspekte zur Vermeidung von Ansteckungen waren, dass Handtücher und Trinkbecher im Wald nicht geteilt wurden und erkrankte Kinder zu Hause blieben und erst nach vollständiger Genesung wieder zurück in den Wald kehrten.

Grundschüler, die ehemals einen Waldkindergarten besucht hatten, verknüpften mit Gesundheit gedanklich frische Luft bzw. Sauerstoff. Für sie ging Gesundheit mit Aktivität bzw. Sport einher. Ein Aufenthalt in der Natur war für sie mit Entspannung oder sogar Symptomlinderung (z.B. Tinnitus) verbunden. Gesundheit stand darüber hinaus mit dem Verzehr von unbehandeltem Gemüse oder Heilkräutern bzw. Heilpflanzen in Verbindung. Hier wurde von den Kindern jedoch auch immer wieder auf giftige Pflanzen hingewiesen.

Die **Natur** ist im Waldkindergarten allgegenwärtig. Aus situationsbezogenen Anlässen wurden z.B. Pflanzen oder Tiere bestimmt. Verschiedene Projekte wie z.B. altersbezogene wissenschaftliche Forschungsarbeiten oder die Thematisierung von Ernährungsketten oder Lebenskreisläufen knüpfte sich an konkrete Erlebnisse der Kinder. Naturmaterialien wurden zum kreativen Gestalten oder zur Ausrichtung von jahreszeitlichen Festen verwendet. In Rollenspielen wurde das Erlebte von den Kindern verarbeitet, wie z.B. als Fledermaus kopfüber im Klettergerüst zu hängen.

Denken ehemalige Waldkindergartenkinder an den Wald, so denken sie an Bäume, Tiere, Photosynthese, Umweltschutz und das Klettern auf Bäumen. Werden sie zu verschiedenen Tieren und Pflanzen befragt, so ist ihr Wissen breiter und tiefer als jenes von ehemaligen Regelkindergartenkindern. Am konkreten Beispiel der Tiere bedeutete dies, dass ehemalige Waldkindergartenkinder nahezu doppelt so viele Arten und Unterarten benennen konnten wie ehemalige gleichaltrige Regelkindergartenkinder.

Obwohl das Thema **Ruhe** nicht explizit erfragt wurde, stellten sowohl die Erzieherinnen als auch die Grundschüler eine Verbindung zum Wald her. Erzieherinnen schätzten im Wald die geringeren Lärmpegel und eine geringere Reizüberflutung. Die Sprache wurde als wichtiges Mittel zur Entschleunigung bzw. Beschleunigung von Prozessen bzw. Spiel genannt.

Die Ergebnisse der Triangulation sind in der folgenden Tab. 24 zusammengefasst.

Tab. 24: Triangulation der Ergebnisse aus Teil I und Teil II.

	Quelle	Effekte auf die Gesundheit			Themen				
		körperliche	mentale	soziales Wohlbefinden bzw. Miteinander	Bewegung	Ernährung	Gesundheit	Natur	Ruhe
Teil I	Qual. Interviews Erzieherinnen	• Bewegung bzw. Koordination • Einflüsse auf das Immunsystem • Einschränkungen des körperlichen Wohlbefindens durch Lästlinge, Schädlinge und Vektoren	• Freiheit • Selbstbestimmung • Spiel nach aktuellen Interessen ohne Reizüberflutung • Gelassenheit • ausgeprägte Fähigkeiten: Zuhören, Konzentration	• enges Verhältnis zwischen Eltern, Kindern und Erzieherinnen • gekennzeichnet durch Hilfsbereitschaft und Herzlichkeit	• täglich thematisiert durch den Alltag • zusätzlicher Aufbau von Konstruktionen zum Klettern, Balancieren oder Schaukeln	Vermittelt über • Blick in die Brotdose • Kochprojekte oder sogenannte Vitaminpatenschaften • im Winter Frühstück mit warmen Getränken bzw. im beheizten Raum	Vermittelt über • Ernährung • Bewegung • Temperaturhaushalt • Hygiene	Vermittelt über • situationsbezogenen Anlässen • spezielle Projekte, wie wissenschaftliche Forschungsarbeiten, Ernährungsketten, Lebenskreisläufe • kreatives Gestalten mit Naturmaterialien • Rollenspiele	• niedrigeren Lärmpegel • geringere Reizüberflutung • Sprache als Mittel zur Entschleunigung bzw. Beschleunigung von Prozessen
Teil II	Motorik Test für NRW	• überdurchschnittliche Leistungen im Bereich Balancieren, Seitliches Hin- & Herspringen und Liegestütz aller Kinder • Leistungen der EW liegen in diesen Bereichen nochmals optisch höher (Abbildung 40), statistisch nicht signifikant							
	KINDL-R	Mädchen EW höchste Werte (statistisch signifikant) • Körperliches Wohlbefinden	Mädchen EW höchste Werte • Psychisches Wohlbefinden • Selbstwert	Mädchen EW höchste Werte • Familie • Freunde • Schule					
		• Total quality of life (Gesamtwert aus allen Items)							
	Qual. Interviews Grundschüler EW	Gesundheit bedeutet • gesunde Ernährung • aktive Lebensweise • sich wohl fühlen	Garten als Ort des Wohlbefindens Erinnerungen an den Waldkindergarten • „schön", „gut", „wunderbar" • Bildung Gesundheit bedeutet • sich wohl fühlen	Garten als Ort für soziale Beziehungen Erinnerungen an den Waldkindergarten über • Freunde • Gemeinschaft	Verknüfpt mit Gesundheit Viele spielen täglich bzw. fast täglich draußen Alle besitzen ein Fahrrad und nutzen dies regelmäßig Garten als Ort für Aktivitäten, wie Arbeit und Spiel	Verknüpft mit Gesundheit	Verknüpft mit Gesundheit und Natur über • frische Luft bzw. Sauerstoff • Sport • Aufenthalt bzw. Entspannung und Symptomlinderung in der Natur • unbehandeltes Gemüse • Heilkräuter bzw. heilende Pflanzen • Cave: giftige Heilpflanzen	Wald verknüpft mit • Bäumen • Tieren • Photosynthese • Umweltschutz • Klettern auf Bäumen	Wald verknüpft mit Ruhe

4.3.3 Unterschiede zwischen ehemaligen Wald- und Regelkindergartenkindern

„Lassen sich bei Grundschülern Unterschiede belegen

- **im Verständnis von Gesundheit und Krankheit,**
- **in der Wahrnehmung der Verbindung von Natur und Gesundheit,**
- **im Verhalten in der Freizeit,**
- **in den Bezügen zu einem Garten,**
- **im Wissen um Tiere,**
- **in den Erinnerungen an die Kindergartenzeit,**
  je nachdem, ob sie einen Waldkindergarten oder einen Regelkindergarten besucht haben?"

Es zeigte sich, dass die Beantwortung der Fragestellung mit den quantitativen Methoden (Motorik-Test, KINDL-R) nicht eindeutig und zufriedenstellend möglich ist. Zwar ließen sich interessante Ergebnisse zugunsten der Waldkindergartenkinder konstatieren, die Unterschiede erwiesen sich aber in den meisten Fällen als nicht signifikant. Die Äußerungen der Kinder in den qualitativen Interviews ließen hingegen deutlicher Unterschiede erkennen, hinsichtlich der Wahrnehmung von Gesundheit und Krankheit, der Verbindung von Natur und Gesundheit sowie der Erinnerungen an den Kindergarten, wohingegen das Verhalten in der Freizeit (draußen spielen bzw. Fahrrad fahren) keine erkennbaren Unterschiede zeigte.

Gesundheit war von den ER weitestgehend durch eine pathogenetische Sichtweise bzw. durch schulisches Wissen geprägt. Bei den EW wurden darüber hinaus auch noch durch salutogenetische Faktoren wie körperliche Aktivität und „sich wohl fühlen" genannt.

Bezüglich **Krankheit** lassen sich die Aussagen der ER in die *präoperationale Phase* (Lohaus & Ball, 2006) einordnen. EW erlangten mit ihren Aussagen eine höhere Entwicklungsstufe und ihre Aussagen ließen sich der *konkret-operationalen Phase* (Lohaus & Ball, 2006) zuordnen. Aktuelles gesundheitsbezogenes Verhalten setzten EW im Sinne der Prävention für die zukünftige Gesundheit in Beziehung.

Auch in den Ansichten zur **Verbindung von Natur und Gesundheit** ließen sich unterschiedliche Konzepte bei den EW und ER erkennen. Durch ihre Aussagen lassen sich die EW eher dem biozentrisch-naturaffinen Konzept (Gebauer, 2007) zuordnen, welches neben einem starken Interesse an Naturphänomenen durch großes Wissen und positive Affekte bezüglich der Natur gekennzeichnet ist. Im Gegensatz hierzu ist bei den ER eine Tendenz zum anthropozentrisch-naturaffinen Konzept (Gebauer, 2007) zu beobachten. Sie weisen weitestgehend negative Gefühle und ein geringeres Interesse für Natur auf. Die Rolle des Menschen wird mit Kontrolle, Beherrschung und Nutzung der Natur verknüpft.

Das **Wissen zur Natur** wurde über die Frage nach Tieren, die die Kinder benennen können, erfragt. Hier konnten EW differenziertere Antworten geben sowie eine größere Anzahl an Tieren benennen.

Die **Erinnerungen an den Kindergarten** waren für beide Gruppen geprägt von Freunden und spezifischen Aktivitäten. EW nannten mehr positive Konnotationen zum Kindergarten als ER. Weiterhin war für sie die Tatsache, etwas gelernt zu haben, und das Gemeinschaftsgefühl eine wichtige Erinnerung an die Kindergartenzeit.

4.4 Limitationen

„Jede Befragung beinhaltet Aussagen über die soziale Wirklichkeit, erfasst aber diese soziale Wirklichkeit selbst nur ausschnittsweise.“

Atteslander, 2006, S. 160

Die vorliegende Studie verwendet einen Methodenmix aus quantitativen und qualitativen Methoden in zwei Teilen. Teil 1 bildet die Innenansicht der Waldkindergärten über Hospitationen und qualitative Interviews in Waldkindergärten ab. Teil 2 ist eine Langzeitstudie, die die Auswirkungen des Besuchs eines Waldkindergartens zu Grundschulzeiten exploriert. Ziel der angewendeten Methoden und der Untersuchung in zwei Teilen ist eine umfassende empirische Betrachtung zur Bedeutung von Naturerfahrung für Gesundheit im Kindesalter. Mögliche Limitationen der Aussagen dieser Arbeit sollen in diesem Kapitel erwähnt werden.

Die Arbeit unterlag verschiedenen organisatorischen Beschränkungen. Die Aufnahme der Daten erfolgte im Zeitraum von Dezember 2008 bis Juli 2010, der Abschluss der Transkription erfolgte im März 2012, der Abschluss der Auswertung der qualitativen Interviews im August 2013, der Abschluss der statistischen Auswertung im September 2014, das Verfassen der Dissertation dauerte bis Juli 2016. Durch den langen Bearbeitungszeitraum sind Verzerrungen nicht ausgeschlossen.

Die Untersuchung von Naturerfahrung und Gesundheit im Kindesalter ist in dieser Arbeit anhand von Waldkindergärten dargestellt. Auch andere Angebote regelmäßiger Naturerfahrung im Kindesalter, z.B. institutionalisiert in Form eines Schulgartens oder in der Freizeit durch z.B. Pfadfinder, bieten Möglichkeiten für ähnliche Untersuchungen.

Die in Kapitel 2 gefundene Literatur gliedert sich meist in Literatur zu allen Altersklassen sowie weiterhin in Literatur mit explizitem Bezug auf Kinder. Eine Literaturrecherche, die sich nur auf Kinder bezog (siehe Tab. 4), konnte kein umfassendes Bild liefern. Es ist jedoch zu beachten, dass unterschiedliche Altersabschnitte auch verschieden sensibel für den Einfluss der Wirkung von Naturerfahrung sein können (Kaplan & Kaplan 2002; Korpela et al. 2002). Die Ergebnisse dieser Arbeit (Kapitel 4.2) beziehen sich auf Grundschüler, d.h. ein Alter von ca. sechs bis elf Jahren.

Alle Abschnitte, die sich dem Vergleich der eigenen Erhebung (EE) mit der nationalen KiGGS-Studie widmen, sind von einem starken Ungleichgewicht der

Probandenanzahl geprägt. So lag z.B. im Vergleich des BMI der Faktor über 10 (358 Probanden EE vs. 4.131 Probanden KiGGS). Diese großen Unterschiede in der Probandenanzahl schließen statistische Verfahren wegen ihrer Unschärfe aus, sie eröffnen jedoch die Möglichkeit einer orientierenden Betrachtung.

Interviews sind raumzeitlich differenziert und stark kontextgebunden. Sie sind deshalb grundsätzlich als Reaktion auf bestimmte Stimuli und die spezifische Interviewsituation zu verstehen (Lohaus & Ball, 2006). In den qualitativen Interviews mit den Erzieherinnen der Waldkindergärten in Teil 1 zeigte sich, dass der individuelle Charakter eines jeden Waldkindergartens auch durch die Individualität der Erzieherinnen bedingt ist. Weiterhin ist eine Verringerung der Objektivität (s.u.) durch die positive Einstellung der interviewten Erzieherinnen zum Waldkindergarten – ihrem zumeist langjährigen Arbeitsplatz – zu vermuten. Aus studienökonomischen Gründen wurde der Einfluss unterschiedlicher Jahreszeiten bewusst in Kauf genommen, ist aber nicht als Parameter in die Untersuchung eingegangen. So sind einige Aussagen der qualitativen Interviews durch den extrem kalten Winter 2009 mit bis zu -17 Grad oder den starken Eindrücken durch den Sturm Kyrill (Januar 2007) geprägt.

Durch die Anzahl und Auswahl der Interviewpartner, wurde versucht, eine gewisse Repräsentativität zu erreichen, wobei auch in dieser Studie Zeit und finanzielle Mittel und damit die Anzahl an Probanden und Untersuchungsorten limitiert war. Die Unschärfe von qualitativen Interviews (Kuckartz, 2012) wurde durch die quantitative Auswertung von getroffenen Aussagen transparenter gestaltet. Es ist jedoch wahrscheinlich, dass die herausgearbeiteten Themen und Aspekte der Aussagen auch in Waldkindergärten Bedeutung haben, in denen sie nicht zur Sprache kamen. Es kann bei den Aussagen davon ausgegangen werden, dass zumeist nur ein Ausschnitt der Wirklichkeit (Atteslander et al., 2006) abgebildet wird, nie jedoch die gesamte Wirklichkeit. Weiterhin hätte neben der Anzahl an Probanden und Untersuchungsorten auch die Auswahl an Experten ausgeweitet werden können. So hätten in Teil 1 auch die Waldkindergartenkinder selbst sowie Erzieherinnen aus Regelkindergärten befragt werden können. Es wäre ebenso lohnenswert gewesen, wenige Waldkindergärten im Verlauf der Jahrzeiten zu begleiten, d.h. jeweils in jeder Jahreszeit einmal zu hospitieren. Für Teil 2 hätten die Grundschullehrerinnen zum Schulverhalten, gesundheitsbedingten Ausfällen und gesundheitsrelevantem Verhalten ebenso beitragen können wie die Eltern der untersuchten Kinder. Hier bieten sich Ansätze für weitergehende Untersuchungen in nachfolgenden Studien.

Trotz Strukturierung und Systematisierung der Vorgehensweise von Untersuchung und Interviews ist eine Verringerung der Objektivität (*bias*) durch einen systematischen Fehler, (Zimbardo & Gerrig, 2003) sowohl von Seiten des Versuchsleiters als auch von Seiten des Versuchsteilnehmers möglich, die auch in dieser Arbeit Einfluss nehmen können:

- Versuchsleitereffekt (Erwartungen des Versuchsleiters verzerren unbewusst die Datenlage) (Zimbardo & Gerrig, 2003),
- soziale Erwünschtheit (Antwortverzerrung durch Bestrebung des Versuchsteilnehmers einen positiven Eindruck beim Forscher zu hinterlassen) (Geyer, 2003; Lohaus & Ball, 2006),
- bzw. Hawthorne-Effekt (erhöhte Leistungsbereitschaft des Versuchsteilnehmers aufgrund des Wissens, beobachtet bzw. aufgezeichnet zu werden) (Zimbardo & Gerrig, 2003).

In der Untersuchung und Befragung von Kindern ergeben sich bestimmte Besonderheiten (Lohaus & Ball, 2006). So wurde Teil 2, die Untersuchung der Grundschüler, so strukturiert, dass die Untersuchung der Kinder zunächst eine Untersuchung der Gruppe mit dem Motorischen Test für NRW vorsah, im Anschluss den quantitativen Fragebogen KINDL-R und erst am Ende die persönlichen qualitativen Interviews. Durch dieses Vorgehen konnte bereits eine Beziehung zu den Kindern aufgebaut werden, bevor die qualitative Befragung startete. Einflüsse durch die Versuchssituation (s.o.) sind dennoch nicht auszuschließen.

Die verwendeten Untersuchungsmethoden für Teil 2 genügten den Gütekriterien Objektivität, Validität und Reliabilität, da sie bereits vielfach in der Studie zur Gesundheit von Kindern und Jugendlichen in Deutschland (KiGGS) angewendet und getestet wurden. Um eine Einordnung der eigenen Daten zu erreichen, erfolgt ein Abgleich mit den KiGGS-Daten in der Diskussion. Hierbei ist jedoch zu bedenken, dass die Basis für diesen Vergleich von vorneherein durch ein Ungleichgewicht geprägt war. Von Seiten des KiGGS liegen für den KINDL-R nur Daten für Kinder im Alter von 11 Jahren vor. Diese Daten wurden für einen Vergleich mit den eigenen erhobenen Daten herangezogen, d.h., aus dem eigenen Datensatz von Kindern im Alter von 4-11 Jahren wurden nur die 10- und 11-Jährigen herausgezogen.

Eine enge Verbindung vom Bearbeiter zum Material der qualitativen Interviews ist dadurch gegeben, dass der Prozess vom Interview über Transkription, Codierung und Auswertung von einer Person durchgeführt wurde. Durch die Auseinandersetzung mit dem Material im Sinne des theoretischen Vorverständnisses wurden diese Excerpte zu verschiedenen Aussagen bzw. Dimensionen komprimiert. Die Interpretation der Berichte der Probanden erfolgt aus dem Blickwinkel des Untersuchers (s.u.) zu diesem Zusammenhang (Corbin & Strauss, 2008).

Ein enger Zusammenhang zwischen sozialem Status und körperlicher und mentaler Gesundheit (Marmot & Bell, 2012; WHO, 2012) wird auch für die Untersuchungsgruppe der Waldkindergartenkinder von der Autorin vermutet. Laut Aussagen der Erzieherinnen kann der soziale Hintergrund von vielen Waldkindergartenkindern als Mittelschicht bzw. gehobene Mittelschicht bezeichnet werden (siehe Tab. 8), die mit einem guten gesundheitlichen Wissen und Verhalten assoziiert sind. Da jedoch keine weiteren quantitativen Daten zum sozioökonomischen Status in dieser Arbeit erhoben wurden, können in der vorliegenden Studie auch keine Aussagen hierzu gezogen werden.

Trotz der genannten Limitationen kann die vorliegende Arbeit als wertvoller Beitrag zur theoretischen und anwendungsbezogenen Perspektive für Effekte von Naturerfahrung und Gesundheit im Kindesalter angesehen werden.

Abb. 60: Perspektivenwechsel. Foto: Schäffer 2009.

4.5 Positionalität

„Wie wichtig ist der ständige Umgang mit der Natur und die Betrachtung der natürlichen Phänomene für die Erhaltung der moralischen und geistigen Gesundheit! Die Disziplin der Schulen oder des Berufslebens kann dem Gemüt diese Heiterkeit nie verschaffen. Für das Studium des Menschen ist es von großem Vorteil, wenn man an das Studium der Natur gewöhnt ist.“

aus den Tagebüchern des amerikanischen Aussteigers Henry David Thoreau aus dem Jahr 1851 (Thoreau, 1996, S. 79)

Der Forschungsprozess mit Fragen bezüglich der Auswahl des Untersuchungsgegenstandes, der Methoden, der Probanden etc. sind durch das eigene Leben bewusst und unbewusst beeinflusst (St. Louis & Barton, 2002), weswegen an dieser Stelle darauf eingegangen werden soll.

Die Autorin ist nicht nur Gesundheitsgeographin, sondern auch Kinderkrankenschwester, Erziehungswissenschaftlerin und Heilpraktikerin und beschäftigt sich seit langem mit Themen rund um Natur, Gesundheit und Kinder. Aufenthalte im Grünen spielen schon seit ihrer Kindheit eine wichtige Rolle in ihrem Leben und sind für sie assoziiert mit Ruhe, Bewegung und Ausgleich. Mit der eigenen Familie lebt sie mittlerweile in einem Dorf am Rand von Wiesen, Feldern und Wäldern.

In mehreren Forschungsprojekten des GeoHealth Centre des Instituts für Hygiene und Öffentliche Gesundheit (IHPH) wurde ihr die Verbindung von Naturerfahrung und Gesundheit wissenschaftlich aufgezeigt, woran sie mit diesem eigenen Forschungsprojekt anknüpft. Ein Methodenmix entsprach ihrem Anspruch nach einer umfassenden Betrachtung. Insbesondere die Untersuchung und Befragung der Altersklasse von 6-11 Jahren als Experten für ihre Belange (Mason & Danby, 2011) war der Autorin in diesem Zusammenhang wichtig.

Die Autorin ist in allen besuchten Waldkindergärten und Grundschulen ausnahmslos von einem dynamischen, sehr engagierten und aufgeschlossenen Team sehr herzlich empfangen worden. Eine Innensicht der Erzieherinnen über ihren Arbeitsplatz, Kommunikation mit Kindern und Eltern sowie Lehrern ist daher durch eine ausschließlich positive Ansicht geprägt. Auch die persönliche Einstellung der Autorin zu Naturerfahrung ist durch das Konzept der Salutogenese geprägt.

5 Schlussfolgerungen und Ausblick

„O Täler weit, o Höhen, o schöner, grüner Wald, du meiner Lust und Wehen andächt'ger Aufenthalt. Da draußen, stets betrogen, saust die geschäft'ge Welt; schlag noch einmal die Bogen um mich, du grünes Zelt.

Strophe aus „O Täler weit, o Höhen", einem von Felix Mendelssohn Bartholdy komponierten Volkslied auf einen Text von Joseph von Eichendorff

Regelmäßige Naturerfahrungen haben gesundheitliche Auswirkungen auf den Menschen (siehe Tab. 3). Positive Einflüsse auf die körperliche Aktivität, Konzentration, soziale Kompetenz, sprachliche Entwicklung und Infektionsraten von Kindern wurden bereits in anderen Untersuchungen belegt (Gill, 2011; Häfner, 2002; Knight, 2009; Miklitz, 2007; Murray & O'Brien, 2005). Im populärwissenschaftlichen (z. B. Louv, 2011; Weber, 2011; Renz-Polster & Hüther, 2013) und internationalen Kontext (siehe Tab. 4) ist das Thema Naturerfahrung und Gesundheit im Kindesalter durch Publikationen vielfach aufgegriffen.

In dieser Arbeit wurde für einen empirisch-wissenschaftlichen Einblick in die Synergien von Naturerfahrung und Gesundheit im Kindesalter das Beispiel Waldkindergärten ausgewählt. Diese Form eines Kindergartens bietet für die Kinder die regelmäßige Möglichkeit zu Bewegung und Spiel in der Natur. Die wissenschaftliche Betrachtung dieser Thematik wird in Deutschland erst in den letzten Jahren vereinzelt und vorwiegend in akademischen Abschlussarbeiten angegangen (siehe Tab. 4). Die Besonderheit der vorliegenden Studie liegt in der umfassenden Betrachtung von Gesundheit aus verschiedenen Blickwinkeln und Zeitpunkten. Dazu interessierten die Innenansicht des Settings Waldkindergarten von Seiten der dort tätigen Erzieherinnen, aber auch die Ansichten der Exponierten (Grundschüler, die ehemals einen Waldkindergarten besuchten) und die Verschneidung von beiden Blickwinkeln. Gesundheit wurde vorwiegend unter einem salutogenetischen, positiv besetzten Bild bearbeitet und in das körperliche, mentale und soziale Wohlbefinden nach der WHO-Definition von Gesundheit (siehe Kapitel 1.1.1, S. 2) aufgegliedert.

In Bezug auf das **körperliche Wohlbefinden** lassen sich positive Effekte auf die Gesundheit durch regelmäßige Naturerfahrung feststellen für die Bereiche

- aktive Lebensweise mit überdurchschnittlichen Fähigkeiten in Koordination, Schnelligkeit und Kraft,
- ausgeprägtes Bewusstsein für gesunde Ernährung,
- reges Immunsystem, d.h. Reduktion von Infekten.

Mangelnde Bewegung gilt als begünstigender Faktor für Übergewicht und Adipositas (Robert Koch-Institut & Bundeszentrale für gesundheitliche Aufklärung, 2008), was auch schon bei Kindern ein weltweites Gesundheitsrisiko auf körperlicher und psychosozialer Ebene (Lobstein et al., 2004) mit langfristigen Folgen (Kurth & Schaffrath Rosario, 2007) darstellt. Rund 15% der Kinder und Jugendlichen von 3-17 Jahren in Deutschland sind übergewichtig, wovon nahezu die Hälfte adipös ist (Kurth & Schaffrath Rosario, 2007). Hier kann der Waldkindergarten präventive Angebote für eine aktive Lebensweise mit ausgeprägten Einflüssen auf die Bewegungs- bzw. Koordinationsfähigkeiten und Kondition der Kinder bieten. Insbesondere bei Aufgaben, bei denen es um Kraft, Schnelligkeit und Koordination ging, waren die Kinder der vorliegenden Studie den durchschnittlichen Leistungen der KiGGS-Erhebung um eine bis zwei Leistungsklassen (überdurchschnittlich bzw. stark überdurchschnittlich) überlegen. Bei einer genderspezifischen Betrachtung zeigt sich, dass Jungen grundsätzlich körperlich aktiver sind als Mädchen (Baranowski et al., 1993). Im KINDL-R zum subjektiven gesundheitlichen Wohlbefinden erreichten Mädchen, die ehemals einen Waldkindergarten besucht hatten, statistisch signifikant bessere Werte in Bezug auf das körperliche Wohlbefinden. Eine mögliche Hypothese hierzu wäre, dass Mädchen durch Bewegungsangebote und den aktiven Alltag im

Waldkindergarten körperlich genauso gefördert werden wie Jungen. Diese positiven Einflüsse zeigen sich auch langfristig, d.h. in der Grundschule. Alle untersuchten Kinder in dieser Studie waren weiterhin in ihrer Freizeit sehr gern draußen und hatten zu Schulsport oder zu Sportfesten eine positive Einstellung. Alle befragten Kinder hatten ein eigenes Fahrrad, die meisten Kinder nutzten es mehrfach in der Woche.

Gesunde Ernährung mit regelmäßigem Verzehr von Obst und Gemüse ist insbesondere für Kinder von Bedeutung, da diese Lebensmittel große Mengen an Vitaminen, Spurenelementen, Mineral-, Ballast- und sekundären Pflanzenstoffen enthalten, die für Wachstum und Entwicklung von essentieller Bedeutung sind (Boeing et al., 2012). Auch von Seiten des Gesundheitsministeriums wird das Thema Ernährung daher, z.B. im Rahmen der Kampagne *IN FORM* (https://www.bundesgesundheitsministerium.de/themen/praevention/frueherkennung-vorsorge/in-form.html#c12474, Stand 06/2024*)*, als wichtig erachtet und wird über vielzählige Angebote in Kindergärten und Schulen thematisiert. In jedem besuchten Waldkindergarten wurde das Thema bearbeitet, die Strategien hierzu waren jedoch sehr individuell. Mehrfach wurde die gute Zusammenarbeit mit den Eltern genannt, so dass alle „an einem Strang" ziehen. So ist z.B. das Mitbringen von Süßigkeiten in vielen Waldkindergärten komplett untersagt, um auch Lästlinge wie Wespen nicht anzulocken. Diese Aufmerksamkeit für gesunde Ernährung vertieft sich weiter bis in die Grundschulzeit. Ernährung wurde von sechs der 13 Grundschüler in den qualitativen Interviews bei der Frage nach Ideen zur Gesundheit benannt. Die Kinder aus dem Waldkindergarten assoziierten dabei doppelt so häufig gesunde Ernährung mit Gesundheit wie Kinder aus dem Regelkindergarten. Weiterhin fielen den Grundschülern, die ehemals einen Waldkindergarten besucht hatten, bei der Frage zur Verbindung von Natur und Gesundheit „unbehandeltes Gemüse" und „Heilpflanzen" bzw. „Tee", ein. D.h. gesunde Ernährung wird sowohl im Kindergarten, als auch in der Grundschule immer wieder präsent gemacht, was sich durch die Aussagen der Kinder, insbesondere derer aus den Waldkindergärten, zeigte.

Sebastian Kneipp (1821-1897), ein bayerischer Priester, war für sein ganzheitliches Gesundheitskonzept bekannt. Er unterstrich den Aufenthalt in der

Natur in seinem salutogenen Ansatz des Werkes "Kinderpflege in gesunden und in kranken Tagen" von 1890. Er schrieb, dass "Kinder die kalte und frische Luft dem geschlossenen Raum vorziehen" (Kneipp, 1890) und wies Temperaturreizen eine gesundheitsfördernde Funktion zu. Aktuellere Studien zeigen für Waldkindergartenkinder geringere Fehlzeiten durch Krankheit, durchgehend über alle Jahreszeiten hinweg (Grahn et al., 1997). Ein Erklärungsansatz hierzu ist die geringere Ausbreitung von Pathogenen im Wald. Im Winter reduziert der offene Raum mit kalter, feuchter Luft die Vermehrung von Krankheitserregern. In Hauskindergärten herrschen im Gegensatz dazu geschlossene, beheizte Räumen vor, die die Übertragung von Krankheitserregern begünstigen. Aussagen von Erzieherinnen im Waldkindergarten zu Auswirkungen auf das Immunsystem waren in der vorliegenden Studie dahingehend nicht eindeutig. Temperaturregulation und angemessene Kleidung waren in jedem Waldkindergarten präsent. Mit zunehmendem Alter kannten die Kinder ihre Bedürfnisse und geeignete Strategien in Bezug auf die Regulation der Körpertemperatur. „Frische Luft“ und das „warme Anziehen“ assoziierten Grundschüler, die einen Waldkindergarten besucht hatten, mit Gesundheit.

In Bezug auf das mentale Wohlbefinden lassen sich positive Effekte auf die Gesundheit durch regelmäßige Naturerfahrung feststellen für die Bereiche:

- Gefühle von Freiheit, Selbstbestimmung und Gelassenheit,
- Kontrolle von Reizüberflutung,
- Konzentrationsfähigkeit und
- kontextbezogene Lernsituationen.

Die von Wilson (1984) postulierte tiefe Verbundenheit mit dem Wald lässt sich durch die insgesamt positiven Aussagen der Kinder zum Thema Wald unterstreichen. Denken sie an ihre Zeit im Waldkindergarten, verwenden sie Attribute wie „schön“, „gut“ oder „wunderbar“. Mehrere ehemalige Waldkindergartenkinder erinnerten sich sehr gerne an die gemeinsamen Zusammenkünfte im Morgenkreis oder Abschiedskreis (siehe Abb. 61).

Abb. 61: Abschiedskreis im Waldkindergarten. Foto: Schäffer 2009.

Der Alltag im Waldkindergarten ist durch Rituale geprägt, die den Kindern Kontinuität und Sicherheit vermitteln. Das gemeinsame Treffen in der „Morgenrunde“, der gemeinsame Weg und das gemeinsame Frühstück sowie das Freispiel rahmen den Vormittag im Wald bei jedem Wetter ein. Sie erleben den Wald im Rhythmus der Jahreszeiten, nicht nur wenn die Sonne scheint, sondern über das ganze Jahr hinweg und gewinnen so einen selbstverständlichen Bezug zur Natur.

Das Spiel der Kinder im Waldkindergarten unterscheidet sich vom Spiel im Regelkindergarten durch eine unerschöpfliche Fülle von Anregungen mit Möglichkeiten, Staudämme zu bauen, in Bäumen zu klettern oder ungestört in einer Hängematte zu liegen und dem Gezwitscher der Vögel zuzuhören. Diesem Freispiel in der Natur steht eine sehr begrenzte Verfügbarkeit von vorgefertigtem Spielzeug oder Spielgeräten, die ein bestimmtes Spiel vorgeben, entgegen. Diese Einschränkungen werden jedoch nicht negativ betrachtet, sondern als Herausforderung für kreatives Spiel mit den vorhandenen Naturmaterialien gesehen. Die Materialien sind nicht an sich attraktiv, sondern müssen von den Kindern erst mit einer Bedeutung belegt werden. Das erfordert Einfallsreichtum und Phantasie und das sprachliche Vermögen, diese Ideen mit anderen zu teilen und weiterzuentwickeln. Niedrige Lärmpegel unterstützen Kommunikation zur Deutung dieser unbestimmten Naturmaterialien, sodass ein Stock zum Zauberstab, zum Pferd oder zur Gitarre im gemeinsamen Rollenspiel wird. In machen Regelkindergärten wird diese begrenzte Verfügbarkeit von vorgefertigtem Spielzeug in das Konzept der spielzeugfreien Zeit übertragen. Es wurde festgestellt, dass hiermit Lebenskompetenzen wie Kommunikation und Selbstbewusstsein gestärkt werden, was den Umgang mit Schwierigkeiten im späteren Leben erleichtert und auch präventiv in Bezug auf die Entwicklung von Süchten wirkt (Schubert & Strick, 2006). Der Ansatz der spielzeugfreien Zeit besagt, dass man sich auch mit wenigen Dingen in interessante Spiele vertiefen kann und damit unabhängig von materiellen Dingen ist, was zur Selbstsicherheit beiträgt.

In diesem Zusammenhang ist auch die Deutung der Erzieherinnen von Langeweile anzusprechen. Im Waldkindergarten wurde Langeweile neutral gedeutet. Sie war mitunter sogar positiv besetzt und wurde als Quelle für neue Kreativität gewertet, bzw. auch ruhiges Verweilen oder Ausruhen wurden nicht mit Langeweile in Verbindung gebracht. Diese Zeiten von Freispiel und Gelassenheit genossen die Kinder. Im Gegenzug waren Rückmeldungen aus Situationen, in denen Zuhören und Konzentration gefordert waren, von vielen Erzieherinnen positiv herausgestellt worden. Erzieherinnen berichteten von „ihren“ Kindern im Waldkindergarten über die ausgeprägte Fähigkeit, sich auf Vorträge von Förstern, in der Bücherei oder auch in der Schule zu konzentrieren. Gleichermaßen zeigte Markevych (2015) positive Effekte für die Konzentrationsfähigkeit und mentale Gesundheit von Kindern für ein Leben in der Nähe von Grünräumen auf. Je weiter Grünräume entfernt sind, desto häufiger trat in ihrer Studie ADHS bei 10-jährigen Jungen auf. Bedenken, dass der Waldkindergarten nicht ausreichend auf die Schulzeit vorbereitet, wurden ausgeräumt (Häfner, 2003).

Adäquate Möglichkeiten zum Rückzug und das Angebot an verschiedenen Stimuli scheinen im Waldkindergarten in einem angemessenen Verhältnis zu stehen, wobei die Erholungsfunktion in der Natur insbesondere verhaltensauffälligen Kindern zu Gute kommt (Roe & Aspinall, 2011b). Ausgedehnte Naturkontakte eröffnen Kindern ein fast unbegrenztes Spektrum an Bildungs- und Erfahrungsmöglichkeiten (Gebhard, 2009). Während des Vormittags im Waldkindergarten provozieren z.B. Pflanzen und Tiere Fragen der Kinder. Das Wissen resultiert somit aus direktem Beobachten, Erleben und Experimentieren und wird tief verankert.

Naturerfahrungen nehmen in der Kindheit einen wichtigen Einfluss auf das mentale Wohlbefinden. Schon im frühen Alter sollten Kinder regelmäßig Möglichkeiten zum Spiel in der Natur haben, was vielen Erwachsenen der vorangehenden Generationen auch noch ohne explizite Angebote wie z.B. Waldkindergärten möglich war. Diese Erfahrungen leisten nicht nur in der Kindheit, sondern auch langfristig einen Beitrag zur Lebensqualität. Erinnerungen an spezielle Orte bleiben bis ins Erwachsenenleben bestehen und führen u.a. in kritischen Lebenssituationen dazu, diese Orte oder Orte mit ähnlichem Antlitz aufzusuchen (Rämgard, 2006).

In Bezug auf das soziale Wohlbefinden lassen sich positive Effekte auf die Gesundheit durch regelmäßige Naturerfahrung feststellen für die Bereiche:

- enges Verhältnis von Kindern, Erzieherinnen und Eltern,
- eine Gemeinschaft, die von Hilfsbereitschaft und Herzlichkeit geprägt ist,
- langfristige Freundschaften über Alters- und Geschlechtsgrenzen hinweg.

Ein enges Verhältnis von Kindern, Erzieherinnen und Eltern in allen Waldkindergärten war durch verschiedene Faktoren zu erklären. Eine häufige Organisationsform des Waldkindergartens war die Elterninitiative, welche ein hohes Engagement der Eltern voraussetzt. Nicht nur Elternabende z.B. zu gesunder Ernährung oder Zecken, wurden jeweils von mindestens einem Elternteil aller Kinder besucht, sondern eine enge Zusammenarbeit ist auch zur Organisation des Alltags im Waldkindergarten erforderlich. Dies kann ganz praktisch orientiert sein, wenn z.B. reihum von Eltern im Winter warmes Wasser zum Händewaschen mitgebracht wurde. Eine günstige Betreuungsrelation der Erzieherinnen zu den Kindern von 1:8 bis zu 1:5 (siehe Tab. 8) bot den

Erzieherinnen Zeit, sich jedem einzelnen Kind mehr zuwenden können, was einem engen Verhältnis von Kindern und Erzieherinnen weiterhin zuträglich war. Diese gute Relation resultiert aus einem Sicherheitskonzept für Notfälle. Passiert einem Kind im Wald etwas, kann bei drei Erzieherinnen in der Gruppe eine beim verletzten Kind bleiben, eine Hilfe holen und die dritte die übrigen Kinder beschäftigen. Im Wald konnten Erzieherinnen den Kindern außerdem ihre ungeteilte Aufmerksamkeit schenken, da pädagogische und organisatorische Arbeit im Waldkindergarten nicht zusammenfiel. Diese organisatorische Arbeit leisteten Erzieherinnen entweder in speziellen Büroräumen oder in Heimarbeit. Eine hohe Zufriedenheit der Erzieherinnen mit ihrer Tätigkeit führte weiterhin zu einer geringen Fluktuation im Personal, was für die Kinder eine hohe Kontinuität der pädagogischen Bezugsperson bedeutete.

Kinder erfahren sich selbst durch Beziehungen. Viele Herausforderungen im Waldkindergarten können nur in Gemeinschaft mit anderen Kindern bestritten werden. Z.B. wenn ein Ast für ein Kind zu schwer ist, besteht die Bereitschaft, den anderen zu helfen. Während der Wanderungen durch den Wald ist der Gruppenzusammenhalt sehr stark. Jeder schaut nach den anderen, damit niemand aus der Gruppe zurückgelassen wird. Einige Kinder übernehmen Aufgaben, die für das Gelingen des Alltages im Waldkindergarten wichtig sind, wie z.B. die Gruppe zu zählen oder den Bollerwagen zu ziehen.

Diese engen Beziehungen produzieren Respekt und ein Gefühl von Sicherheit. Weiterhin erleben Eltern und Erzieher Kinder, die ausgeglichen, stressfrei und weniger aggressiv sind (Schede, 2000). Im Regelkindergarten werden häufig Freundschaften zum gleichen Geschlecht und im gleichen Alter beobachtet. Im Waldkindergarten war eine geringere Trennung zwischen Geschlecht oder Alter zu erkennen. Mädchen und Jungen spielten zusammen und es gab häufig Spiele, die mit der gesamten Gruppe gespielt wurden, wie z.B. einen Staudamm zu bauen. Freundschaften aus dem Waldkindergarten hörten daher häufig mit der Zeit im Kindergarten nicht auf, sondern dauerten auch danach weiterhin an.

Nach der Theorie des *sozialen Habitus* des Soziologen Pierre Bourdieu prägen soziale und kulturelle Denk-, Wahrnehmungs- und Handlungsschemata bereits in der Kindheit die Sichtweise eines Menschen (Bourdieu, 1987). Die hier vorliegende Studie legt nahe, dass die positive Beziehung zur Gemeinschaft und zur Natur auch bis ins höhere Alter anhält, zumindest konnte dies hier bis in die Grundschulzeit belegt werden.

Als Resultat dieser Ausführungen zum körperlichen, mentalen und sozialen Wohlbefinden kann das Konzept der Waldkindergärten als Ansatz dienen, um Kindern die Möglichkeit für regelmäßige, intensive gesundheitsfördernde Naturerfahrung zu bieten. Weiterhin lassen sich aus den Schlussfolgerungen Handlungsempfehlungen für die Gesundheitsförderung bzw. Prävention von Grundschülern ableiten.

5.1 Ansätze für die Prävention

Aus lichtem Grün sind Himmel und Erde geschaffen und alle Schönheit der Welt.

Es gibt eine Kraft in der Ewigkeit und diese Kraft ist grün.

Hildegard von Bingen

Vielen Kindern in Deutschland fehlt der Kontakt zur Natur. Nach einer Umfrage des Emnid-Instituts im Auftrag des *Forums Bildung Natur* sind 49% aller vier- bis zwölfjährigen Kinder noch nie allein auf einen Baum geklettert und fast ein Viertel hat noch nie ein frei lebendes Tier gesehen (https://www.deutschewildtierstiftung.de/naturbildung/leitbild, Stand 06/2024). Auch der selbstbestimmte Bewegungsradius von Kindern nimmt ab (Zeltner, 2008).

Mindestens eine Stunde am Tag sollten Kinder sich für eine gesunde körperliche, geistige und soziale Entwicklung bewegen, jedoch schaffen dies nur rund 50% der deutschen Kinder. In der Realität sind laut DKV-Report „Wie gesund lebt Deutschland?“ 2015 (https://www.ergo.com/de/Newsroom/Reports-Studien/DKV-Report, Stand 06/2024) sowohl Schule, als auch Freizeit der 6-12 jährigen Kinder durch Sitzen geprägt. Dies ist auf die Veränderung der Lebenswelt der heutigen Kinder zurück zu führen. Die Lebensumwelten der Kinder der industrialisierten Welt sind geprägt von zunehmenden Einschränkungen in Zeit und Raum, starker Verbreitung der Massenmedien und Verminderung persönlicher Kontakte, Verringerung öffentlicher Freiflächen und Spielplätze sowie reduziertem Kontakt mit der natürlichen Umwelt. Wege werden vor allem motorisiert zurückgelegt. Zusammengefasst nehmen Innenaktivitäten zu und Möglichkeiten zum Kontakt mit der natürlichen Umwelt ab. Der Herausforderung, Kindern den regelmäßigen Kontakt mit der Natur zu ermöglichen, kann mit dem Konzept der Waldkindergärten begegnet werden. In der vorliegenden Studie lag das Interesse in der Sammlung von Informationen zur Verschneidung komplexer Phänomene bezüglich Naturerfahrung und Gesundheit bei Kindern. Aus den Ergebnissen lassen sich Ansätze für Prävention und Gesundheitsförderung von Kindern ableiten. Prävention lässt sich dabei unterteilen in die primäre, sekundäre und tertiäre Prävention sowie in die Verhaltens- und Verhältnisprävention. Die primäre Prävention setzt am gesunden Menschen an und möchte diesen Zustand fördern. Die sekundäre Prävention umfasst Maßnahmen zur Krankheitsfrüherkennung, die Krankheiten behandeln sollen, bevor diese Symptome zeigen (Neugeborenen-Screening). Bei der tertiären Prävention sollen Rückfälle, Verschlimmerungen und Chronifizierung verhütet werden.

In der Verhaltensprävention soll jedem einzelnen ermöglicht werden, sich gesund zu verhalten. Verhaltensprävention ist z.B. Health Literacy, also das Wissen um Gesundheit und gesundheitsförderliches Verhalten (Frisch et al., 2012). Verhältnisprävention hingegen setzt am Umfeld der Menschen an, welches so geschaffen sein soll, dass ihnen eine gesunde Lebensführung möglich ist (Bsp. Trinkwasserhygiene). Um positive Aspekte von Naturerfahrungen zu fördern, gibt es Möglichkeiten im Rahmen der Verhaltens- und Verhältnisprävention, die beide in der primären Prävention angesiedelt sind.

5.1.1 Verhaltensprävention

Für die Verhaltensprävention durch Naturerfahrung im Kindesalter liegt viel populärwissenschaftliche Literatur älteren und neueren Datums vor (Cornell, 1979; Louv, 2011; Pohl, 2003; Trommer, 2012; Weber, 2011). Eltern, die an ihre eigene Kindheit denken, denken an das Herumstreunern mit anderen Kindern und daran, Staudämme zu bauen oder nach Schätzen zu graben. Von daher geht die Initiative von Naturerfahrungen für Kinder häufig von Eltern aus, die diese Erlebnisse auch ihren Kindern ermöglichen wollen. Sie entdecken die eigene Umgebung als Naherholungsraum und erkunden und nutzen mit ihren Kindern den Wald spielerisch, um sie so wieder an die Natur und Umwelt heranzuführen. Weiterhin bieten Familienbildungsstätten oder ähnliche Einrichtungen Nachmittagskurse oder Ferienfreizeiten mit Naturbezug an. Das Problem hierbei ist, dass insbesondere eine gesundheitsorientierte Mittelschicht diese Angebote wahrnimmt und nutzt. Für viele Kinder, die aufgrund ihrer Lebensumstände und Risiken besonders von Angeboten mit Naturerfahrung profitieren würden (z.B. Markevych, 2015b; Veitch et al., 2008b; Ward Thompson et al., 2012), bleiben Angebote zur Naturerfahrung jedoch verschlossen. Die theoretische Auseinandersetzung damit durch Bücher oder Projekte kann Naturerfahrungen nicht ersetzen. Von daher ist ein Agieren auf politischer Ebene zu empfehlen, um auch vulnerable Gruppen zu erreichen (Gentin, 2011; Morris & O'Brien, 2011).

5.1.2 Verhältnisprävention

Zu den infrastrukturellen Verhältnissen, die aus der Sicht von Public Health Gesundheitsressourcen und -potentiale stärken, gehören fußläufig erreichbare Grün- und Parkflächen, ebenso wie frei zugängliche Sportstätten (Bedimo-Rung et al., 2005). Urbanes Grün kann als kostensparender Faktor im Gesundheitswesen (Körner et al., 2008) betrachtet werden. Das Vorkommen von Bäumen und Vegetation an öffentlichen Flächen fördert die Nutzung dieser Flächen von Menschen aller Altersklassen (Roemmich et al., 2006), was häufig mit körperlicher Aktivität verbunden ist (Craggs et al., 2011; Jones et al., 2009; Rind & Jones, 2011). Kinder lieben es, in natürlicher Umgebung zu spielen.

Empfehlungen wie die einer britischen Metaanalyse *"that children should be given opportunities to learn in outdoor settings (green education)"* (Barton & Pretty, 2010), werden wahrgenommen und auch umgesetzt. In Großbritannien z.B. erfolgt die „Überweisung" in einen Waldkindergarten bzw. Carefarm-Projekt durch offizielle Stellen (Schäffer & Kraftl, 2017), von deren Seite diese Angebote auch finanziert werden (O'Brien, 2011). Diese Praxis wäre auch auf Deutschland übertragbar. Im Rahmen des erweiterten Präventionsgesetzes (PrävG) könnten Politik, Krankenkassen, Pädiater etc. die Naturerfahrung von Kindern auch in Deutschland fördern. Erste Ansätze dazu gibt es z.B. auf der Seite www.Kindergesundheit-info.de der Bundeszentrale für gesundheitliche Aufklärung (BZgA). Hier wird empfohlen: *„Lassen Sie Ihr Kind auch bei Wind und Wetter nach Möglichkeit täglich ein bis zwei Stunden frische Luft tanken – am besten im Grünen"* (https://www.kindergesundheit-info.de/themen/spielen/alltagstipps/1-3-jahre/spiel-und-bewegungsraeume/, Stand 06/2024). Die Intitiative „5amTag" (https://www.5amtag.de/power-fuer-kids/, Stand 06/2024) macht Kindern fünf Portionen Obst und Gemüse am Tag schmackhaft. Wichtig bei solchen Projekten ist die Schulung von Multiplikatoren, d.h. von Erzieherinnen und Lehrerinnen oder Betreuerinnen von Nachmittagsangeboten, die diese Angebote langfristig und nicht nur in begrenzten Projekten durchführen. Dafür ist ein Budget für Fortbildungen von Nöten. Auch eine entsprechende Bündelung von Informationen, Empfehlungen und Maßnahmen für Naturerfahrung im Kindesalter wäre wünschenswert. Zur geplanten Schaffung eines *Nationalen Waldpädagogikforums* aus einer Initiative der *Schutzgemeinschaft Deutscher Wald* (SDW) und des *Bundes Deutscher Forstleute* (BDF) zur Vernetzung und Weiterentwicklung aller Aktiven gab es nach einer geplanten Gründung im Jahr 2012 bislang allerdings keine weiteren Aktivitäten.

Auch im Setting Kindergarten bzw. Schule könnten mehr Potentiale zur Gestaltung von Flächen für Naturerfahrungen für Kinder genutzt werden. Kinder bevorzugen natürliche Landschaften mit Raum für freies Gestalten mit beweglichen Objekten (Wasser, Sand, Steine, Stöcke) und mit der Möglichkeit des „intimen Rückzugs". Diese natürlichen Rückzugsgebiete und Materialien regen zum kreativen Spiel an, welches viele soziale und kognitive „Nebenwirkungen“ hat (Boldemann et al., 2011; Boldemann et al., 2006). Diese Erkenntnisse gehen aber auch heute nur sehr wenig in die Gestaltung von Spielplätzen, Kindergärten und Schulen ein.

Die typischen Außenanlagen von Kindergärten sind ausgestattet mit einigen Spielgeräten und offenen Flächen, die eine gute Beaufsichtigung und wenig Aufwand für die Bestandserhaltung bedeuten. Was diesen Außenanlagen meist fehlt, sind Angebote, die natürliche Umwelt kennen zu lernen. Eine Ausnahme hiervon ist das Netzwerk „Kinder-Garten im Kindergarten – Gemeinsam Vielfalt entdecken!“. Das Netzwerk verbindet 200 Kindergärten aus ganz Deutschland, die zu ihren Aktivitäten zur biologischen Vielfalt Wissen sammeln, bündeln und so aufbereiten, dass es allen Interessierten zur Verfügung steht.

Der Besuch eines Kindergartens ist in Deutschland nicht verpflichtend. Alle Kinder ab einem Alter von sechs Jahren kann man jedoch verbindlich über die Schule erreichen. Sogenannte „grüne Schulhöfe“ können für einige Kinder den einzigen regelmäßigen Zugang zu Grünräumen darstellen. Bezüge zum natürlich gestalteten Schulhof und vermehrter körperlicher Aktivität (Dyment & Bell, 2008; Dyment et al., 2009; Jones et al., 2010), gesunder psychologischer Entwicklung (Bagot, 2005) bzw. Stressreduktion (Chawla, 2014) sind belegt.

Die Umgestaltung von gut zu beaufsichtigenden Flächen in Kindergarten und Schule in grüne Räume mit Rückzugsmöglichkeiten ist wegen kommunaler Sparzwänge häufig nur mit erheblichem ehrenamtlichem Engagement zu leisten. Eltern bringen sich hier ein, da Grünräume für Kinder geschaffen werden und gleichzeitig elterlichen Ängsten, die Kinder unbeaufsichtigt in die Natur zu entlassen (Malone, 2007; Valentine & McKendrck, 1997), durch solche Angebote begegnet werden kann. Besonders gewinnbringend sind naturnahe Umgestaltungen, wenn die besonderen Anforderungen an die Gestaltung für Kinder bedacht werden (Aarts et al., 2010; Oloumi et al., 2012) oder die Kinder selbst in die Planung einbezogen werden (Tai et al., 2006).

5.2 Ausblick

Diese Arbeit hat ein interdisziplinäres Forschungsfeld mit gesundheitswissenschaftlichen, medizinischen, psychologischen, soziologischen und nicht zuletzt gesundheitsgeographischen Aspekten betrachtet und umfassende Einblicke in die Auswirkungen von regelmäßiger Naturerfahrung auf die Gesundheit von Grundschülern untersucht. Weiterer Forschungsbedarf ist insbesondere im deutschsprachigen Raum dringend erforderlich (siehe Tab. 3). Im Verlauf der Bearbeitung der vorliegenden Studie haben sich weitere Fragestellungen ergeben, für die eine wissenschaftliche Betrachtung und Untersuchung lohnenswert erscheint:

- Zur Unterstützung der populärwissenschaftlichen Empfehlung „an die frische Luft zu gehen" stand keine wissenschaftliche Studie zur Verfügung. Hier wäre eine umfassende, soziologische bzw. sprachwissenschaftliche Auseinandersetzung sinnvoll. Was bedeutet überhaupt „frische Luft"?
- Die hohen Aktivitätslevel in Waldkindergärten könnten auch Auswirkungen auf die kognitive Entwicklung von Kindern haben. Eine bessere Versorgung des Gehirns mit Sauerstoff begünstigt Lernprozesse. Weiterhin könnten sich verschiedene Effekte, wie z.B. auch geringere Lärmpegel oder mentale Ausgeglichenheit positiv verstärken. Erste Untersuchungen zur Schulfähigkeit sowie zu sprachlichen, kognitiven und mathematischen Kompetenzen liegen vor (Häfner, 2002; Plum, 2011) zeigen jedoch keine signifikanten Unterschiede zu anderen Kindergartenformen. Eine Vertiefung der Untersuchung bzw. eine größere Probandenzahl wäre hier sinnvoll.
- Im KINDL-R zur subjektiven Gesundheitseinschätzung zeigten sich für die Mädchen, die ehemals einen Waldkindergarten besucht hatten, statistisch signifikant bessere Werte im Vergleich mit allen anderen untersuchten Kindern in Bezug auf das körperliche Wohlbefinden. Eine mögliche Hypothese hierzu wäre, dass Mädchen durch Bewegungsangebote und den aktiven Alltag im Waldkindergarten im Bereich des körperlichen Wohlbefindens genauso gefördert werden wie Jungen und sich diese positiven Einflüsse auch langfristig, d.h. in der Grundschule noch zeigen, obwohl hier

genderspezifische Angebote wieder dominieren könnten. Weitere geschlechtsspezifische Untersuchungen in diesem Bereich könnten einen tieferen Einblick liefern.

- Insgesamt gab es in den qualitativen Interviews mit den Grundschülern, die ehemals einen Waldkindergarten besucht haben, mehr und umfangreichere Beschreibungen von Tieren und Pflanzen. Eine genauere Betrachtung der Fähigkeiten von Sprache und Kommunikation und ob sich langfristige Vorteile z.B. für Kinder mit sprachlichen Defiziten oder Kinder mit einer anderen Muttersprache ergeben, könnte von Interesse sein.
- Waldkindergartenkinder zeigten in einer schwedischen Studie durchgehend über alle Jahreszeiten hinweg geringere Fehlzeiten durch Krankheit (Grahn et al., 1997). Aussagen von Erzieherinnen in den hospitierten Waldkindergärten waren in der vorliegenden Studie nicht eindeutig. Hier könnte eine quantitative Analyse der Dokumentationen von Fehlzeiten durch Erkrankung, die in jedem Kindergarten erfolgt, zum weiteren Verständnis für Auswirkungen von regelmäßiger Naturerfahrung auf Erkrankungsraten beitragen.
- Forschungen zur Verbreitung von Zecken in Deutschland sind nicht flächendeckend. Risikogebiete für FSME-Erkrankungen durch Zeckenstiche werden jährlich durch das Robert Koch-Institut aktualisiert. Zur Borreliose gibt es keine vergleichbare Erhebung. Aus den qualitativen Interviews mit den Erzieherinnen in Waldkindergärten konnte das Spektrum von keinen Schutzmaßnahmen, da keine Zeckenstiche auftreten, bis hin zur Abmeldung von Kindern aus dem Waldkindergarten wegen mehrfacher Borreliose-Infektion, gefunden werden. Weiterhin scheint es Kinder zu geben, die besonders anfällig für Zeckenstiche sind und solche, die kaum von Zecken heimgesucht werden. Hier sind weitere Forschungen auf dem Gebiet der Epidemiologie und Infektionsprophylaxe erforderlich.
- Naturerfahrungen im Kindesalter haben einen wichtigen Einfluss auf die spätere Beziehung zur Natur. Regelmäßiger Aufenthalt in unberührter Natur führt zu mehr umweltbezogener Aufmerksamkeit und trägt somit dazu bei, sich aktiv für die Umwelt einzusetzen (Abraham et al., 2007; Chawla, 1998;

Tanner, 1980). Inwiefern sich der Waldkindergarten auf die spätere umweltbezogene Aufmerksamkeit oder die Berufstätigkeit auswirkt, wurde bisher ebenfalls noch nicht untersucht.

Die vorliegende Studie konnte Einblicke in den Alltag von Waldkindergärten und Auswirkungen von regelmäßiger Naturerfahrung auf das körperliche, mentale und soziale Wohlbefinden darstellen. Das Themenfeld bietet zweifelsohne insbesondere für Gesundheitswissenschaften, Medizin, Psychologie, Soziologie und Gesundheitsgeographie weiteres Forschungspotential.

Abb. 62: Stillleben im Waldkindergarten. Foto: Schäffer 2009.

Literaturverzeichnis

Aarts, M.-J., Wendel-Vos, W., van Oers, H., van de Goor, I. & Schuit, A. (2010) Environmental determinants of outdoor play in children: a large-scale cross-sectional study. *American Journal of Preventive Medicine*, 39(3), 212–9.

Abraham, A., Sommerhalder, K. & Abel, T. (2010) Landscape and well-being: a scoping study on the health-promoting impact of outdoor environments. *International Journal of Public Health*, 55, 59–69.

Abraham, A., Sommerhalder, K., Bolliger-Salzmann, H. & Abel, T. (2007) *Landschaft und Gesundheit. Das Potential einer Verbindung zweier Konzepte.* Abteilung Gesundheitsforschung, Institut für Sozial- und Präventivmedizin, Universität Bern. http://www.sl-fp.ch/getdatei.php?datei_id=817 (Zugegriffen: 04.07.2016).

Alhassan, S., Sirard, J. R. & Robinson, T. N. (2007) The effects of increasing outdoor play time on physical activity in Latino preschool children. *International Journal of Pediatric Obesity*, 2, 153–158.

Almqvist, L., Hellnäs, P., Stefansson, M. & Granlund, M. (2006) "I can play!" Young children's perceptions of health. *Pediatric Rehabilitation*, 9(3), 275–284.

American Institutes for Research (2005) *Effects of Outdoor Education Programs for Children in California.* http://www.air.org/sites/default/files/downloads/report/Outdoorschoolreport_0.pdf (Zugegriffen: 05.07.2016).

Antonovsky, A. (1997) *Salutogenese: Zur Entmystifizierung der Gesundheit.* Tübingen: dgvt-Verlag.

Atteslander, P., Cromm, J., Grabow, B., Klein, H., Maurer, A. & Siegert, G. (2006) *Methoden der empirischen Sozialforschung*. Berlin: Erich Schmidt Verlag GmbH & Co.

Babisch, W. (2011) Quantifizierung des Einflusses von Lärm auf Lebensqualität und Gesundheit. *UMID: Umwelt und Mensch – Informationsdienst*, 1, 28–36.

Bagot, K. (2005) The Importance of Green Play Spaces for Children-aesthetic, athletic and academic. *The Journal of the Victorian Association for Environmental Education*, 28(3), 12–16.

Baranowski, T., Thompson, W. O., DuRant, R. H., Baranowski, J. & Puhl, J. (1993) Observations on physical activity in physical locations: age, gender, ethnicity, and month effects. *Research Quarterly for Exercise and Sport*, 64(2), 127–133.

Baron, R. A. & Byrne, D. (2002) *Social Psychology* (10. Aufl.). Boston: Allyn and Bacon.

Bartlett, S. N. (1997) No place to play: Implications for the interaction of parents and children. *Journal of Children and Poverty*, 3(1), 37–48.

Barton, J., Griffin, M. & Pretty, J. (2011) Exercise, nature and socially interactive based initiatives improve mood and self-esteem in the clinical population. *Perspectives on Public Health*, 132(2), 89–96.

Barton, J. & Pretty, J. (2010) What is the Best Dose of Nature and Green Exercise for Improving Mental Health? A Multi-Study Analysis. *Environmental Science & Technology*, 44(10), 3947–3955.

Basterfield, L., Adamson, A. J., Frary, J. K., Parkinson, K. N., Pearce, M. S. & Reilly, J. J. for the Gateshead Millennium Study Core Team (2011) Longitudinal Study of Physical Activity and Sedentary Behavior in Children. *Pediatrics*, 127(1), e24–e30.

Becher, W. (1903) *Über Walderholungsstätten für kranke Kinder mit besonderer Berücksichtigung der Tuberkulösen: nach Beobachtungen in der ersten Kinder-Erholungsstätte vom Rothen Kreuz in Schönholz.* Berlin: Hirschwald.

Bedimo-Rung, A. L., Mowen, A. J. & Cohen, D. A. (2005) The significance of parks to physical activity and public health: A conceptual model. *American Journal of Preventive Medicine*, 28 (2, Supplement 2), 159–168.

Benfield, J. A., Taff, D. B., Newman, P. & Smyth, J. (2014) Natural sound facilitates mood recovery. *Ecopsychology*, 6(3), 183–188.

Berger, M. (2000) Friedrich Fröbels Konzeption einer Pädagogik der frühen Kindheit. In: W. E. Fthenakis & M. R. Textor (Hrsg.), *Pädagogische Ansätze im Kindergarten*, 10–22. Weinheim, Basel: Belz.

Berman, M. G., Jonides, J. & Kaplan, S. (2008) The Cognitive Benefits of Interacting With Nature. *Psychological Science*, 19(12), 1207–1212.

Berman, M. G., Kross, E., Krpan, K. M., Askren, M. K., Burson, A., Deldin, P. J. & Jonides, J. (2012) Interacting with nature improves cognition and affect for individuals with depression. *Journal of Affective Disorders*, 140(3), 300–305.

Bickel, K. (2001) Der Waldkindergarten: *Konzept, Pädagogische Anliegen, Begleitumstände. Mit Praxisbeispiel Wyk auf Föhr*. Wyk auf Föhr: Nordenmedia.

Bingley, A. & Milligan, C. (2004) *Climbing Trees and Building Dens: Mental health and well-being in young adults and the long-term effects of childhood play experience.* Research Report. Institute for Health Research, Lancaster University.
http://escalate.ac.uk/downloads/4725.pdf (Zugegriffen: 28.06.2016).

Bird, J. E. & Podmore, V. N. (1990) Children's understanding of health and illness. *Psychology & Health*, 4(2), 175–185.

Blotevogel, H. (2003) Neue Kulturgeographie – Entwicklung, Dimensionen, Potenziale und Risiken einer kulturalistischen Humangeographie. *Berichte zur deutschen Landeskunde*, 1/2003, 7–34.

Boeckmann, M. & Joyner, T. A. (2014) Old health risks in new places? An ecological niche model for I. ricinus tick distribution in Europe under a changing climate. *Health & Place*, 30, 70–7.

Boeing, H., Bechthold, A., Bub, A., Ellinger, S., Haller, D., Kroke, A. & Watz, B. (2012) *Gemüse und Obst in der Prävention ausgewählter chronischer Krankheiten.* Stellungnahme der Deutschen Gesellschaft für Ernährung e.V., Bonn.

Bögeholz, S. & Rüther, S. (2005) Wenn Erfahrung weh tut – The dark side of nature experience. In: Gropengießer, H., Janssen-Bartels, A. & Sander, E.

(Hrsg.) *Lehren fürs Leben: Didaktische Rekonstruktion in der Biologie*, 80–95. Köln: Aulis.

Boldemann, C., Blennow, M., Dal, H., Mårtensson, F., Raustorp, A., Yuen, K. & Wester, U. (2006) Impact of preschool environment upon children's physical activity and sun exposure. *Preventive Medicine*, 42(4), 301–8.

Boldemann, C., Dal, H., Mårtensson, F., Cosco, N., Moore, R., Bieber, B. & Söderström, M. (2011) Preschool outdoor play environment may combine promotion of children's physical activity and sun protection. Further evidence from Southern Sweden and North Carolina. *Science & Sports*, 26(2), 72–82.

Bortz, J., & Döring, N. (2010) *Forschungsmethoden und Evaluation: für Human- und Sozialwissenschaftler*. Heidelberg: Springer.

Bös, K. & Krug, S. (2011) Die Bedeutung von Motorik und Bewegung im Kindes- und Jugendalter. *Ernährung & Medizin*, 26(4), 156–160.

Bös, K., Worth, A., Opper, E., Oberger, J., Woll, A. & Bundesministerium für Familie, Senioren, Frauen (2009) *Motorik-Modul: Eine Studie zur motorischen Leistungsfähigkeit und körperlich-sportlichen Aktivität von Kindern und Jugendlichen in Deutschland*. Forschungsreihe Band 5. Baden-Baden: Nomos Verlag.

Bourdieu, P. (1987) *Die feinen Unterschiede. Kritik der gesellschaftlichen Urteilskraft*. Berlin: Suhrkamp Taschenbuch Wissenschaft.

Bowler, D., Buyung-Ali, L., Knight, T. & Pullin, A. (2010) A systematic review of evidence for the added benefits to health of exposure to natural environments. *BMC Public Health*, 10 (456).

Bowler, D. E., Knight, T. M. & Pullin, A. S. (2009) *The value of contact with nature for health promotion: how the evidence has been reviewed*. Centre for Evidence-based Conservation, Bangor University, Gwyncdd, UK.

Brämer, R. (2005) LBS Kinderbarometer Natur. Ein Projekt der „LBS-Initiative Junge Familie" in Zusammenarbeit mit dem Ministerium für Schule, Jugend und Kinder in NRW, Durchführung ProKids- Institut Herten.

http://www.wanderforschung.de/files/kinderbarometer-natur-nrw-2003-20041337773280.pdf (Zugegriffen: 28.06.2015).

Brämer, R. (2006) *Natur obskur: Wie Jugendliche heute Natur erfahren*. München: oekom Verlag.

Brämer, R. (2010) *Natur: Vergessen? Erste Befunde des Jugendreports 2010*. Bonn, Marburg. http://wanderforschung.de/files/jrn10start1299055072.pdf (Zugegriffen: 28.06.2016).

Bratman, G. N., Hamilton, J. P. & Daily, G. C. (2012) The impacts of nature experience on human cognitive function and mental health. *Annals of the New York Academy of Sciences,* 1249(1), 118–136.

Briggs, D. (2003) *Making a difference: Indicators to improve children's environmental health*. Geneva: World Health Organization.

Bronfenbrenner, U. (1979) *The Ecology of Human Development: Experiments by Nature and Design*. Boston: Harvard University Press.

Bruppacher, S. & Peter, U. (1997) Bedingungen und Restriktionen der Entwicklung von Umweltbewusstsein und umweltverantwortlichem Handeln. Probleme der Wissens- und Wertvermittlung, insbesondere bei Kindern und Jugendlichen. Unveröffentlichte Lizentiatsarbeit. Interfakultäre Koordinationsstelle für Allgemeine Ökologie (IKAÖ), Universität Bern.

Buchanan, D. R. (1992) *An Uneasy Alliance: Combining Qualitative and Quantitative Research Methods*. Health Education & Behavior, 19(1), 117–135.

Bullinger, M. (1991) *Quality of life: definition, conceptualization and implications - a methodologist's view*. Theoretical Surgery, 6, 143–148.

Bullinger, M. (1997) *Gesundheitsbezogene Lebensqualität und subjektive Gesundheit: Überblick über den Stand der Forschung zu einem neuen Evaluationskriterium in der Medizin*. Psychotherapie, Psychosomatik, Medizinische Psychologie, 47(3/4), 76–91.

Bullinger, M., Brütt, A. L., Erhart, M., Ravens-Sieberer, U. & BELLA Study Group (2009) *Psychometric properties of the KINDL-R questionnaire:*

results of the BELLA study. European Child & Adolescent Psychiatry, 17 (Suppl. 1), 125–132.

Bullinger, M. & Ravens-Sieberer, U. (1995) *Stand der Forschung zur gesundheitsbezogenen Lebensqualität von Kindern*. Prävention & Rehabilitation, 7(3), 106–121.

Bundesministerium für Ernährung, Landwirtschaft und Verbraucherschutz (BMELV) (2010) *Unser Wald. Natur und Wirtschaftsfaktor zugleich*. Berlin. http://www.wald2011.de/fileadmin/SITE_MASTER/content/Dokumente/Downloads/BMELV/Unser-Wald_Dez-2010.pdf (Zugegriffen: 15.11.2015).

Bundesministerium für Ernährung und Landwirtschaft (BMEL) (2014) *Der Wald in Deutschland. Ausgewählte Ergebnisse der dritten Bundeswaldinventur*. https://bundeswaldinventur.de/fileadmin/SITE_MASTER/content/Dokumente/Downloads/BMEL_Wald_Broschuere.pdf (Zugegriffen: 28.06.2016).

Burdette, H. L. & Whitaker, R. C. (2005a) A National Study of Neighborhood Safety, Outdoor Play, Television Viewing, and Obesity in Preschool Children. *Pediatrics*, 116(3), 657 –662.

Burdette, H. & Whittaker, R. (2005b) Resurrecting Free Play in Young Children. Looking Beyond Fitness and Fatness to Attention, Affiliation and Affect. *Archives of Pediatrics & Adolescent Medicine*, 159, 46–50.

Carlsten, C. & Croke, J. (1997) What every physician should know about environmental health. *Wilderness and Environmental Medicine*, 8, 250–252.

Chatelet, A.-M. (2008) A Breath of Fresh Air. Open Air Schools in Europe. In: Gutman, M. & de Coninck-Smith, N. (Hrsg.), *Designing Modern Childhoods: History, Space, and the Material Culture of Children*. 107–127. New Brunswick: Rutgers University Press.

Chawla, L. (1998). Significant Life Experiences Revisited: A Review of Research on Sources of Environmental Sensitivity. *The Journal of Environmental Education*, 29(3), 11–21.

Chawla, L., Keena, K., Pevec, I. & Stanley, E. (2014) Green schoolyards as havens from stress and resources for resilience in childhood and adolescence. *Health & Place*, 28(7), 1–13.

Cho, S.-H., Bowker, J. M. & Park, W. M. (2006) Measuring the Contribution of Water and Green Space Amenities to Housing Values: An Application and Comparison of Spatially Weighted Hedonic Models. *Journal of Agricultural and Resource Economics*, 31(3), 485–507.

Claßen, T. & Kistemann, T. (2010) Das Konzept der Therapeutischen Landschaften. *Geographische Rundschau*, 7-8, 40–46.

Cole, T. J., Bellizzi, M. C., Flegal, K. M. & Dietz, W. H. (2000) Establishing a standard definition for child overweight and obesity worldwide: international survey. *BMJ (Clinical Research Ed.),* 320(7244), 1240–1243.

Committee on Evaluation of Children's Health, Board on Children, Youth and Families Division of Behavioral and Social Sciences and Education Council & National Research Institute of Medicine (2004) *Children's Health, the Nation's Wealth: Assessing and Improving Child Health.* Washington, DC, USA. http://www.nap.edu/catalog/10886/childrens-health-the-nations-wealth-assessing-and-improving-child-health (Zugegriffen: 28.06.2016)

Cooper Marcus, C. & Sachs, N. A. (2013) *Therapeutic Landscapes: An Evidence-Based Approach to Designing Healing Gardens and Restorative Outdoor Spaces.* New York: John Wiley & Sons.

Corbin, J. & Strauss, A. (2008) *Basics of Qualitative Research: Techniques and Procedures for Developing Grounded Theory* (3. Aufl.). Thousand Oaks, Kalifornien, USA: Sage Publications.

Cornell, J. (1979) Sharing Nature with Children, A Parents´ and Teachers´ Nature-awereness Guidebook. Nevada City, Kalifornien, USA: Ananda Publications.

Cornell, J. B. (1979) *Mit Kindern die Natur erleben*. Mülheim an der Ruhr: Verlag an der Ruhr.

Corraliza, J. A., Collado, S. & Bethelmy, L. (2012) Nature as a Moderator of Stress in Urban Children. *Procedia - Social and Behavioral Sciences*, 38, 253–263.

Craggs, C., van Sluijs, E. M., Corder, K., Panter, J. R., Jones, A. P. & Griffin, S. J. (2011) Do children's individual correlates of physical activity differ by home setting? *Health & Place*, 17(5), 1105–1112.

Croucher, K., Myers, L. & Bretherton, J. (2007) *The Links Between Greenspace and Health: A Critical Literature Review.* Greenspace Scotland Research Report. Stirling, Scotland. http://greenspacescotland.org.uk/SharedFiles/Download.aspx?pageid=133&mid=129&fileid=85 (Zugegriffen: 28.06.2016).

Currie C., Zanotti, C., Morgan, A., Currie, D., de Looze, M., Roberts, C., Samdal, O., Smith, O. R. F. & Barnekow, V. (Hrsg.) (2012) Social determinants of health and well-being among young people. Health Behaviour in School-aged Children (HBSC) study: international report from the 2009/2010 survey. Copenhagen, WHO Regional Office for Europe, 2012 (Health Policy for Children and Adolescents, No. 6). http://www.euro.who.int/de/what-we-publish/abstracts/social-determinants-of-health-and-well-being-among-young-people.-health-behaviour-in-school-aged-children-hbsc-study (Zugegriffen: 10.07.2016).

Daum, E. & Hasse, J. (2011) *Subjektive Kartographie: Beispiele und sozialräumliche Praxis.* Oldenburg: BIS-Verlag.

De Vries, S., Claßen, T., Eigenheer-Hug, S. M., Korpela, K., Maas, J., Mitchell, R. & Schantz, P. (2010) Contributions of Natural Environments to Physical Activity. In: Nilsson, K., Sangster, M., Gallis, C., Hartig, T., de Vries, S. & Seeland, K. (2010) *Forests, Trees and Human Health*. 205–243. Dordrecht: Springer Netherlands.

De Vries, S., Groenewegen, P. P., Verheij, R. A. & Spreeuwenberg, P. (2003) Natural environments - healthy environments? An exploratory analysis of the relationship between greenspace and health. *Environment and Planning A*, 35, 1717 – 1731.

Dobler, G., Fingerle, V., Hagedorn, P., Pfeffer, M., Silaghi, C., Tomaso, H. & Niedrig, M. (2014) Gefahren der Übertragung von Krankheitserregern durch

Schildzecken in Deutschland. *Bundesgesundheitsblatt - Gesundheitsforschung - Gesundheitsschutz*, 57(5), 541–548.

Douglas, M. & Wildavsky, A. (1983) Risk and Culture: *An Essay on the Selection of Technological and Environmental Dangers*. Berkeley: University of California Press.

Duppenthaler, A. (2003) Virale Enzephalitis, Frühsommer-Meningoenzephalitis (FSME). *Therapeutische Umschau*, 60, 637–640.

Dyment, J. E. & Bell, A. C. (2008) Grounds for movement: green school grounds as sites for promoting physical activity. *Health Education Research*, 23(6), 952–62.

Dyment, J. E., Bell, A. C. & Lucas, A. J. (2009) The relationship between school ground design and intensity of physical activity. *Children's Geographies*, 7(3), 261–276.

Eikmann, T. (2013) Gesundheit und Erholung. Ein Essay aus umweltmedizinischer und umweltethischer Sicht. *Umweltmedizin - Hygiene - Arbeitsmedizin,* 18(3), 153–158.

Ergler, C. (2011) Experiences of collaboration in understanding well-being in vertical and suburban environments. *Proceedings of the 1st International Conference Exploring the Multi-dimensions of Well-being*. Birmingham.

Evans, G. W., Bullinger, M. & Hygge, S. (1998) Chronic Noise Exposure and Physiological Response: A Prospective Study of Children Living Under Environmental Stress. *Psychological Science*, 9(1), 75 –77.

Faber Taylor, A. & Kuo, F. E. (2006) Is contact with nature important for healthy child development? State of the evidence. In: Spencer, C. & Blades, M. (Hrsg.), *Children and their Envirnoments. Learning, using and designing spaces.* 124–158. Cambridge: Cambridge University Press.

Faber Taylor, A., Kuo, F. E. & Sullivan, W. C. (2001) Coping with ADD. The surprising connection to green play settings. *Environment and Behavior,* 33(1), 54–77.

Faber Taylor, A., Kuo, F. E. & Sullivan, W. C. (2002) Views of Nature and Self-discipline: Evidence from inner city children. *Journal of Environmental Psychology,* 22(1-2), 49–63.

Faber Taylor, A., Wiley, A. R., Kuo, F. E. & Sullivan, W. C. (1998) Growing Up in the Inner City: Green Spaces as Places to Grow. *Environment and Behavior,* 30(1), 3–27.

Faulde, M. & Hoffmann, G. (2001) Vorkommen und Verhütung vektorassoziierter Erkrankungen des Menschen in Deutschland unter Berücksichtigung zoonotischer Aspekte. *Bundesgesundheitsblatt - Gesundheitsforschung - Gesundheitsschutz*, 44(2), 116–136.

Field, A. (2005) *Discovering Statistics Using SPSS* (2. Aufl.). Thousand Oaks, Kalifornien, USA: Sage Publications.

Fingerle, V., Sing, A., Hautmann, W., Liebl, B. & Wildner, M. (2013) Klinik, Diagnostik und Therapie der Lyme-Borreliose. *Bayrisches Ärzteblatt*, 4, 162–165.

Fjortoft, I. (2004) Landscape as Playscape: the effects of natural environments on children's play and motor development. *Children, Youth and Environments,* 14(2), 21–44.

Fjortoft, I. & Sageie, J. (2000) The natural environment as a playground for children: Landscape description and analyses of a natural playscape. *Landscape and Urban Planning*, 48(1-2), 83–97.

Flick, U. (2008) *Triangulation* (2. Auflage.). Wiesbaden: VS Verlag für Sozialwissenschaften.

Flick, U. (2011) Triangulation. In G. Oelerich & H.-U. Otto (Eds.), *Empirische Forschung und Soziale Arbeit. Ein Studienbuch*. 323–328. Wiesbaden: VS Verlag für Sozialwissenschaften.

Flick, U., von Kardorff, E. & Steinke, I. (2005) *Qualitative Forschung: Ein Handbuch* (9. Aufl.). Reinbek: rororo.

Fowler jr., F. J. (2001) Why it ist easy to write bad questions. *ZUMA Nachrichten*, 48(5), 49–66.

Franke, A. (2012) *Modelle von Gesundheit und Krankheit* (3. Aufl.). Göttingen: Verlag Hans Huber.

Frisch, A. L., Camerini, L., Diviani, N. & Schulz, P. J. (2012) Defining and measuring health literacy: How can we profit from other literacy domains? *Health Promotion International*, 27(6), 117–126.

Frumkin, H. (2001) Beyond toxicity: Human health and the natural environment. *American Journal of Preventive Medicine*, 20(3), 234–240.

Gasser, K. & Kaufmann-Hayoz, R. (2005) *Wald und Volksgesundheit - Literatur und Projekte aus der Schweiz*. Bern. http://www.waldwissen.net /themen/wald_gesellschaft/unentgeltliche_waldleistungen/wsl_wald_gesun dheit_volksgesundheit.pdf (Zugegriffen: 28.06.2016).

Gebauer, M. (2007) *Kind und Naturerfahrung. Naturbezogene Konzeptbildung im Kindesalter.* Hamburg: Verlag Dr. Kovač.

Gebhard, U. (2009) *Kind und Natur. Die Bedeutung der Natur für die psychische Entwicklung.* (3. überar. Aufl.), Wiesbaden: VS Verlag für Sozialwissenschaften.

Geene, R., Kliche, T. & Borkowski, S. (2015) *Gesund aufwachsen: Lebenskompetenz, Bewegung, Ernährung im Setting Kita.* Köln. http://gesundheitsziele.de//cms/medium/1239/setting-kita_online_links.pdf (Zugegriffen: 10.07.2016).

Gentin, S. (2011) Outdoor recreation and ethnicity in Europe—A review. *Urban Forestry & Urban Greening*, 10(3), 153–161.

Gesler, W. M. (1992) Therapeutic landscapes: medical geographic research in light of the new cultural geography. *Social Science & Medicine*, 34(7), 735–746.

Gesler, W. M. (1991) *The Cultural Geography of Health Care*. Pittsburgh: University of Pittsburgh Press.

Gesler, W. M. (1993) Therapeutic landscapes: theory and a case study of Epidauros, Greece, *Environment and Planning D: Society and Space*. 11(4), 171-189.

Gesler, W. M. & Kearns, R. A. (2002) *Culture/place/health*. London: Routledge.

Geyer, S. (2003) *Forschungsmethoden in den Gesundheitswissenschaften. Eine Einführung in die empirischen Grundlagen*. Weinheim und München: Beltz Juventa.

Gezondheidsraad (Health Council of The Netherlands) (2004) Nature and Health. The influence of nature on social, psychological and physical well-being. https://www.gezondheidsraad.nl/sites/default/files/Nature_and_health.pdf (Zugegriffen: 28.06.2016)

Gidlöf-Gunnarsson, A. & Öhrström, E. (2007) Noise and well-being in urban residential environments: The potential role of perceived availability to nearby green areas. *Landscape and Urban Planning*, 83(2-3), 115–126.

Gill, T. (2011) *Children and Nature: A Quasi-Systematic Review of the Empirical Evidence.* Greater London Authority, London. http://www.londonsdc.org /documents/Children%20and%20Nature%20-%20Literature%20 Review.pdf. (Zugegriffen: 28.06.2016).

Ginsburg, K. (2007) The Importance of Play in Promoting Healthy Child Development and Maintaining Strong Parent-Child Bonds. *Pediatrics*, 119(1), 182–191.

Glaser, B. G. & Strauss, A. L. (1967) *The Discovery of Grounded Theory: Strategies for Qualitative Research.* Chicago: Aldine Publishing.

Gläser, J. & Laudel, G. (2006) *Experteninterviews und qualitative Inhaltsanalyse*. Lehrbuch. Wiesbaden: VS Verlag für Sozialwissenschaften.

Gordon-Larsen, P., Nelson, M. C., Page, P. & Popkin, B. M. (2006) Inequality in the Built Environment Underlies Key Health Disparities in Physical Activity and Obesity. *Pediatrics*, 117(2), 417 –424.

Gorges, R. (2000) *Waldkindergartenkinder im ersten Schuljahr*. Eine empirische Untersuchung. Hohenstein: Eigenverlag.

Grahn, P. (1997) *Ute på dagis : hur använder barn daghemsgården? : Utformningen av daghemsgården och dess betydelse för lek, motorik och koncentrationsförmåga.* Alnarp: MOVIUM.

Grahn, P., Mårtensson, F., Lindblad, B., Nilsson, P. & Ekmann, A. (1997) Ute på dagis. *Stad and Land*, 145.

Grankvist, A., Andersson, P.-O., Mattsson, M., Sender, M., Vaht, K., Höper, L. & Wennerås, C. (2014) Infections with the Tick-Borne Bacterium "Candidatus Neoehrlichia mikurensis" Mimic Noninfectious Conditions in Patients With B Cell Malignancies or Autoimmune Diseases. *Clinical Infectious Diseases*, 58(12), 1716–1722.

Groenewegen, P., van den Berg, A., de Vries, S. & Verheij, R. (2006) Vitamin G: effects of green space on health, well-being, and social safety, *BMC Public Health*, 6(149).

Grossklaus, G. & Oldemeyer, E. (1983) *Natur als Gegenwelt: Beiträge zur Kulturgeschichte der Natur.* Karlsruhe: Loeper.

Gudjons, H. (1999) *Erziehungswissenschaft kompakt* (2. Aufl.). Hamburg: Bergmann + Helbig.

Häfner, P. (2002) *Natur- und Waldkindergärten in Deutschland - eine Alternative zum Regelkindergarten in der vorschulischen Erziehung.* Dissertation, Fakultät für Verhaltens- und empirische Kulturwissenschaften, Universität Heidelberg. http://archiv.ub.uni-heidelberg.de/volltextserver/volltexte/2003/3135/pdf/Doktorarbeit_Peter_Haefner.pdf (Zugegriffen: 28.06.2016).

Häfner, P. (2003) Wie schulfähig macht der Waldkindergarten? Eine Studie. *Kindergarten Heute*. 4, 32–34.

Haines, M. M., Stansfeld, S. A., Job, R. F., Berglund, B. & Head, J. (2001) Chronic Aircraft Noise Exposure, Stress Responses, Mental Health and Cognitive Performance in School Children. *Psychological Medicine*, 31(2), 265–277.

Haluza, D., Schonbauer, R. & Cervinka, R. (2014) Green Perspectives for Public Health: A Narrative Review on the Physiological Effects of Experiencing Outdoor Nature. *International Journal of Environmental Research and Public Health*, 11(5), 5445–5461.

Hansmann, R., Hug, S.-M. & Seeland, K. (2007) Restoration and stress relief through physical activities in forests and parks. *Urban Forestry & Urban Greening,* 6(4), 213–225.

Hartig, T., Mann, M. & Evans, G. W. (1991) Restorative effects of natural environment experiences. *Environment & Behavior*, 23(1), 3–26.

Helm, D. & Laußmann, D. (2011) Umweltstress, Sozialstatus und Verhaltensauffälligkeiten bei Kindern und Jugendlichen im KiGGS. *UMID - Umwelt und Mensch – Informationsdienst*, 2, 53–56.

Hensen, G. (2008) Gesundheitsbezogene Einflüsse im Sozialisationsprozess und riskante Identitäten. In: Hensen, G. & Hensen, P. (Hrsg.), *Gesundheitswesen und Sozialstaat*, 257–283. Wiesbaden: VS Verlag für Sozialwissenschaften.

Hofmann, F. & Tiller, F.-W. (2011) *Praktische Infektiologie: Erreger, Diagnose, Therapie, Prävention* (3. Aufl.). Heidelberg: ecomed Medizin.

Hume, C., Salmon, J. & Ball, K. (2005) Children's perceptions of their home and neighborhood environments, and their association with objectively measured physical activity: a qualitative and quantitative study. *Health Education Research*, 20(1), 1 –13.

Huppertz, N. (2004) *Handbuch Wald Kindergarten. Konzeption, Methodik, Erfahrungen.* Oberried: PAIS-Verlag.

Huppertz, N. (2008) *Der lebensbezogene Ansatz im Kindergarten* (2. Aufl.). Hamburg: Books on Demand GmbH.

Johnson, R. B. & Onwuegbuzie, A. J. (2004) Mixed methods research: A research paradigm whose time has come. *Educational Researcher*, 33(7), 14–26.

Jones, A., Hillsdon, M. & Coombes, E. (2009) *Greenspace access, use, and physical activity:* Understanding the effects of area deprivation. Preventive Medicine, 49(6), 500–505.

Jones, N. R., Jones, A., van Sluijs, E. M., Panter, J., Harrison, F. & Griffin, S. J. (2010) School environments and physical activity: The development and testing of an audit tool. *Health & Place*, 16(5), 776–783.

Joye, Y. & van den Berg, A. (2011) Is love for green in our genes? A critical analysis of evolutionary assumptions in restorative environments research. *Urban Forestry & Urban Greening*, 10(4).261–268.

Jutras, S. (2003) Go outside and play! Contributions of an urban environment to the developing and wellbeing of children. *Canadian Psychology-Psychologie Canadienne,* 44 (3), 257–266.

Kahn, P. H. & Kellert, S. R. (2002) *Children and Nature: Psychological, Sociocultural and Evolutionary Investigations*. Cambridge, Massachusetts, USA: MIT Press.

Kaiser, A. (1995) Thing-Platz. *Integrierende Umwelterziehung und soziales Lernen in der Volksschule. Auswertungs-bericht zur Pilotphase. Kurzfassung.* Zofingen: CH Waldwochen.

Kamber, E. (1999) Wirkungen der Bildungsarbeit im Stadtzürcher Wald auf den Alltag in Familie und Schule: ein Beitrag zur Wirkungsforschung. *Schweizerische Zeitschrift für Forstwesen*, 150(10), 370–377.

Kaplan, R. & Kaplan, S. (1978) *Humanscape: Environments for People*. Pacific Grove, Kalifornien, USA: Duxbury Press.

Kaplan, R. & Kaplan, S. (2002) Adolescents and the Natural Environment: A Time Out? In: Kahn, P. H. & Kellert, S. R. (Hrsg.), *Children and Nature: Psychological, Sociocultural, and Evolutionary Investiagations*, 227–257. Cambridge, Massachusetts, USA: The MIT Press.

Kaplan, S. (1995) The restorative benefits of nature: Toward an integrative framework. *Journal of Environmental Psychology*, 15, 169–182.

Kaplan, S. & Kaplan, R. (1989) *The experience of nature: A psychological perspective.* New York: Cambridge University Press.

Karjalainen, E., Sarjala, T. & Raitio, H. (2010) Promoting human health through forests: overview and major challenges. *Environmental Health and Preventive Medicine,* 15(1), 1–8.

Kearns, R. A. & Collins, D. C. (2000) New Zealand children's health camps: therapeutic landscapes meet the contract state. *Social Science & Medicine*, 51(7), 1047–1059.

Kellert, S. R. (2002) Experiencing nature: Affective, cognitive, and evaluative development in children. In: Kahn, P. H. & Kellert, S. R. (Hrsg.) *Children and Nature: Psychological, Sociocultural and Evolutionary Investigations*, 117–152. Cambridge, Massachusetts, USA: The MIT Press.

Kiener, S. (2003) *Kindergärten in der Natur–Kindergärten in die Natur. Fördert das Spielen in der Natur die Entwicklung der Motorik und Kreativität von Kindergartenkindern.* Lizenziatsarbeit am Institut für Psychologie, Universität Fribourg, Schweiz. http://www.waldkindergarten.ch /downloads/lizenziatsarbeitkindergaertenindernatur.pdf (Zugegriffen: 29.06.2016).

Kiener, S. (2004) Zum Forschungsstand über Waldkindergärten. *Schweizerische Zeitschrift für Forstwesen*, 155(3-4), 71–76.

Kimbro, R. T., Brooks-Gunn, J. & McLanahan, S. (2011) Young children in urban areas: links among neighborhood characteristics, weight status, outdoor play, and television watching. *Social Science & Medicine*, 72(5), 668–76.

Kistemann, T. & Claßen, T. (2003) Naturschutz und Gesundheitschutz: Konkurrenz oder Synergie? In Erdmann, K.-H. & Schell, C. (Hrsg.), *Zukunftsfaktor Natur - Blickpunkt Mensch* (245–256). Bonn- Bad Godesberg: Bundesamt für Naturschutz (BfN).

Kistemann, T. (2012) Regionale Verbreitung der Lyme-Borreliose. *Nationalatlas aktuell 6* (04.2012) 4. Leipzig: Leibniz-Institut für Länderkunde (IfL). http://aktuell.nationalatlas.de/Borreliose.4_04-2012.0.html (Zugegriffen: 19.06.2016).

Kistemann, T., Schäffer, S., Rind, E. & Höser, C. (2014) *Abschlussbericht FuE-Vorhaben „Naturschutz und Gesundheit – Umsetzung eines Modellvorhabens zum gesundheitsorientierten Naturschutz (GONS).* Bonn: Eigenverlag.

Kneipp, S. (1890) *Baby's Kneipp Cure Or the Care of Children in Health and Disease.* Whitefish: Kessinger Publishing.

Knight, S. (2009) *Forest Schools & Outdoor Learning in the Early Years.* Thousand Oaks, Kalifornien, USA: Sage Publications Ltd.

Kong, L. (2000) Nature´s dangers, Nature´s pleasures: Urban children and the natural world. In: Holloway, S. L. & Valentine, G. (Hrsg.), *Children´s Geographies: Playing, Living, Learning,* 257–271. London: Routledge.

Körner, S., Nagel, A. & Bellin-Harder, F. (2008) *Grün und Gesundheit - Literaturstudie.* Universität Kassel. http://www.die-gruene-stadt.de/lit.recherche-gruen-und-gesundheit-2008.pdfx (Zugegriffen: 29.06.2016).

Korpela, K., Kytta, M. & Hartig, T. (2002) Restorative Experience, Self-Regulation and Children´s Place Preferences. *Journal of Environmental Psychology,* 22(4), 387–398.

Krahnstoever-Davison, K. & Lawson, C. T. (2006) Do attributes in the physical environment influence children's physical activity? A review of the literature. *The International Journal of Behavioral Nutrition and Physical Activity*, 3(19).

Krenz, A. (2008) *Der "Situationsorientierte Ansatz" in der Kita: Grundlagen und Praxishilfen zur kindorientierten Arbeit.* Troisdorf: Bildungsverlag EINS.

Krenz, A. (2010) *Kindorientierte Elementarpädagogik.* Göttingen: Vandenhoeck & Ruprecht.

Kromeyer-Hauschild, K., Wabitsch, M., Kunze, D., Geller, F., Geiß, H. C., Hesse, V. & Hebebrand, J. (2001) Perzentile für den Body-mass-Index für das Kindes- und Jugendalter unter Heranziehung verschiedener deutscher Stichproben. *Monatsschrift Kinderheilkunde*, 149(8), 807–818.

Krug, S., Jekauc, D., Poethko-Müller, C., Woll, A. & Schlaud, M. (2012) Zum Zusammenhang zwischen körperlicher Aktivität und Gesundheit bei Kindern und Jugendlichen. *Bundesgesundheitsblatt - Gesundheitsforschung - Gesundheitsschutz,* 55(1), 111–120.

Kruger, J., Nelson, K., Klein, P., McCurdy, L. E., Pride, P. & Carrier Ady, J. (2010) Building on partnerships: reconnecting kids with nature for health benefits. *Health Promotion Practice*, 11(3), 340–346.

Krünitz, J. G., Flörke, H. G., Floerke, F. J. & Korth, J. W. D. (1796) *Oeconomische Encyclopädie oder Allgemeines System der Land-, Haus- und Staats-Wirthschaft: in alphabetischer Ordnung, Band 71*. O.A.: Joachim Pauli.

Kruse, I. (2013) *Der Waldkindergarten als Therapeutische Landschaft. Welche gesundheitsfördernden Faktoren offerieren Natur und Landschaft eines Waldkindergartens? Eine Analyse der Konzepte und ihre Bedeutung für die Gesundheitspflege von Kleinkindern und Kindern im Vorschulalter.* Masterarbeit, Berlin School of Public Health, Charité Berlin. http://bvnw.de/wp-content/uploads/2014/03/MASTERARBEIT-Ines-Walden-Kruse-2013-Public.pdf (Zugegriffen:29.06.2016).

Kuckartz, U. (2012) *Qualitative Inhaltsanalyse. Methoden, Praxis, Computerunterstützung.* Weinheim: Juventa.

Kuckartz, U., Rädiker, S., Ebert, T. & Schehl, J. (2010) *Statistik. Eine verständliche Einführung.* Wiesbaden: VS Verlag.

Kuh, L. P., Ponte, I. & Chau, C. (2013) The Impact of a Natural Playscape Installation on Young Children's Play Behaviors. *Children, Youth and Environments,* 23(2), 49–77.

Kuhn, J. L. (2001) Toward an Ecological Humanistic Psychology. *Journal of Humanistic Psychology*, 41(2), 9 –24.

Kurth, B.-M. & Schaffrath Rosario, A. (2007) Die Verbreitung von Übergewicht und Adipositas bei Kindern und Jugendlichen in Deutschland. Ergebnisse des bundesweiten Kinder- und Jugendgesundheitssurveys (KiGGS). *Bundesgesundheitsblatt - Gesundheitsforschung - Gesundheitsschutz*, 50(5), 736–743.

Kurth, B.-M. & Schaffrath Rosario, A. (2010) Übergewicht und Adipositas bei Kindern und Jugendlichen in Deutschland. *Bundesgesundheitsblatt - Gesundheitsforschung - Gesundheitsschutz,* 53(7), 643–652.

Kytta, M. (2004) The extent of children's independent mobility and the number of actualized affordances as criteria for child-friendly environments. *Journal of Environmental Psychology,* 24(2), 179–198.

Lamnek, S. (2010) *Qualitative Sozialforschung: Lehrbuch* (5. überarb. Aufl.). Weinheim: Beltz Psychologie Verlags Union.

Lampert, T., Schenk, L. & Stolzenberg, H. (2002) Konzeptualisierung und Operationalisierung sozialer Ungleichheit im Kinder- und Jugendgesundheitssurvey. *Das Gesundheitswesen*. 64: S48-S52.

Lange, M., Kamtsiuris, P., Lange, C., Schaffrath Rosario, A., Stolzenberg, H. & Lampert, T. (2007) Messung soziodemographischer Merkmale im Kinder- und Jugendgesundheitssurvey (KiGGS) und ihre Bedeutung am Beispiel der Einschätzung des allgemeinen Gesundheitszustands. *Bundesgesundheitsblatt - Gesundheitsforschung - Gesundheitsschutz*, 50(5), 578–589.

Lechtzin, N., Busse, A. M., Smith, M. T., Grossman, S., Nesbit, S. & Diette, G. B. (2010) A Randomized Trial of Nature Scenery and Sounds Versus Urban Scenery and Sounds to Reduce Pain in Adults Undergoing Bone Marrow Aspirate and Biopsy. *The Journal of Alternative and Complementary Medicine*, 16(9), 965–972.

Lettieri, R. (2002) *Evaluationsbericht des ersten Schweizer Waldkindergartens.* Zürich. http://www.waldkindergarten.ch/downloads/evaluationsberichtschulpsychologischerdienstbr.pdf (Zugegriffen: 29.06.2016).

Li, Q. (2010) Effect of forest bathing trips on human immune function. *Environmental Health and Preventive Medicine*, 15(1), 9–17.

Li, Q., Morimoto, K., Kobayashi, M., Inagaki, H., Katsumata, M., Hirata, Y. & Miyazaki, Y. (2008) A forest bathing trip increases human natural killer activity and expression of anti-cancer proteins in female subjects. *Journal of Biological Regulators and Homeostatic Agents*, 22(1), 45–55.

Lichtenfeld, S., Elliot, A. J., Maier, M. A. & Pekrun, R. (2012) Fertile Green: Green Facilitates Creative Performance. *Personality and Social Psychology Bulletin,* 38(6), 784–797.

Lier, A. (2007) *Natur- und Waldkindergärten - Ein Weg zur Integration der Gesundheitsförderung im Setting Kindertagesstätte*. Diplomarbeit im Studiengang Gesundheitsförderung und -management der Hochschule Magdeburg-Stendal (FH). http://bvnw.de/wp-content/uploads/2011/02/Natur-und-Waldkinderga%CC%88rten-Ein-Weg-zur-Integration-der-Gesundheitsfo%CC%88rderung-im-Setting-Kindertagessta%CC%88tten.pdf (Zugegriffen: 29.06.2016).

Lobstein, T., Baur, L. & Uauy, R. (2004) Obesity in children and young people: a crisis in public health. *Obesity reviews*, 5 (Suppl. 1), 4–85.

Locher, C. & Pforr, C. (2014) The legacy of Sebastian Kneipp: linking wellness, naturopathic, and allopathic medicine. *Journal of Alternative and Complementary Medicine,* 20(7), 521–6.

Lohaus, A. & Ball, J. (2006) *Gesundheit und Krankheit aus der Sicht von Kindern* (2. Aufl.). Göttingen: Hogrefe Verlag.

Loss, J. & Leitzmann, M. (2011) Ansätze zur verhältnisorientierten Adipositasprävention bei Kindern und Jugendlichen. *Bundesgesundheitsblatt - Gesundheitsforschung - Gesundheitsschutz*, 54(3), 281–289.

Louv, R. (2010) *Last Child in the Woods*. London: Atlantic Books.

Louv, R. (2011) *Das letzte Kind im Wald: geben wir unseren Kindern die Natur zurück!* Weinheim: Beltz.

Lovell, R. (2009) *Evaluation of physical activity at Forest School*. Doktorarbeit im Studiengang Philosophie, University of Edinburgh. https://www.era.lib.ed.ac.uk/bitstream/handle/1842/4146/Lovell2009.pdf?sequence=2&isAllowed=y (Zugegriffen: 29.06.2016).

Maas, J., van Dillen, S. M. E., Verheij, R. A. & Groenewegen, P. P. (2009) Social contacts as a possible mechanism behind the relation between green space and health. *Health & Place*, 15(2), 586–595.

Maas, J., Verheij, R., Spreeuwenberg, P. & Groenewegen, P. (2008) Physical activity as a possible mechanism behind the relationship between green space and health: A multilevel analysis. *BMC Public Health*, 8(206).

Maestroni, G. J. (2001). The immunotherapeutic potential of melatonin. *Expert Opinion on Investigational Drugs,* 10(3), 467–476.

Maller, C., Townsend, M., Pryor, A., Brown, P. & St Leger, L. (2006) Healthy nature healthy people: "contact with nature" as an upstream health promotion intervention for populations. *Health Promotion International*, 21(1), 45–54.

Malone, K. (2007) The bubble-wrap generation: children growing up in walled gardens. *Environmental Education Research*, 13(4), 513–527.

Maretzki, T. W. (1987) The Kur in West Germany as an interface between naturopathic and allopathic ideologies. *Social Science & Medicine*, 24(12), 1061–1068.

Markevych, I. (2015) *Satellite-derived data on greenness and access to green spaces are related to children's health indicators*. Dissertation der Medizinischen Fakultät, LMU München. http://edoc.ub.uni-muenchen.de /18017/ (Zugegriffen: 29.06.2016).

Marmot, M. & Bell, R. (2012) Fair society, healthy lives. *Public Health*, 126(Suppl. 1), S4–S10.

Mårtensson, F., Boldemann, C., Söderström, M., Blennow, M., Englund, J.-E. & Grahn, P. (2009) Outdoor environmental assessment of attention promoting settings for preschool children. *Health & Place*, 15(4), 1149–1157.

Mason, J. & Danby, S. (2011) Children as Experts in Their Lives: Child Inclusive Research. *Child Indicators Research*, 4, 185–189.

Maxwell, L. E. & Evans, G. W. (2000) The effects of noise on pre-school children´s pre-reading skills. *Journal of Environmental Psychology*, 20, 91–97.

Mayring, P. (2002) *Einführung in die qualitative Sozialforschung: Eine Anleitung zu qualitativem Denken* (5. Aufl.). Weinheim: Beltz.

McCurdy, L. E., Winterbottom, K. E., Mehta, S. S. & Roberts, J. R. (2010) Using Nature and Outdoor Activity to Improve Children's Health. *Current problems in pediatric and adolescent health care*, 40(5), 102–117.

Mey, G. (2003) *Zugänge zur kindlichen Perspektive*. Methoden der Kindheitsforschung. Abteilung Psychologie im Institut für Sozialwissenschaften, Technische Universität Berlin. Forschungsbericht Nr. 1-2003.

Miklitz, I. (2007) *Der Waldkindergarten*. Dimensionen eines pädagogischen Ansatzes (3. Aufl.). Berlin, Düsseldorf, Mannheim: Cornelsen Scriptor.

Millennium Ecosystem Assessment (2005) *Ecosystems and Human Well-being: Synthesis.* Washington, DC, USA: Island Press. http://www.unep.org /maweb/documents/document.356.aspx.pdf (Zugegriffen: 29.06.2016).

Milligan, C. & Bingley, A. (2007) Restorative places or scary spaces? The impact of woodland on the mental well-being of young adults. *Health & Place*, 13(4), 799–811.

Mirrahmi, S. Z., Tawil, N. M., Abdullah, N. A., Surat, M. & Usman, I. M. (2011) Developing Conducive Sustainable Outdoor Learning: The Impact of Natural Environment on Learning, Social and Emotional Intelligence. *Procedia Engineering*, 20, 389–396.

Mitchell, R. (2013) Is physical activity in natural environments better for mental health than physical activity in other environments? *Social Science & Medicine*, 91(8), 130–134.

Mitscherlich, A. (1965) *Die Unwirtlichkeit unserer Städte. Anstiftung zum Unfrieden.* Frankfurt: Suhrkamp.

Moen, K. H., Bakke, H. K., Bakke, Ø. & Fors, E. A. (2007) Preschool children's sickness absenteeism from Norwegian regular and outdoor day care centres: a comparative study. *Scandinavian Journal of Public Health*, 35(5), 490–496.

Morris, J. & O'Brien, E. (2011) Encouraging healthy outdoor activity amongst under-represented groups: An evaluation of the Active England woodland projects. *Urban Forestry & Urban Greening*, 10(4), 323–333.

Morris, N. (2003) *Health, Well-Being and Open Space: Literature Review.* OPENspace: the research centre for access to outdoor environments. Edingburgh College of Art and Heriot-Watt University.

Murray, R. (2003) *Forest School Evaluation Project. A Study in Wales.* http://www.forestry.gov.uk/pdf/ForestSchoolWalesReport.pdf/$file/ForestSchoolWalesReport.pdf (Zugegriffen: 29.06.2016).

Murray, R. & O'Brien, L. (2005) *"Such enthusiasm – a joy to see" An Evaluation of Forest School in England.* http://www.forestry.gov.uk/pdf/ForestSchoolEnglandReport.pdf/$FILE/ForestSchoolEnglandReport.pdf (Zugegriffen: 29.06.2016).

Neuhauser, H., Schienkiewitz, A., Schaffrath Rosario, A., Dortschy, R. & Kurth, B.-M. (2013) *Referenzperzentile für anthropometrische Maßzahlen und Blutdruck aus der Studie zur Gesundheit von Kindern und Jugendlichen in Deutschland (KiGGS). 2. erweiterete Auflage. Beiträge zur Gesundheitsberichterstattung des Bundes.* Berlin.

Newton, J. (2007) Well-being and the natural environment: A brief overview of the evidence. Wellbeing in Developing Countries (WeD) research group at the University of Bath. http://resolve.sustainablelifestyles.ac.uk/sites/default/files/JulieNewtonPaper.pdf (Zugegriffen: 29.06.2016).

Nicolé, S. & Seeland, K. (1999) Die sozialintegrativen Wirkungen von Parks und Wäldern als gestaltete Naturräume. Erste Ergebnisse zweier Untersuchungen in der Schweiz und Deutschland. *Schweizerische Zeitschrift Für Forstwesen,* 150(10), 362–369.

Nielsen, A. B. & Nilsson, K. (2007) Urban forestry for human health and wellbeing. *Urban Forestry & Urban Greening*, 6(4), 195–197.

Nielsen, T. S. & Hansen, K. B. (2007) Do green areas affect health? Results from a Danish survey on the use of green areas and health indicators. *Health & Place*, 13(4), 839–850.

Niemann, H., Hoebel, J. & Laußmann, D. (2015) Lärmbelästigung in Deutschland – Ausgewählte Ergebnisse der GEDA-Studie 2012. *UMID - Umwelt und Mensch – Informationsdienst*, (1), 20–24.

Nikulin, G., Kjellström, E., Hansson, U., Strandberg, G. & Ullerstig, A. (2010) Evaluation and future projections of temperature, precipitation and wind extremes over Europe in an ensemble of regional climate simulations. *Tellus, Series A: Dynamic Meteorology and Oceanography*, 63A, 41–55.

Nilsson, K., Sangster, M., Gallis, C., Hartig, T., de Vries, S. & Seeland, K. (2010) *Forests, Trees and Human Health*. Dordrecht: Springer Netherlands.

Norval, M., McLoone, P., Lesiak, A. & Narbutt, J. (2008) The Effect of Chronic Ultraviolet Radiation on the Human Immune System. *Photochemistry and Photobiology,* 84(1), 19–28.

O`Brian, L. (2005) *Trees and Woodlands: Nature's Health Service*. Forestry Commission England & Forest Research. Norwich. http://www.forestry.gov.uk/pdf/FR_twnhs_book.pdf/$FILE/FR_twnhs_book.pdf (Zugegriffen: 29.06.2016).

O'Brien, L. (2011) Using woodlands to improve individual and community wellbeing: interventions, activities and barriers. In Coles, R. & Millman, Z. (Hrsg.), *Landscape, well-being and environment*. 167–183. Milton Park, Abingdon, Oxon: Routledge.

O'Brien, L., Burls, A., Bentsen, P., Hilmo, I., Holter, K., Haberling, D. & McLoughlin, J. (2010) Outdoor Education, Life Long Learning and Skills Development in Woodlands and Green Spaces: The Potential Links to Health and Well-Being. In: Nilsson, K., Sangster, M., Gallis, C. , Hartig, T., de Vries, S. & Seeland, K. (Hrsg.), *Forest, Trees and Human Health*, 343–372. Dordrecht: Springer Netherlands.

O'Brien, L. & Murray, R. (2007) Forest School and its impacts on young children: Case studies in Britain. *Urban Forestry & Urban Greening*, 6(4), 249–265.

Oerter, R. & Montada, L. (Hrsg.) (1995) *Entwicklungspsychologie. Ein Lehrbuch* (4. Aufl.). Weinheim: Beltz.

Ollila, L. O. & Chamberlain, L. A. (1975) The Effect of Noise and Object on Acquisition of a Sight Vocabulary in Kindergarten Children. *Alberta Journal of Educational Research*, 21(3), 213–219.

Oloumi, S., Mahdavinejad, M. & Namvarrad, A. (2012) Evaluation of Outdoor Environment from the Viewpoint of Children. *Procedia - Social and Behavioral Sciences,* 35, 431–439.

Onyango-Ouma, W., Aagaard-Hansen, J. & Jensen, B. B. (2004) Changing concepts of health and illness among children of primary school age in Western Kenya. *Health Education Research*, 19(3), 326–339.

Opper, E., Worth, A., Wagner, M. & Bös, K. (2007) Motorik-Modul (MoMo) im Rahmen des Kinder- und Jugendgesundheitssurveys (KiGGS). *Bundesgesundheitsblatt - Gesundheitsforschung - Gesundheitsschutz*, 50(5), 879–888.

Orians, G. H. (1980) Habitat selection: General theory and applications to human behavior. In: Lockard, J. S. (Hrsg.), *The Evolution of Human Social Behavior*. 49–66. New York: Elsevier.

Orians, G. H. (1986) An ecological and evolutionary approach to landscape aesthetics. In: Penning-Rowsell, E., Lowenthal, D. (Hrsg.) *Landscape meanings and values,* 3–22. London: Allen and Unwin.

Orians, G. H. & Heerwagen, J. H. (1992) Evolved responses to landscapes. In: Barkow, J. H., Cosmides, L. & Tooby, J. (Hrsg.) *The adapted mind: evolutionary psychology and the generation of culture*, 555–579. New York: Oxford University Press.

Parfitt, G. & Eston, R. G. (2005) The relationship between children's habitual activity level and psychological well-being. *Acta Paediatrica*, 94(12), 1791–1797.

Parfitt, G., Pavey, T. & Rowlands, A. V. (2009) Children's physical activity and psychological health: the relevance of intensity. *Acta Paediatrica,* 98(6), 1037–1043.

Park, J. G. (2009) Color perception in pediatric patient room design: Healthy children vs. pediatric patients. *HERD: Health Environments Research & Design Journal*, 2, 6–28.

Park, J. J., O'Brien, L., Roe, J., Ward Thompson, C. & Mitchell, R. (2011) The natural outdoors and health: Assessing the value and potential contribution of secondary public data sets in the UK to current and future knowledge. *Health & Place*, 17(1), 269–279.

Parsons, R., Tassinary, L. G., Ulrich, R. S., Hebl, R. M. & Grossmann-Alexander, M. (1998) The view from the road: Implications for stress recovery and immunization. *Journal of Environmental Psychology*, 18(2), 113–139.

Perego, L., Bertoni, G., Goglio, F. & Giovannelli, G. (1996) Children and noise. *European Journal of Epidemiology*, 12(5), 549–550.

Piaget, J. (1974) *Der Aufbau der Wirklichkeit beim Kinde*. Stuttgart: Klett-Cotta.

Piaget, J. (1978) *Das Weltbild des Kindes*. München: Deutscher Taschenbuch Verlag.

Pilisuk, M. & Joy, M. (2001) Human Psychology and Ecology. In: Schneider, K. J., Burgental, J. F. & Pierson, J. F. (Hrsg.), *The Handbook of Human Psychology. Leading Edges in Theory, Research and Practice*, 101–114. Thousand Oaks, Kanada: Sage Publications.

Plum, Silja F. (2011) *Konzepte der Frühförderung auf dem Prüfstand – Welche Effekte sind von Wald- und Montessorikindergärten zu erwarten?* Unveröffentlichte Diplomarbeit. Abteilung Entwicklungspsychologie und Pädagogische Psychologie, Institut für Psychologie der Rheinischen Friedrich-Wilhelms-Universität Bonn.

Pohl, D. (2003) Naturerfahrungen und Naturzugänge von Kindern. In: Panagiotopoulou, A. & Brügelmann, H. (Hrsg.), *Grundschulpädagogik meets Kindheitsforschung*. Volume 7, 94–98. Wiesbaden: VS Verlag für Sozialwissenschaften.

Popkin, B. M., Duffey, K. & Gordon-Larsen, P. (2005) Environmental influences on food choice, physical activity and energy balance. *Physiology & Behavior,* 86(5), 603–613.

du Prel, Jean-Baptist, Hommel, G., Röhrig, B. & Blettner, M. (2009) Konfidenzintervall oder p-Wert? Teil 4 der Serie zur Bewertung wissenschaftlicher Publikationen. *Deutsches Ärzteblatt International*, 106(19), 335–339.

Pretty, J., Griffin, M., Peacock, J., Hine, R., Sellens, M. & South, N. (2005) *A countryside for health and wellbeing: the physical and mental health benefits of green exercise.* Countryside Recreation Network, Sheffield.

Pretty, J., Peacock, J., Sellens, M. & Griffin, M. (2005) The mental and physical health outcomes of green exercise. *International Journal of Environmental Health Research,* 15(5), 319–37.

Pridmore, P. & Bendelow, G. (1995) Images of Health: Exploring Beliefs of Children Using the “draw-and-Write” Technique. *Health Education Journal*, 54, 473–488.

Quante, S. (1999) Mit der Waldfee unterwegs! Natur als Erfahrungsraum für psychomotorische Lernprozesse. *Haltung und Bewegung*, 19(3), 17–24.

Raith, A. & Lude, A. (2014) *Startkapital Natur. Wie Naturerfahrung die kindliche Entwicklung fördert.* München: oekom.

Rämgard, M. (2006) *The Power of Place. Existential Crises and Place Security in the Context of Pregnancy.* Department of Human Geography, Lund University. https://lup.lub.lu.se/search/publication/25595 (Zugegriffen: 29.06.2016).

Ravens-Sieberer, U. (2000) Verfahren zur Erfassung der gesundheitsbezogenen Lebensqualität bei Kindern und Jugendlichen. *Bundesgesundheitsblatt - Gesundheitsforschung - Gesundheitsschutz*, 43(3), 198–209.

Ravens-Sieberer, U. & Bullinger, M. (1998) Assessing health-related quality of life in chronically ill children with the German KINDL: first psychometric and content analytical results. *Quality of Life Research*, 7(5), 399–407.

Ravens-Sieberer, U., Ellert, U. & Erhart, M. (2007) Gesundheitsbezogene Lebensqualität von Kindern und Jugendlichen in Deutschland. Eine Normstichprobe für Deutschland aus dem Kinder- und Jugendgesundheitssurvey (KIGGS). *Bundesgesundheitsblatt - Gesundheitsforschung - Gesundheitsschutz*, 50(5-6), 810–818.

Ravens-Sieberer, U., Wille, N., Bettge, S. & Erhart, M. (2007) Psychische Gesundheit von Kindern und Jugendlichen in Deutschland. Ergebnisse aus der BELLA-Studie im Kinder- und Jugendgesundheits-survey (KiGGS).

Bundesgesundheitsblatt - Gesundheitsforschung - Gesundheitsschutz, 50(5-6), 871–878.

Regecová, V. & Kellerová, E. (1995) Effects of urban noise pollution on blood pressure and heart rate in preschool children. *Journal of Hypertension,* 13(4), 405.

Renz-Polster, H. & Hüther, G. (2013) *Wie Kinder heute wachsen: Natur als Entwicklungsraum : ein neuer Blick auf das kindliche Lernen, Fühlen und Denken.* Weinheim: Beltz.

Rind, E. & Jones, A. P. (2011) The geography of recreational physical activity in England. *Health & Place*, 17(1), 157–165.

Robert Koch-Institut (2014) *Die Gesundheit von Kindern und Jugendlichen in Deutschland* - 2013. http://www.rki.de/DE/Content/Gesundheitsmonitoring /Studien/Kiggs/Kiggs_w1/kiggs_welle1_broschuere.pdf?__blob=publicatio nFile (Zugegriffen: 29.06.2016).

Robert Koch-Institut (2015) *Infektionsepidemiologisches Jahrbuch meldepflichtiger Krankheiten für 2014. Datenstand: 1. März 2015.* Berlin. http://www.rki.de/DE/Content/Infekt/Jahrbuch/Jahrbuch_2014.pdf?__blob =publicationFile (Zugegriffen: 29.06.2016).

Robert Koch-Institut & Bundeszentrale für gesundheitliche Aufklärung (2008) *Erkennen – Bewerten – Handeln: Zur Gesundheit von Kindern und Jugendlichen in Deutschland.* Berlin und Köln. http://www.rki.de/DE /Content/Gesundheitsmonitoring/Studien/Kiggs/Basiserhebung/KiGGS_GP A.pdf?__blob=publicationFile (Zugegriffen 29.06.2016).

Roe, J. & Aspinall, P. (2011a) The restorative benefits of walking in urban and rural settings in adults with good and poor mental health. *Health & Place*, 17(1), 103–113.

Roe, J. & Aspinall, P. (2011b) The restorative outcomes of forest school and conventional school in young people with good and poor behaviour. *Urban Forestry & Urban Greening*, 10(3), 205–212.

Roe, J., Aspinall, P. & Ward Thompson, C. (2009) *Forest school: evidence for restorative health benefits in young people.* Forestry Commission and the Economic and Social Research Council, Edingburgh.

Roemmich, J. N., Epstein, L. H., Raja, S., Yin, L., Robinson, J. & Winiewicz, D. (2006) Association of access to parks and recreational facilities with the physical activity of young children. *Preventive Medicine,* 43(6), 437–441.

Röhr-Sendlmeier, U. (2009) Entwicklungsförderung durch Bewegung: eine lebenslange Perspektive. *Motorik*, 32, 43–58.

Rose, K. A., Morgan, I. G., Smith, W., Burlutsky, G., Mitchell, P. & Saw, S.-M. (2008) Myopia, Lifestyle, and Schooling in Students of Chinese Ethnicity in Singapore and Sydney. *Arch Ophthalmol*, 126(4), 527–530.

Roszak, M. E. G. & Kanner, A. D. (1995) *Ecopsychology*. San Francisco: Sierra Club Books.

Roszak, T. (2002) *The Voice of the Earth: An Exploration of Ecopsychology* (2. ed.). Grand Rapids, Michigan: Phanes Press.

Ruhe, H. (2002) *Natürlich gesund! Die Wirkung von Naturerleben auf die Gesundheit des Menschen.* Diplomarbeit am Fachbereich Landespflege, Fachhochschule Nürtingen.

Sandelowski, M. (2000) Combining Qualitative and Quantitative Sampling, Data Collection, and Analysis Techniques in Mixed-Method Studies. *Research in Nursing & Health,* 23(3), 246–255.

Sandry, J., Schwark, J., Hunt, G., Geels, K., & Rice, S. (2012) Superior Visual Search Accuracy after Exposure to Natural Relative to Urban Environments. *Proceedings of the Human Factors and Ergonomics Society, 56th Annual Meeting*, 1624–1628.

Schäffer, S. & Kistemann, T. (2012) German Forest Kindergartens: Healthy Childcare under the Leafy Canopy. *Children, Youth and Environments*, 22(1), 270–279.

Schäffer, S. & Kraftl, P. (2017) Is "natural" education healthy education? A comparative analysis of Forest-based Education and Green Care spaces in

Germany and the UK. In: Ergler, C., Witten, K. & Kearns, R. (Hrsg.) *Children's Geographies of health and wellbeing,* 174-188. London: Routledge.

Schede, H.-G. (2000) *Der Waldkindergarten auf einen Blick*. Freiburg, Basel, Wien: Herder.

Schmitz, R., Atzpodien, K. & Schlaud, M. (2012) Prevalence and risk factors of atopic diseases in German children and adolescents. *Pediatric Allergy and Immunology,* 23(8), 716–723.

Scholz, U. & Krombholz, H. (2006) Untersuchung zur körperlichen Leistungsfähigkeit von Kindern aus Waldkindergärten und Regelkindergärten. *Motorik. Zeitschrift Für Motopädagogik und Mototherapie*, 30(1), 17–22.

Schubert, E. & Strick, R. (2006) Toy-free Kindergarten. A project to prevent addiction for children with children. In: Parker-Rees, R. (Hrsg.) *Early Years Education*, Volume 4, 395–414. Oxford: Taylor & Francis.

Schuh, A. (2004) *Klima- und Thalassotherapie*. Stuttgart: Georg Thieme Verlag.

Seeland, K., Dübendorfer, S. & Hansmann, R. (2009) Making friends in Zurich's urban forests and parks: The role of public green space for social inclusion of youths from different cultures. *Forest Policy and Economics*, 11(1), 10–17.

Sempik, J., Hine, R. & Wilcox, D. (2010) *Green Care: A Conceptual Framework*. Loughborough. http://www.cost.eu/media/publications/10-26-Green-Care-A-Conceptual-Framework-A-report-of-the-Working-Group-on-the-Health-Benefits-of-Green-Care (Zugegriffen: 29.06.2016).

Shephard, R. J. & Shek, P. N. (1997) Interactions Between Sleep, Other Body Rhythms, Immune Responses, and Exercise, *Canadian Journal of Applied Physiology,* 22(2),95–116.

Sherwin, J. C., Reacher, M. H., Keogh, R. H., Khawaja, A. P., Mackey, D. A. & Foster, P. J. (2012) The association between time spent outdoors and myopia in children and adolescents: a systematic review and meta-analysis. *Ophthalmology*, 119(10), 2141–51.

Söderback, I., Söderström, M. & Schälander, E. (2004) Horticultural therapy: the “healing garden”and gardening in rehabilitation measures at Danderyd hospital rehabilitation clinic, Sweden. *Pediatric Rehablilitation*, 7(4), 245–260.

Söderström, M. & Blennow, M. (1998) Barn på utedagis hade lägre sjukfrånvaro. *Läkartidningen*, 95(15), 1670–1672.

Spilker, B. (Hrsg.) (1996) *Quality of Life and Pharmacoeconomics in Clinical Trials* (2. ed.). Philadelphia, New York: Lippincott Raven.

St. Louis, K. & Barton, A. C. (2002) Tales from the Science Education Crypt: A Critical Reflection of Positionality, Subjectivity, and Reflexivity in Research. *Forum Qualitative Sozialforschung*, 3(3), Art. 19.

Staempfli, M. B. (2009) Reintroducing Adventure Into Children’s Outdoor Play Environments. *Environment and Behavior*, 41(2), 268–280.

Stark, K., Niedrig, M., Biederbick, W., Merkert, H. & Hacker, J. (2009) Die Auswirkungen des Klimawandels. *Bundesgesundheitsblatt - Gesundheitsforschung - Gesundheitsschutz*, 52(7), 699–714.

Stigsdotter, U. & Grahn, P. (2002) What makes a garden a healing garden? *Journal of Therapeutic Horticulture*, 13, 60–69.

Stigsdotter, U. K. & Grahn, P. (2011) Stressed individuals’ preferences for activities and environmental characteristics in green spaces. *Urban Forestry & Urban Greening,* 10(4), 295–304.

Stöcklin-Meier, S. (2003) *Was im Leben wirklich zählt. Mit Kindern Werte entdecken.* Kempten: Kösel.

Stoltenberg, U. (2009) *Mensch und Wald: Theorie und Praxis einer Bildung für eine nachhaltige Entwicklung am Beispiel des Themenfelds Wald*. München: oekom.

Tabbush, P. & O`Brian, L. (2003) *Health und Well-being. Trees, Woodlands and Natural Spaces.* Edingburgh: Forestry Commission. http://www.forestresearch.gov.uk/pdf/health_wellbeing.pdf/$FILE/health_wellbeing.pdf (Zugegriffen: 29.06.2016).

Tai, L., Haque, M. T. & McLellan, G. K. (2006) *Designing outdoor environments for children: landscaping schoolyards, gardens, and playgrounds*. New York: McGraw-Hill Education.

Tanner, T. (1980) Significant Life Experiences: A New Research Area in Environmental Education. *The Journal of Environmental Education*, 11(4), 20–24.

Taverno Ross, S. E., Dowda, M., Colabianchi, N., Saunders, R. & Pate, R. R. (2012) After-school setting, physical activity, and sedentary behavior in 5th grade boys and girls. *Health & Place*, 18(5), 951–955.

Thefeld, W., Bergmann, K. E., Burger, M., Hölling, H., Mensink, G. B. M. & Thamm, M. (2002) Der Kinder- und Jugendgesundheitssurvey: Ermittlung des Gesundheitsverhaltens von Eltern und Kindern. *Das Gesundheitswesen* (Sonderheft 1), S36–S42.

Thoreau, H. D. (1996) *Aus den Tagebüchern: 1837-1861*. Schaup, S. (Hrsg.) Lüdenscheid: Tewes, L.

Townsend, M. (2006) Feel blue? Touch green! Participation in forest/woodland management as a treatment for depression. *Urban Forestry & Urban Greening,* 5(3), 111–120.

Trautmann, T. (2010) *Interviews mit Kindern. Grundlagen, Techniken, Besonderheiten, Beispiele*. Wiesbaden: VS Verlag für Sozialwissenschaften.

Trautner, H. M. (1992) *Lehrbuch der Entwicklungspsychologie*, in 2 Bdn., Bd.1, Grundlagen und Methoden (2. Aufl.) Göttingen: Hogrefe Verlag.

Travlou, P. (2006) *Wild Adventure Space for Young People*. Literature Review. Report to Natural England. Edingburgh. http://www.openspace.eca.ed.ac.uk /wp-content/uploads/2015/10/Wild-Adventure-Space-for-Young-People-Literature-Review-Survey-of-Findings-Document-WASYP-1.pdf (Zugegriffen: 11.07.2016)

Trommer, G. (1993) *Natur im Kopf: Die Geschichte ökologisch bedeutsamer Naturvorstellungen in deutschen Bildungskonzepten*. Weinheim: Deutscher Studienverlag.

Trommer, G. (2012) *Schön wild!: warum wir und unsere Kinder Natur und Wildnis brauchen.* München: oekom Verlag.

Uehleke, B. (2009) Kneipp'sche Hydrotherapie in der Kinderheilkunde. *Zeitschrift für Komplementärmedizin*, 1(4), 18–23.

Ulrich, R. S. (1984) View through a window may influence recovery from surgery. *Science*, 224(4647), 420–421.

Ulrich, R. S., Simons, R. F., Losito, B. D., Fiorito, E., Miles, M. A. & Zelson, M. (1991) Stress recovery during exposure to natural and urban environments. *Journal of Environmental Psychology*, 11(3), 201–230.

Umweltbundesamt (2012) *Umweltschutz, Wald und nachhaltige Holznutzung.* Dessau-Roßlau. http://www.umweltbundesamt.de/publikationen/umweltschutz-wald-nachhaltige-holznutzung (Zugegriffen: 29.06.2016).

Umweltbundesamt & Robert Koch-Institut (2013) *Klimawandel und Gesundheit. Allgemeiner Rahmen zu Handlungsempfehlungen für Behörden und weitere Akteure in Deutschland.* Berlin. http://www.rki.de/DE/Content /Kommissionen/UmweltKommission/Aktuelle_Informationen/Downloads/ klimawandel_gesundheit_handlungsempfehlungen_2013.pdf?__blob=publi cationFile (Zugegriffen: 10.07.2016).

Valentine, G. & McKendrck, J. (1997) Children's outdoor play: Exploring parental concerns about children's safety and the changing nature of childhood. *Geoforum*, 28(2), 219–235.

Van Den Berg, A. E. & Custers, M. H. G. (2011) Gardening Promotes Neuroendocrine and Affective Restoration from Stress. *Journal of Health Psychology*, 16(1), 3–11.

Van den Berg, A. E., Maas, J., Verheij, R. A. & Groenewegen, P. P. (2010) Green space as a buffer between stressful life events and health, *Social Science & Medicine,* 70(8),1203–1210.

Van den Berg, A. E. & van den Berg, C. G. (2010) A comparison of children with ADHD in a natural and built setting, *Child: Care, Health and Development*, 37(3), 430–439.

Veitch, J., Salmon, J. & Ball, K. (2008) Children's active free play in local neighborhoods: a behavioral mapping study. *Health Education Research*, 23(5), 870–879.

Velarde, M. D., Fry, G. & Tveit, M. (2007) Health effects of viewing landscapes - Landscape types in environmental psychology. *Urban Forestry & Urban Greening,* 6(4), 199–212.

Vogl, S. (2011) Qualitative Interviews mit Kindern. In: S. Vogl (Hrsg.) *Alter und Methode: Ein Vergleich Telefonischer und Persönlicher Leitfadeninterviews mit Kindern*, 40–55. Wiesbaden: VS Verlag für Sozialwissenschaften.

Ward Thompson, C. (2011) Linking landscape and health: The recurring theme, *Landscape and Urban Planning*, 99(3-4), 187–195.

Ward Thompson, C., Roe, J., Aspinall, P., Mitchell, R., Clow, A. & Miller, D. (2012) More green space is linked to less stress in deprived communities: Evidence from salivary cortisol patterns, *Landscape and Urban Planning*, 105(3), 221–229.

Wauquiez, S. (2008) *Les enfants des bois: Pourquoi et comment sortir en nature avec de jeunes enfants*. Norderstedt: Books on Demand Gmbh.

Weber, A. (2011). *Mehr Matsch! Kinder brauchen Natur*. Berlin: Ullstein Hardcover.

Weiß, C. & Rzany, B. (2013) *Basiswissen Medizinische Statistik* (6. Aufl.) Berlin, Heidelberg: Springer.

Weisshaar, E., Schaefer, A., Scheidt, R., Bruckner, T., Apfelbacher, C. J. & Diepgen, T. L. (2006) Epidemiology of Tick Bites and Borreliosis in Children Attending Kindergarten or So-Called "Forest Kindergarten" in Southwest Germany. *Journal of Investigative Dermatology*, 126(3), 584–590.

Wells, N. M. (2000) At Home with Nature. Effects of "Greenness" on Children's Cognitive Functioning, *Environment & Behavior*, 32(6), 775–795.

Wells, N. M. & Evans, G. W. (2003) Nearby Nature. A Buffer of Life Stress Among Rural Children, *Environment & Behavior*, 35(3), 311–330.

Weltgesundheitsorganisation (WHO) (2009) *Global Plan of Action for Children's Health and the Environment* (2010-2015). http://www.who.int /ceh/cehplanaction10_15.pdf?ua=1 (Zugegriffen: 10.07.2016).

Wheeler, B. W., Cooper, A. R., Page, A. S. & Jago, R. (2010) Greenspace and children's physical activity: A GPS/GIS analysis of the PEACH project, *Preventive Medicine*, 51(2), 148–152.

White, M. P., Alcock, I., Wheeler, B. W. & Depledge, M. H. (2013) Would You Be Happier Living in a Greener Urban Area? A Fixed-Effects Analysis of Panel Data. *Psychological Science*, 24(6), 920–928.

White, M. P., Pahl, S., Ashbullby, K., Herbert, S. & Depledge, M. H. (2013) Feelings of restoration from recent nature visits. *Journal of Environmental Psychology*, 35(9), 40–51.

Whitehouse, S., Varni, J. W., Seid, M., Cooper-Marcus, C., Ensberg, M. J., Jacobs, J. R. & Mehlenbeck, R. S. (2001) Evaluating a childrens´s hospital garden environment: Utilisation and consumer satisfication, *Journal of Environmental Psychology,* 21(3), 301–314.

Wilson, E. O. (1984). *Biophilia.* Cambridge, Massachusetts, USA: Harvard University Press.

Wilson, N., Fleming, S., Jones, R., Lafferty, K., Cathrine, K., Seaman, P. & Knifton, L. (2010) Green shoots of recovery: the impact of a mental health ecotherapy programme. *Mental Health Review Journal*, 15(2), 4–14.

Yamaguchi, M., Deguchi, M. & Miyazaki, Y. (2006) The Effects of Exercise in Forest and Urban Environments on Sympathetic Nervous Activity of Normal Young Adults. *Journal of International Medical Research*, 34(2), 152–159.

Zelizer, V. A. (1994) *Pricing the Priceless Child: The Changing Social Value of Children.* Princeton: Princeton University Press.

Zeltner, F. (2008) Wissensdurst wird durch Klugscheißerei verdorben. *Spiegel Special: Was Kinder klug und glücklich macht,* 7, 44. http://wissen.spiegel.de/wissen/image/show.html?did=62137644&aref=image039/2008/11/16/ROSPC200800700440044.PDF&thumb=false (Zugegriffen: 20.12. 2008).

Zimbardo, P. G. & Gerrig, R. J. (2003). *Psychologie*. (7. Auflage.) Berlin, Heidelberg, New York: Springer.

Geographische Gesundheitsforschung

Geographic Health Research

herausgegeben von

Thomas Kistemann, Jürgen Schweikart

Bisher ist in dieser Schriftenreihe erschienen:

Volume 1:

Rechenburg, A. (2016) Vorkommen von *Campylobacter* spp. in Oberflächengewässern

Die hygienische Trinkwasseraufbereitung und Abwasserentsorgung in Deutschland haben stark zur Reduzierung der Gesundheitsgefährdung der Bevölkerung durch wasserübertragene Krankheitserreger beigetragen. Dennoch kann die Wasserqualität durch den Eintrag von Mikroorganismen aus Punkt- oder diffusen Quellen beeinträchtigt werden. Fäkalbürtige Bakterien der Gattung *Campylobacter* finden sich regelmäßig in Oberflächengewässern. Sie können bereits in geringen Konzentrationen v.a. bei Kindern Durchfallerkrankungen mit teilweise schweren Verläufen induzieren. Die Studie schließt die Lücke einer bisher ausstehenden Risikoevaluierung von räumlich differenzierten Einzugsgebieten, verschiedenen Abwasserbehandlungen und einer bevölkerungsbezogenen Gesundheitsgefährdung für diese Bakterien.

Fließgewässer in vier Einzugsgebieten wurden auf das Auftreten von *Campylobacter* und weiteren hygienisch-mikrobiologischen Indikatorparametern sowie chemisch-physikalischen Kenngrößen untersucht. Zusätzlich wurden Proben an sechs Kläranlagen und an zwei Entlastungsbauwerken während Mischwasserabschlägen nach Starkregenereignissen gewonnen. Die Ergebnisse zeigten deutliche Unterschiede der Campylobacterkonzentrationen je nach maßgeblicher Oberflächennutzung im Einzugsgebiet, Ausbaugrad der Kläranlagen und Wetterbedingungen. Daraus ergeben sich Konflikte und

Infektionsrisiken bei der Gewässernutzung zur Trinkwassergewinnung, zu Freizeitzwecken und als Tränken-/Bewässerungswasser. Die Studie leistet einen wichtigen Beitrag zur Beurteilung von Gesundheitsgefährdungen durch *Campylobacter* bei der Nutzung von Oberflächenwasser.

Volume 2:

Githniji, S. W. (2017): Human Ecology of Malaria in Kenya. A case study of Kisii Highlands

Malaria uses almost half of the clinical services in Africa, making its control one of the most important challenges in global public health. Interventions such as the use of insecticide treated nets (ITNs) for people at risk; appropriate antimalarial drugs for people with probable or confirmed malaria and indoor residual spraying (IRS) of insecticides have been at the forefront of global efforts to control the disease. While these measures are important, proven environmental measures that succeeded in eradicating malaria vectors in vast parts of Europe and the Americas in the early 20th century and even in some parts of Africa are largely lacking.

This study examined the associations of malaria incidences with micro-ecological, socio-demographic and behavioural aspects in a rural highland epidemic-prone zone in south western Kenya.

Location of houses on flat swampy areas, staying outdoors at night, presence ofoxen in the compound, sleeping in a house with open eaves and family size greater than four people were significantly associated with increased risk of malaria. On the other hand, having sufficient food supplies throughout the year and keeping medicine at home were significantly associated with reduced risk of malaria. These findings point to the need for holistic approaches that draw connections between behavioural, socioeconomic and micro-ecological factors in malaria control.

Volume 3:

Ueberschär, N. (2018): Access to and utilization of health care. Spatial disparities of health center utilization in Huye District (Rwanda)

While the access to primary health care services is recognized as an important factor, it is rather their utilization that is contributing to a better health status of the population. Therefore Rwanda puts a lot of effort in the enhancement of the spatial and the financial access to health care services and its utilization. Only few studies have been dealing with the geographical access to health care in Rwanda. Until now the administrative boundaries of the sectors are considered as catchment areas of health centers but available data give the impression that not all patients follow this presetting.

The present study was conducted with the scope to contribute to the discussion of analyzing access and utilization in the context of the geographies of health. The main objectives of this study have been to determine the actual catchment areas of health centers in Huye District (Southern Province, Rwanda) and to test different approaches for an improved estimation of catchment areas. To identify the actual catchment areas, utilization data of health centers was analyzed and used for the validation of the different approaches. The comparison of different methods used in the GIS will add to a better understanding of their application. Additionally the study hopes to contribute to the general health care improvement process in Rwanda.

Volume 4:

Schreiber, C. (2019): Antibiotikaresistenzen in Abwasser und Gewässern. Einträge, Vorkommen, Verbreitung und gesundheitliche Bedeutung antibiotikaresistenter Bakterien in der aquatischen Umwelt

Antibiotika finden in der Humanmedizin und Intensivtierhaltung heute breite Anwendung. Sie gelangen über natürliche Ausscheidung von Mensch und Tier sowie unsachgemäße. Entsorgung in die Umwelt. Wichtige Eintragspfade stellen somit Abwasser, Klärschlamm und Gülle dar. Fließgewässer bilden wegen ihrer räumlichen Ausdehnung, ihrer Laufstrecke und Nutzung als Vorfluter für Siedlungsabwasser und Oberflächenabfluss landwirtschaftlich genutzter Flächen das Umweltkompartiment mit der größten Raumwirkung. Mikroorganismen und Bakterien können Resistenzen gegen Antibiotika entwickeln, was zu Problemen bei der medizinischen Behandlung führt. Bislang ist nicht hinreichend geklärt, welche Bedeutung der Eintrag häuslichen Abwassers sowie die Resistenzweitergabe zwischen Organismen für die Entwicklung von Resistenzen in der aquatischen Umwelt haben.

Die vorliegende Studie liefert hierzu einen Beitrag aus Sicht der geographischen Gesundheitsforschung. Ziel des Vorhabens war es, am Beispiel eines Kläranlageneinzugsgebietes ohne angeschlossenem Krankenhaus, dem zugehörigem Vorfluter sowie dessen von Abwasser unbeeinflussten Oberläufen, die Verbreitung erworbener bakterieller Antibiotika-Resistenzen durch kommunales Abwasser zu analysieren. Untersucht wurden die Krankheitserreger *Pseudomonas aeruginosa* und *Campylobacter* spp. und die nicht-pathogenen Gewässerbakterien der Familie Rhodospirillaceae. Versuche zum horizontalen Gentransfer der Umweltisolate und eine Erhebung des Risikoverhaltens der Bevölkerung im Kläranlageneinzugsgebiet bezüglich ihres Entsorgungsverhaltens von Arzneimittel und Therapietreue bei Anti-biotikaeinnahme ergänzen den methodischen Dreiklang, der im Sinne sozial-ökologischer Forschung auch die Triangulation der betrachteten Subjekte Umwelt, Mikroorganismen und Mensch spiegelt. Die Ergebnisse der Studienabschnitte münden in einer Risikoabschätzung.

Volume 5:

Völker, S. (2020): Stadtblaue Gesundheit. Aspekte menschlichen Wohlbefindens an urbanen Gewässern

Aquatische (blaue) Landschaften dienen dem Menschen schon seit Jahrhunderten als Gesundheitsressource, jedoch hat sich dieser Landschaftstyp erst in den vergangenen Jahren zu einem Thema der Gesundheitsforschung entwickelt. Während im städtischen Umfeld Wasser als wichtiges Gestaltungselement integriert („Stadtblau") wird, sind seine gesundheitlichen Wirkungen bisher nur wenig erforscht.

Das vorliegende Buch konzeptualisiert und analysiert umfassend die Komplexität menschlicher Interaktion mit Stadtblau. Unter Anwendung geographischer, soziologischer und psychologischer Forschungsmethoden wird ein interdisziplinäres, multi-dimensionales Abbild gesundheitswirksamer Prozesse in stadtblauen Räumen generiert. Ein anschließender qualitativer und quantitativer Vergleich mit Grünräumen kann zusätzlich raumspezifische, gesundheitliche Wirkungen aufdecken.

Die interdisziplinäre, triangulative Herangehensweise des Buches bildet die Grundlage für ein detailliertes Verständnis für die Bedeutung von Stadtblau für die Öffentliche Gesundheit und das menschliche Wohlbefinden.

Volume 6:

Kistemann,T. & Schweikart, J. (Hrsg.) (2022): Geographien der Gesundheit. Beiträge zum 50-jährigen Bestehen des Arbeitskreises Medizinische Geographie und Geographische Gesundheitsforschung in der DGfG

Vor 50 Jahren, im Jahr 1972, wurde auf Schloss Reisensburg in Günzburg an der Donau der Arbeitskreis mit dem Namen Medizinische Geographie im damaligen Zentralverband der deutschen Geographen gegründet. Damit wurde ein gemeinsamer Raum geschaffen, der es erleichterte, sich zu Themen an der Schnittstelle von Medizin und Geographie auszutauschen. Gleichzeitig war die Institutionalisierung ein wichtiger Meilenstein, um deutschsprachige Aktivitäten im internationalen Kontext besser sichtbar zu machen. Mit den Jahrzehnten erweiterten sich die Inhalte deutlich und immer wieder wurden aktuelle Forschungsfragen des dynamischen Fachgebietes integriert. Dies hatte zur Folge, dass der Name des Arbeitskreises mehrfach angepasst wurde.

Der vorliegende Sammelband spiegelt das breite Spektrum aktueller Themen des Arbeitskreises wider. Der erste Beitrag beleuchtet die Historie des Arbeitskreises von 1972-2022 sowie seine Perspektiven für die Zukunft. Es folgen Beiträge von Mitgliedern des Arbeitskreises, die das Themenspektrum sicherlich nicht vollständig, jedoch weitgehend repräsentativ wiedergeben. Die Beiträge reichen von der Krankheitsökologie über die Versorgungsforschung bis hin zu aktuellen Themen aus der postmedizinischen Geographie. Bei der Lektüre werden mehrerer Aspekte offenkundig: der interdisziplinäre Charakter der Beiträge, ihre Aktualität, die große methodische Vielfalt und die erhebliche praktische und gesellschaftliche Relevanz.

Volume 7:

Falkenberg, T. (2023): Wastewater-Irrigated Urban Agriculture in the Context of WASH in Ahmedabad, India. The impact of irrigation water quality on the incidence of diarrhea

Urbanization is characterized by the densification and spatial expansion of urban agglomerations, leading to its encroachment into agricultural land. In light of population growth, the growing food requirements of an increasingly larger population depend on decreasing agricultural land resources. Urban agriculture has emerged as a strategy to convert these challenges into opportunities. Instead of displacing agricultural production, agricultural activities are integrated into the urban system, producing food in close proximity to its place of consumption. In addition, urban agriculture is a low-input system, where the inputs of production are drawn from the urban waste-stream. The use of wastewater not only provides perennial irrigation water but also reduces the need for artificial fertilizers. Yet the unplanned reuse of wastewater poses health risks to both the farmers and consumers, as wastewater hosts a multitude of pathogens, chemicals and pharmaceutical residues. This study assessed the diarrheal disease risk of wastewater irrigation in the urban agriculture context of Ahmedabad, India, and compared the disease risk with the established diarrhea determinants: WASH (Water, Sanitation and Hygiene).

The exposed population experience 13.3 diarrhea episodes per 1,000 person-weeks, while the incidence rate among the control group reached 7.9 episodes per 1,000 person-weeks. Mitigating the health risks of wastewater irrigation needs to be part of diarrhea prevention strategies, as pathogens are introduced into the farm environment and transferred to the community, potentially undermining the efforts of WASH interventions.